RHESTR Y LLUNIAU

RHAGYMADRODD

Credaf na fyddai gair bach o eglurhad ar ddechrau'r gyfrol hon o'i le. Pan fu farw fy nhad yn 1926 yr oeddwn yn ddeunaw oed, ac wedi bod yn y Banc yn Nhywyn am chwe mis. Bûm, yr adeg honno, yn rhoi rhyw gyfran fach o help i Harri Edwards, a oedd wedi bod garediced â threfnu golygu dwy gyfrol o waith fy nhad.

Yr oedd yn fy meddwl y dyddiau hynny y byddai'n ddyletswydd arnaf ryw ddydd roi peth o hanes fy nhad ar gof a chadw. Ni freintiwyd fi â'r ddawn na'r awch i ysgrifennu, ac ym mhrysurdeb fy ngwaith beunyddiol, ynghyd â'm cariad at chwaraeon o bob math, hawdd iawn oedd fy mherswadio fy hun na feddwn na'r amser na'r cymhwyster i ymgymryd â gwaith o'r fath. Hwyrach fod rhyw ymdeimlad hefyd y byddai rhywun llawer mwy cymwys na mi yn sicr o deimlo bod hanes un a wnaeth gymaint o gyfraniad i lenyddiaeth ei wlad yn werth ei groniclo, ac na fyddai'n rhaid i mi wneud mwy na rhoi help llaw iddo. Ond ni symbylwyd neb. A hyd yn oed ar ôl i mi ymddeol, pan na fedrwn hawlio prinder amser yn esgus digonol, ni fedrwn yn fy myw fagu digon o hyder i ymafael yn y gwaith. Ond daeth un o'm hen gyfeillion bore oes, sef Emyr Wyn Thomas o Borthmadog, a pherswadiodd fi ei bod yn ddyletswydd arnaf dynnu'r ewinedd o'r blew a dechrau ar y gwaith o ddifrif. 'Roedd y defnydd i gyd wrth law gennyf ond bod tipyn o waith trefnu a didoli arno, a thrwy ei ddygnwch a'i ddyfalbarhad ef, cododd ddigon o gywilydd arnaf i ddechrau ysgrifennu, er fy mod yn petruso cryn dipyn ynghylch fy ngallu i gofnodi'r hanes yn gryno a diddorol.

Awgrymwyd i mi gael gair gyda Chyngor Llyfrau Cymraeg, Aberystwyth, a buont hwythau yn gynhorthwy calonogol iawn. Araf iawn y symudodd y gwaith yn ei flaen. Syrthiais i ddiogi lawer gwaith, ond pan fyddwn yn dechrau llaesu dwylo, dôi fy hen gyfaill heibio i'm hysgogi i ailafael yn y gwaith. Trwy aml broc y gorffennais ysgrifennu'r gyfrol, ac ni fedraf lai na chyfaddef mai heb ei gorffen y byddai oni bai am y cyfaill Emyr.

6

Rhaid diolch hefyd i Wasg Gomer am dderbyn y gyfrol ar eu rhaglen gyhoeddi, ac am drefnu'r holl waith cywiro a pharatoi ar gyfer y wasg.

Ni fedraf ond gobeithio fy mod wedi gosod digon o hanes fy nhad ar gadw i roi syniad i'r darllenydd amdano fel dyn a bardd, a bod ffrwyth fy llafur yn deilwng o'i athrylith ddiymhongar.

P.W.W.

I

Yn y flwyddyn 1864 ar yr 11eg o Fai, priodwyd Robert Williams a Margaret Owen, fy nhaid a'm nain, yn Eglwys y Plwy, Llanystumdwy. Un o feibion fferm Ynys Heli, Rhos-lan, oedd fy nhaid, a ganed fy nain yn Fron-deg, Rhos-lan. Capten llong oedd ei thad, William Owen, un o deulu yr Oweniaid, Glanllynnau, a'i mam yn ferch i fferm Tyddynmabcoch ym mhlwy Llanystumdwy, ac yno y magwyd fy nain a'i chwaer ar ôl colli eu rhieni'n ifanc.

Gan nad oedd digon o waith ar fferm Ynys Heli i'r meibion i gyd, bu fy nhaid yn gweini ar ffermydd cyfagos, ac un o'r ffermydd hynny oedd Tyddynmabcoch. Yno y cyfarfu ac y syrthiodd mewn cariad â Margaret, ond ar ôl priodi symudodd y ddau i Borthmadog, a gwneud eu cartref yn 10, Garth Terrace.

'Roedd Porthmadog bryd hynny'n borthladd llewyrchus a phrysur, yn allforio llechi Ffestiniog i'r Cyfandir a mannau eraill o'r byd, a heblaw hynny, yn ganolfan adeiladu llawer o longau. O'r herwydd, nid oedd yno brinder gwaith a'r cyflog yn well nag un gwas fferm, ac mae'n sicr mai dyna a ddenodd fy nhaid i symud o'r wlad i'r dref. Nid oedd yn grefftwr, a'r gwaith a gafodd oedd llwytho a dadlwytho'r llongau hwylio a ddôi i'r porthladd. Gan nad oedd llawer o nwyddau yn cael eu mewnforio yno, hwyliai y rhan fwyaf o'r llongau i'r harbwr mewn balast, ac ar ôl rhyw ddeng mlynedd o weithio ar y cei, bu fy nhaid am ddwy flynedd yn dreifio craen yn dadlwytho'r llongau yma yng Nghei Balast. Yna gadawodd waith y cei a'r craen, a mynd i weithio i siop Owen Roberts, "Ironmonger", ar sgwâr Porthmadog, ac yno y bu yng ngofal y powdwr a chelfi chwarel am bum mlynedd ar hugain, hyd ei farw.

Ganed pedwar o blant i Robert a Margaret Williams. Y cyntafanedig oedd William Owen Williams, yn Hydref 1865, ond bu ef farw pan nad oedd ond saith mis oed. Mawr oedd galar a hiraeth fy nain ar ei ôl ; yn wir, ni flinai sôn amdano a hiraethu ar ei ôl am flynyddoedd lawer iawn. Hwyrach y dylwn grybwyll yma mai'r cof am yr hiraeth angerddol yma a symbylodd fy nhad, wedi iddo dyfu i fyny, i ysgrifennu "Hwiangerdd Sul y Blodau".

Ganed fy nhad ar yr ail o Fai 1867, ac enwyd ef yn Elizeus Williams ar ôl ei daid o Ynys Heli. Gellir dweud iddo ddod i gyffyrddiad cynnar â'r awen, gan iddo gael ei fedyddio gan y Parchedig William Ambrose, sef y bardd Emrys, a oedd ar y pryd yn weinidog eglwys Salem.

Rhyw ddwy flynedd yn ddiweddarach ganed efeilliaid, Margaret Elin ac Eliza Jane, ond bu farw Margaret Elin yn flwydd oed. Rhoddwyd hi i orwedd gyda'i brawd William Owen ym mynwent Eglwys y Plwy yn Llanystumdwy—cyfeirir at hyn yn y delyneg "Cyfarch Dwyfor" :

> Gwyn fyd y ddau fychan
> A gwsg yn dy si—
> Fy mrawd bach a'm chwaer fach
> Nas gwelais i.

Cafodd fy nhad yntau ei daro'n bur wael pan oedd yn rhyw ddwyflwydd oed gan lid ar ei frest (*pneumonia*). Yn yr oes honno 'roedd yr afiechyd hwn yn gyfrifol am lawer o farwolaethau, a bu yntau mor ddifrifol o wael fel y bu bron iawn iddo golli'r dydd. Ar ôl cyfnod pryderus iawn i'w rieni, llwyddodd i drechu'r clefyd, a throdd ar wella, ond heb ddim amheuaeth, gadawodd y gwaeledd hwn wendid ar ei ôl a effeithiodd arno weddill ei oes.

Yn ôl pob hanes, gŵr tawel, diymhongar oedd Robert Williams, fy nhaid, a chanddo lygaid caredig a llais addfwyn. 'Roedd wedi marw rai blynyddoedd cyn fy ngeni i, ond clywais rai o drigolion y dref a'i hadwaenai'n dda yn ei ddisgrifio felly, ac yn ei farnu'n ŵr a oedd yn byw'n agos iawn i'w le. Gwraig garedig, gartrefol oedd fy nain a chylch ei bywyd wedi ei gyfyngu i'r cartref a'r capel, a chan ei bod yn un benderfynol ei natur, nid rhyfedd fod ei chredo braidd yn gul a phiwritanaidd. 'Roedd y ddau'n aelodau ffyddlon a selog yn eglwys Salem, a chymerai fy nhaid ran yn rheolaidd yn y cyfarfodydd gweddi yno.

Ychydig o ysgol a gafodd fy nhaid, ond byddai'n darllen llawer, ac yn cymryd cryn ddiddordeb mewn llenyddiaeth a barddoniaeth. Bu'n cadw dyddlyfr am rai blynyddoedd yn croniclo'r tywydd yn ffyddlon iawn, a holl farwolaethau'r fro, ynghyd ag ambell newydd anghyffredin neu ddigwyddiad cyffrous. Yma ac acw, byddai wedi copïo englyn a fyddai wedi cymryd ei ffansi, ac ambell ymgais o'i eiddo ei hun yn dangos nad oedd ganddo fwy na rhyw grap go wan ar y cynganeddion. Y mae'n amlwg mai i'w bleseru ei hun yr ysgrifennai ei nodiadau, ac nid gyda'r bwriad iddynt fod yn ddiddorol a gwerthfawr i'r dyfodol. Yn anffodus, digon prin yw hanes digwyddiadau teuluol ganddo—mae'n debyg am nad oeddynt yn ymddangos o unrhyw bwys ar y pryd. Mae'n wir iddo gadw ambell gofnod sy'n ddefnyddiol i bennu rhai dyddiadau ym mywyd cynnar fy nhad, ond ar y cyfan ni fedrwn lai na gofidio na fuasai wedi rhoi mwy o sylw i hanes y teulu a llai i gyfnewidiadau'r tywydd.

Ychydig o hanes dyddiau cynnar fy nhad sydd ar gael. Dysgodd ddarllen Cymraeg yn gynnar trwy gyfrwng yr Ysgol Sul a'i gartref, ac fe'i codwyd i fynychu moddion gras yn rheolaidd. Hon oedd oes aur y capeli ym Mhorthmadog, gyda phob capel yn orlawn yn oedfaon y Sul, a chynulliadau grymus yn y cwrdd gweddi a'r seiat ar noson waith. Hawdd deall felly iddo dyfu i fyny wedi ei drwytho ym mhethau'r Beibl a'r capel, a chymaint oedd dylanwad y capel ar fywyd y plant, fel mai digon naturiol oedd i'w chwaraeon adlewyrchu hyn—chwarae capelbach a chwarae cwrdd gweddi. Ac i'm tad a'i gyfocdion, cyn oes y pictiwrs, y radio a'r teledu, noson "Band of Hope" oedd uchafbwynt adloniant.

Wedi dechrau yn yr ysgol ddyddiol, buan y daeth i ddeall a darllen Saesneg, gan mai trwy gyfrwng yr iaith honno y byddai'r plant yn derbyn eu hyfforddiant. 'Roedd yn ddysgwr da, a chanddo gof eithriadol, ynghyd â meddwl eiddgar am wybodaeth. Dysgodd ysgrifennu fel *copperplate*—un o anhepgorion addysg yn y dyddiau hynny.

Wrth fod gan fy nhaid gymaint diddordeb mewn darllen ac ysgrifennu, hawdd deall y pleser a gâi wrth annog a thywys fy nhad ar yr un llwybrau. Fel y tyfai i fyny, byddid yn treulio nosweithiau difyr yn y cartref, yn darllen yn uchel ran o'r Ysgrythurau, yn cynnal cystadleuaeth dysgu adnodau, gwneud pôs geiriau, neu gyfansoddi pennill. Bu hyn yn gyfrwng ardderchog iddo ddysgu trin geiriau ac i chwyddo ei eirfa.

Wedi iddo ddod yn hogyn ysgol, byddai'n cael mynd i dreulio ei wyliau haf i Bensingrig ger Melin Rhydybenllig— rhes o dri thŷ bach ar fryncyn yn edrych i lawr ar afon Dwyfor. Yno y trigai ei ewyrth a'i fodryb, Dafydd ac Ellen Williams, perthnasau o'r ddwy ochr. Mab ieuengaf Tyddynmabcoch oedd Dafydd Williams, ac felly'n ewyrth i'w fam, tra oedd Ellen Williams yn chwaer i'w dad. 'Roedd yno dri o blant, William, Elin, a'r ieuengaf ohonynt ryw ddwy flynedd yn hŷn na'm tad ac o'r un enw ag ef, Elizeus Williams. Mawr oedd y croeso a dderbyniai yno, a difyr yr amser a dreuliai ef a'i gefnder yn chwarae hyd lannau'r afon, ac yn cerdded ei gelltydd. Câi ei gefnder ac yntau hefyd groeso gan y melinydd hynaws i ymweld â'r Felin pan fyddai'n malu'r grawn i ffermwyr y fro, a chaent bleser yn gwrando yno ar y sgwrsio ffraeth. 'Does dim rhyfedd felly, iddo drysori'r atgofion hyn, ac iddo, ym mhen blynyddoedd, eu mynegi mewn telyneg, "Melinydd y Pentref" :

Ger afon Ddwyfor, er cyn co',
  Mae melin o liw'r galchen,
Cudynnau'r eiddew ar ei tho,
  A'r mwsogl ar ei thalcen :
Sawl cylchdro roes yr olwyn fawr,
  Ni ddichon neb ddyfalu ;
Na pha sawl un fu ar ei llawr,
  Yn danfon neu yn cyrchu.
    'Rwyf fi fy hun yn wyn fy myd,
      Tan lwch y blawd a'r eisin,
    Ond cael cynhaeaf da o yd,
      A dŵr i droi fy melin.

Caiff gŵr y pwn fel gŵr y fen
  Bob croesaw dan fy mondo ;
Po fwya'r gwaith, siriolaf Gwen,
  A gwaith wyf fi'n ei geisio :
Mil mwynach gennyf, er yn llafn,
  Na nablau'r byd a'u canu,
Yw sŵn y pistyll dan y cafn,
  A sŵn y meini'n malu.
    'Rwy'n magu 'mhlant, fel 'gwnaeth fy nhad,
      Heb dolli mwy na digon ;
    'Rwy'n byw ar yd pob cwr o'r wlad,
      Gan rannu peth i'r tlodion.

12

At dân fy odyn yn eu tro,
  Pan fo y ceirch yn crasu,
Fel llanciau fu daw llanciau'r fro
  I'm cadw rhag diflasu :
Eu hwyrnos dreuliant ar y fainc,
  Tra pery'r tymor silio ;
Bydd un â'i gelf, a'r llall â'i gainc,
  A phawb a newydd ganddo.

  'Rwyf fi yn fodlon ar fy myd
    'Run fath â phob melinydd,
  Ond cael cynhaeaf yn ei bryd,
    A'r ddeupen at ei gilydd.

Yn ystod ei wyliau ym Mhensingrig hefyd, ac yntau beth yn
hŷn, y dechreuodd bysgota, celf y parhaodd ei gariad ati ar hyd
ei oes. Mae llawer wedi fy holi paham ei fod wedi canu cymaint
o delynegion ynghylch y Dwyfor, yn hytrach nag i Laslyn a
oedd mor agos i Borthmadog. Prin iawn fu ei gysylltiad ag
afon Glaslyn. O edrych i lawr arni o'r Garth fe'i gwelai hi'n
afon lydan, lonydd, yn loetran yn ddigynnwrf trwy wastatir
llwydaidd, a di-goed y Traeth Mawr. I'r gwrthwyneb, daeth i
gysylltiad agos iawn â Dwyfor yn ei ddyddiau cynnar ; gwelai
hi'n afon fywiog, ramantus yn treiglo'n barablus heibio i feini
niferus ei gwely, weithiau'n llifo'n araf heb grych ar ei hwyneb,
weithiau'n rhedlif chwyrn, yn disgyn yn drochion gwyn i lyn
dwfn, llonydd, a hwnnw yn dofi ei nwyd dros dro, ac yna, megis
wedi cael ei gwynt ati, yn prysuro ymlaen eto. I mi, nid oes
unrhyw syndod iddo syrthio mewn cariad â Dwyfor—a chredaf
y gwna hyn yn amlwg yn ei delyneg "Cyfarch Dwyfor" :

  O tyred, fy Nwyfor,
    Ar redeg i'r oed,
  Fel cynt yn ieuenctid
    Ein serch dan y coed :
  A'th si yn yr awel,
    A'th liw fel y nef,
  O, tyred o'th fynydd,
    Dof innau o'm tref.

  Mi'th gerais, fy Nwyfor,
    Ym more fy myd,
  Wrth wrando dy dreigl
    Ar raean y rhyd :

Aeth bwrlwm dy ddyfroedd
    I'm henaid byth mwy,
Nes clywaf di'n galw
    Lle bynnag y bwy.

Pe bawn yn aderyn
    A'm hadain yn hir,
A chennyf fy newis
    O nentydd y tir,
Ar helyg dy dorlan
    Y nyddwn fy nyth,
Ac nid awn o olwg
    Dy ferwdon fyth.

Fy hoffedd yw dyfod
    Ar redeg i'r oed,
Dan brennau dy elltydd
    A hoffais erioed ;
Ac eistedd ar bwys
    Ambell hirfaen a phren,
A geidw fy enw
    Mewn cof dan eu cen.

Hiraethaf am danat
    O aeaf hyd haf
Fel un a fo annwyl
    A'm calon yn glaf :
Gwyn fyd y ddau fychan
    A gwsg yn dy si—
Fy *mrawd* bach a'm *chwaer* fach
    Nas gwelais i.

'Roedd Pensingrig fel ail gartref iddo, a bu'n agos iawn at y
teulu hwn trwy ei oes. Yma yr oedd ei wreiddiau—teulu ei dad
yn Ynys Heli, a theulu ei fam yn Nhyddynmabcoch ac yn
Nhyddyn Morthwyl, a'r tair fferm o fewn cwmpas o ryw filltir
go lew i Bensingrig. Nid rhyfedd ei fod yn mwynhau bod yno
ynghanol ei deulu.

2

'Roedd fy nhad wedi mynd yn llwyddiannus trwy holl ddosbarthiadau'r ysgol yn Snowdon Street, ac yntau bryd hynny'n bedair ar ddeg oed. Y cwestiwn i'w benderfynu wedyn oedd beth oedd ei fwriad at y dyfodol. 'Roedd wedi mwynhau dysgu yn yr ysgol, a phan awgrymwyd iddo aros ymlaen yno fel disgybl-athro, 'roedd y syniad yn apelio'n fawr ato. Ac felly y bu iddo ef a'i dad arwyddo cytundeb gyda Bwrdd Ysgolion Ynyscynhaearn iddo ddechrau dysgu yn Ysgol Snowdon Street, y Bwrdd i dalu cyflog o £12 y flwyddyn iddo, gyda chodiad o £2 y flwyddyn hyd nes cwblhau pedair blynedd o'i brentisiaeth, a'i dad, fel mechnïydd, yn ymgymryd i'w ddilladu, ei fwydo, ei letya, a gofalu drosto ar hyd y cyfnod.

Dechreuodd yn yr ysgol yn ei swydd newydd ar y 1af o Dachwedd 1881. Llwyddodd yn ei arholiadau blynyddol, ac yn 1885 fe'i cyflogwyd yn athro llawn-amser. Yn y cyfamser, yn ôl dyddlyfr fy nhaid, fe'i derbyniwyd yn gyflawn aelod yn eglwys Salem yn Chwefror 1883, a'r flwyddyn ddilynol pen-odwyd ef yn ysgrifennydd yr Ysgol Sul. Dysgodd lawer yn ei bedair blynedd fel disgybl-athro ac ehangodd ei orwelion trwy ddod yn ddarllenwr eiddgar yn y Gymraeg a'r Saesneg.

Cymerai ef a'i chwaer ran yng nghyfarfodydd y plant yn y capel, yn adrodd ac yn canu. 'Roedd y ddau, wrth gwrs, yn hyddysg yn y sol-ffa, ac 'roedd ei chwaer yn dysgu canu'r piano. Oddi wrthi hi fe ddysgodd yntau ddarllen hen nodiant, a thrwy hynny ddod i fedru chwarae emynau ar y piano, ond nid wyf yn meddwl iddo fagu unrhyw awydd i feistroli'r offeryn nac i ddysgu darnau mwy cymhleth. 'Roedd yn hapus cyn belled ag y medrai ei ddifyrru ei hun gyda'r emynau, a bu hyn o help iddo fwy nag unwaith yn ddiweddarach pan ofynnid iddo lunio emyn ar gyfer tôn neilltuol.

Prin yw'r hanes am y cyfnod hwn o'i fywyd, ond cofiaf yr hanesyn yma a adroddodd wrthyf amdano'i hun pan oedd oddeutu un ar bymtheg oed. 'Roedd wedi ei adael yn y tŷ ar ei ben ei hun yn ysgrifennu yn ei ystafell yn y llofft. Yn sydyn sylweddolodd ei fod wedi ymgolli mor llwyr yn ei orchwyl nes ei fod yn hwyr i fynd i ryw gyfarfod neu'i gilydd. Wrth frysio i lawr y grisiau serth, collodd ei droed yn ei ffwdan gan syrthio'n bendramwnwgl i lawr, ac yn anffodus trawodd ei ên yn y postyn ar waelod y grisiau. Cafodd hyn yr un effaith yn union â bocsiwr yn cael ergyd dan glicied ei ên, sef ei daro'n anymwybodol. Daeth ato'i hun toc, ac yn reddfol teimlodd ei ên, a chael ei bod yn gwaedu. Cododd ar ei draed, ac yn dra simsan aeth at y drych i weld maint y niwed. Cododd ei ben er mwyn cael golwg dan ei ên, ac er ei fraw gwelodd geg ac ymyl waedlyd iddi yn agor yno wrth iddo estyn ei wddf. Dychrynodd hyn gymaint arno yn ei stad ansicr fel y llewygodd yn y fan ! Daeth ato'i hun eilwaith pan ddaeth ei fam i'r tŷ, ond wedi iddi hi gael cyfle i archwilio'r anaf, cafwyd nad oedd y dolur cynddrwg â'i olwg. Ar yr un pryd bu rhaid iddo fynd at y meddyg i'w bwytho, ac mewn ychydig ddyddiau 'roedd yr ail geg, a roesai gymaint o ddychryn iddo, wedi cau am byth, heb adael ond craith bach ar ôl i gofio'r helynt.

Wedi cyrraedd ei un ar bymtheg y dechreuodd farddoni o ddifrif, ac mae'n fwy na thebyg mai Cynhaiarn a'i rhoes ar ben y ffordd gyda'r cynganeddion. Y cofnod cyntaf ohono'n ennill gwobr oedd yn Eisteddfod y Calan, Porthmadog, yn 1884 am englyn ar y testun "Yfory". Dyma'r englyn hwnnw :

> Yfory blaengyfeiriol—yw'r geulan
> I ddirgelwch hollol ;
> Dydd a âd "heddyw" o'i ôl—
> Daw o fyd y dyfodol.

Bu sôn ei fod wedi defnyddio'i wobr gyntaf i brynu llyfr ar y cynganeddion, ond er bod hyn yn eithaf tebygol nid oes gennyf unrhyw wybodaeth i gadarnhau'r ffaith.

Enillodd ei gadair gyntaf yn Eisteddfod Gwŷr Ieuainc Pwllheli, yn Hydref 1886, am gyfres o delynegion ar y testun "Y Llanw". Y flwyddyn wedyn, yn Awst 1887, cynhelid Eisteddfod Daleithiol Gwynedd ym Mhorthmadog, ac yno y cafodd ei urddo â'i enw barddonol, Eifion Wyn. Eraill a urddwyd yr un amser oedd Tryfanwy, Gwilym Deudraeth ac Isallt. O hynny ymlaen daeth i'w adnabod a'i alw gan ei gydnabod fel Eifion Wyn, ac yn fuan iawn daethpwyd i ddefnyddio'r enw yma, nes aeth ei enw bedydd yn angof.

Robert Williams, tad Eifion Wyn.

Margaret Williams, mam Eifion Wyn.

Hogiau Ysgol Snowdon Street, Porthmadog, gyda Mr. Grindley, Ysgolfeistr (chwith), ac Eifion Wyn, disgybl-athro (dde).

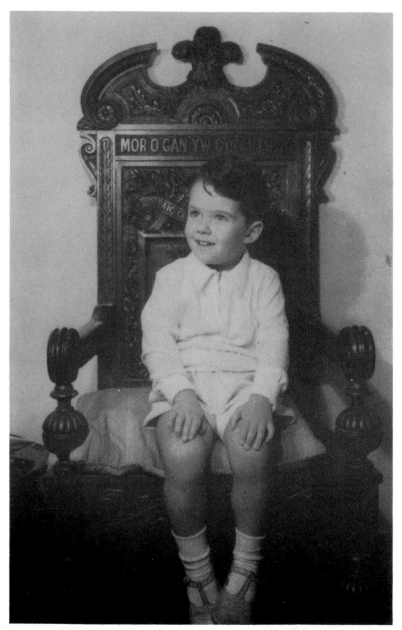

Penri, ŵyr Eifion Wyn, yn eistedd ar y gadair a enillodd y bardd yn
Eisteddfod Daleithiol Powys, Croesoswallt, 1896.

Yn wir, ni fu ganddo erioed fawr o gariad at yr enw Elizeus, na dim gwrthwynebiad felly i'w golli. Yr oedd hyn yn bur chwithig i'w rieni, wrth gwrs, a bu rhai blynyddoedd cyn iddynt ddygymod â'i alw'n Eifion—yn enwedig ei fam. Ond daliai i fod yn Elizeus Williams yn yr ysgol, ac felly yr adweinid ef gan yr athrawon a'r disgyblion tra bu yno.

Un o gyfeillion pennaf bore oes fy nhad oedd Robert Owen, mab i Capten William Owen y "Marion". 'Roedd y ddau yr un oed, wedi mynd trwy'r ysgol gyda'i gilydd, hefyd yn mynychu'r un capel, ac yn byw'n agos i'w gilydd yn y Garth. Ar ôl gadael yr ysgol, aeth Robert Owen yn glerc i swyddfa lechi Maenofferen ym Mhorthmadog, ond daliodd eu cyfeillgarwch i gryfhau gyda'r blynyddoedd. Dechreuodd y ddau hefyd bregethu gyda'r Annibynwyr yn Salem pan oeddynt yn un ar hugain oed—credaf mai Robert Owen a berswadiodd fy nhad i ddechrau'r un pryd ag yntau—a bu'r ddau yn mynd i bregethu'n bur rheolaidd i eglwysi bach y wlad o gwmpas Porthmadog, a chryn alw am eu gwasanaeth.

Ond achosodd hyn gryn helbul i'm tad yn yr ysgol. 'Roedd cyfleusterau teithio bryd hynny'n bur brin. Mae'n wir fod y trenau yn rhedeg, ond braidd yn anghyfleus oedd eu hamserlen, ac wrth gwrs, nid oedd bysiau yn bod o gwbl. Felly'n aml iawn byddai ef yn dibynnu ar garedigrwydd rhyw ffermwr o'r eglwys yn y wlad i'w gyrchu at ei gyhoeddiad gyda cheffyl a thrap ar nos Sadwrn, a'i ddanfon yn ôl fore Llun yr un modd. Fel y gellwch dybio, byddai ambell dro yn cyrraedd yr ysgol ar ôl naw o'r gloch fore Llun, ac felly yn cyflawni pechod anfaddeuol yng ngolwg Mr. Grindley, yr Ysgolfeistr, oblegid 'roedd prydlondeb bob amser yn ei olwg ef yn un o'r rhinweddau pwysicaf. Sais oedd Mr. Grindley ac Eglwyswr pybyr, a theimlai fy nhad fod ganddo ragfarn yn erbyn iddo ef fynd i bregethu yn Gymraeg mewn capel Annibynwyr, a bod hyn wedi ei droi yn fwy anoddefgar fyth tuag ato. Ni wn a oedd unrhyw sail i'r gred yma, ond mae'n wir iddo ddweud y drefn fwy nag unwaith wrth fy nhad am fod yn hwyr, ac mae'n amlwg ei fod wedi colli ei amynedd yn lân un tro, oherwydd fel hyn yr ysgrifennodd yng nghofnodion yr ysgol : ' Elizeus Williams late again. This preaching business must stop.' Ond nid oedd fy nhad yn barod i gytuno â hynny i foddio'r Ysgolfeistr, ac ni wnaeth y gwrth-wynebiad ond ei yrru ymlaen fwy fyth i ddal ati.

Wrth gwrs, byddai ar ei orau glas bob amser i gyrraedd yn ôl mewn pryd—ambell dro, yn wir, yn gadael ei lety yn y wlad heb fwy na chwpaned o de yn frecwast, er mwyn dod yn syth i'r ysgol at yr amser penodedig, ac erbyn canol y bore yn teimlo'n bur newynog. Beth oedd i'w wneud felly ar achlysur o'r fath ? Nid oedd gobaith dianc allan i geisio tamaid, oherwydd i adael ei ddosbarth rhaid oedd cerdded trwy ystafell yr Ysgolfeistr. Ond llwyddodd chwant bwyd i ddyfeisio cynllun i ddatrys y broblem. 'Roedd ffenestri ystafell fy nhad yn wynebu'r ffordd sy'n arwain i Stryd Wesla, a chyda chydweithrediad disgyblion y dosbarth, llwyddodd droeon i gael gafael ar rywbeth i'w fwyta yn ddiarwybod i Mr. Grindley. 'Roedd pared, a ffenestri gwydr yn y rhan uchaf ohono, cyd-rhwng y ddwy ystafell, a rhaid, yn gyntaf, oedd gofalu nad oedd yr Ysgolfeistr mewn unrhyw fan y medrai weld beth oedd yn digwydd. Ar ôl sicr-hau hyn, câi fy nhad y dosbarth i gydadrodd yn uchel, un ai ddarn o farddoniaeth neu hwyrach rai o'r tablau. Yn ystod y sŵn yma agorai ef un o'r ffenestri'n ddistaw bach, a byddai'r disgybl dewisedig yn llithro allan drwyddi, ac yn ei heglu hi nerth ei draed i siop Newell yn y Stryd Fawr, gydag ychydig geiniogau yn ei law i brynu ymborth. Cyn gynted ag y byddai ef wedi mynd, caeid y ffenestr, ac âi gwaith y dosbarth yn ei flaen fel arfer. Pan gyrhaeddai'r negesydd yn ei ôl at y ffenestr, byddai'n curo'n ysgafn arni. Wrth gwrs, byddai'r dosbarth i gyd yn disgwyl am yr arwydd yma, ac ar ôl sicrhau unwaith eto fod y ffordd yn glir, câi fy nhad gan y dosbarth ailddechrau adrodd yn uchel tra agorai ef y ffenestr i helpu'r bachgen yn ôl, a'r bwyd hollbwysig yn ei hafflau. Gweithredwyd y cynllun yma amryw weithiau heb i lygaid craff Mr. Grindley ganfod dim, a chwarae teg i hogiau'r dosbarth, buont yn rhy driw i'w hathro i yngan gair wrth neb. Byddai fy nhad yn chwannog iawn i bethau melys pan oedd yn ifanc, a gwireddir hyn o gofio mai'r borefwyd a geisiai ei gennad iddo oedd cacennau Eccles, dant-eithion yr oedd siop Newell yn enwog amdanynt. Ond pan aeth yn hŷn, llwyddodd i goncro'r blys yma am bethau gorfelys.

Y mae un stori arall o ddyddiau ysgol yn ei gylch a adrodd-wyd wrthyf gan fy ewyrth Richard, brawd i mam, a fu'n ddisgybl yn nosbarth fy nhad o gwmpas ei ddeg i ddeuddeg oed. 'Roedd ef a rhai o'r hogiau wedi bod yn smocio amser chwarae, ac wedi dod yn ôl i'r dosbarth, 'roedd arogl smocio cryf i'w glywed yn yr ystafell. Cyn gynted ag yr oedd yr hogiau wedi setlo i lawr wrth eu desgiau, dyma fy nhad yn gofyn—"Oes gan rywun yma getyn ?" "Oes," meddai Richard a'i law i fyny. "Gadewch i mi ei weld o, Richard," meddai fy nhad, a dyma'r llanc yn tynnu pwt o getyn clai o'i boced. "Oes gennych chi faco hefyd, Richard ?" oedd y cwestiwn nesaf. "Oes," meddai, gan estyn tamaid o faco wedi ei fegio gan un o'r "hogiau llongwrs" fel y'u gelwid hwy. "Fedrwch chi smocio, Richard ?" gofynnodd wedyn. "Medra," atebodd Richard, yn gawr i gyd. "Wel, gadewch i mi'ch gweld chi wrthi," meddai fy nhad. "Rŵan ?" gofynnodd y llanc, wedi torri ei grib, braidd. "Ie, rŵan," meddai fy nhad. Felly 'doedd dim i Richard ei wneud ond stwffio baco i'r cetyn a'i danio. "Twt, hynna o fwg fedrwch chi wneud ?" meddai fy nhad, "tydy hwnna ddim yn smocio go iawn." 'Roedd taflu dŵr oer fel hyn ar ei allu fel smociwr yn brifo teimladau Richard braidd, ac er mwyn cadw ei enw da, fe sugnai ar y cetyn nes oedd ei fochau'n pantio, a chymylau o fwg yn chwythu o'i geg. Ond bu'r ymdrech yn ormod i'r llanc, ac fel 'roedd ei wyneb yn troi ei liw, bu raid iddo redeg allan o'r ystafell ar frys gwyllt, wedi ei lwyr argyhoeddi nad oedd eto wedi meistroli'r grefft o smocio'n iawn ! A chyn mentro'n ôl i'r dosbarth, 'roedd wedi gwneud adduned na wnâi o ddim smocio byth wedyn—wel, o leiaf, ddim nes iddo dyfu i fyny. Gwers lem efallai, ond yn sicr cafodd yr effaith briodol ar hogiau'r dosbarth, ac ni feiddiai'r un ohonynt smocio wedyn yn ystod oriau ysgol.

'Roedd pethau'n araf ddirywio cyd-rhwng Mr. Grindley ac yntau, am ei fod yn mynnu mynd i bregethu'r Sul yn groes i ewyllys yr Ysgolfeistr, ac o'r diwedd daeth i'r penderfyniad i roi'r gorau i'w swydd fel athro, a mynd am gwrs i Ysgol Ragbaratoi Porthaethwy, gyda'r bwriad wedi hynny o fynd ymlaen i'r weinidogaeth. Mae'n sicr fod ei fam wedi dylanwadu peth arno yn y cyswllt hwn hefyd,—'roedd hi'n awyddus iawn iddo fod yn weinidog, yn enwedig gan fod un o'i gyfoedion, John Williams Davies, yntau'n byw yn yr un rhes o dai yn y Garth, yn mynd i Borthaethwy gyda'r un bwriad.

Ac felly y bu i'r ddau gychwyn i'r ysgol honno gyda'i gilydd yn Chwefror 1891.

3

Yn ystod y ddwy flynedd cyn i'm tad orffen ar ei waith fel athro, yr oedd wedi bod yn bur llwyddiannus mewn eisteddfodau lleol, o Bwllheli i Ddolgellau, yn enwedig yng nghystadleuaeth yr englyn, ynghyd ag ambell wobr am hir-a-thoddaid a chywydd. Llwyddodd unwaith neu ddwy hefyd ar y bryddest, ac ar ôl magu peth hyder, anfonodd bryddest ar "Bore Sabath" i Eisteddfod Bae Colwyn ym Mawrth 1890, ac fe enillodd y Fedal Arian arni, allan o ugain o gystadleuwyr. Yna cyfansoddodd ei awdl gyntaf ar "Stanley" ar gyfer cadair Eisteddfod Llangefni, Nadolig 1890, a bu hon hefyd yn fuddugol.

Pan adawodd Borthmadog am Borthaethwy, hwn oedd y tro cyntaf iddo fynd i fyw allan o'i dref enedigol, a chefnu ar ei gartref. Yn naturiol, teimlai beth chwithdod ar y dechrau, ond cyn pen mis, ar Ddydd Gŵyl Ddewi 1891, codwyd ei galon pan ddaeth cadair arall i'w ran yn Eisteddfod Bae Colwyn, am bryddest ar y testun "Tynerwch". Ar ôl cyfnod i ymgartrefu yn yr ysgol, cafodd fod ganddo fwy o amser iddo'i hun nag ym Mhorthmadog, gan nad oedd cymaint o alwadau ar ei oriau hamdden mewn ardal ddieithr. Gwnaeth ddefnydd o'r hamdden hwn i gyfansoddi awdl ar "Gethsemane" ar gyfer Eisteddfod Bae Colwyn eto, fis Medi 1891, ac enillodd y gadair a medal arian dan feirniadaeth Watcyn Wyn, allan o un ar hugain. Fel hyn y dywedodd y beirniad amdano : "Cana yn gryf ac yn angerddol drwy'r holl awdl. Y mae yn uwch ei dôn, yn gryfach ei gynganeddion, yn gyflawnach ei gynllun, ac yn fwy barddonol ei weithiad allan na'r un o'r lleill. Y mae pob llinnell yn ei lle, ac wedi ei dweud yn y modd gorau—yn wir, nid ydym yn cofio cael ein boddio yn fwy mewn awdl er ys talm o amser."

Fe'i calonogwyd yn fawr, nid yn unig am ddod yn gyntaf, ond am i'w awdl dderbyn cymaint o ganmoliaeth. Yn ôl arfer gyffredin yr adeg honno, byddai'r beirdd yn anfon yr un awdl i wahanol eisteddfodau, ac felly y bu iddo yntau anfon yr awdl hon i Eisteddfod Pontypridd yn Nhachwedd 1892, a chael y gadair yno hefyd. Ac yn Eisteddfod Dinbych, Nadolig 1892, enillodd fedal aur am ei bryddest "Hwn Fydd Mawr". Dyma sylwadau'r beirniaid Elldeyrn a Thaliesin Hiraethog amdano yno : "Y mae 'Y Cywair' ddigon ar y blaen er bod llawer o'r pryddestau eraill yn dda. Teilynga yr awdur galluog wobr llawer mwy na'r un a gynigir gan y Pwyllgor."

Ychydig iawn o wybodaeth sydd gennyf ynghylch ei astudiaethau yn Ysgol Porthaethwy, ond gwn ei fod wedi dysgu peth Lladin a Groeg, er mae'n sicr mai go elfennol oedd ei feistrolaeth arnynt. Gwyddys beth bynnag ei fod wedi gweithio'n galed yno, ac iddo fod yn llwyddiannus ar ddiwedd ei gwrs. Heblaw astudiaethau'r ysgol, byddai hefyd yn mynd i bregethu'r Suliau, ac nid oedd erbyn hyn yn cael ei gyfyngu i ardal Porthmadog. Cyfrifid ef yn bregethwr swynol ac addawol iawn. Mae copi o rai o'i bregethau yn fy meddiant, ac er bod ei law yn glir, maent wedi eu hysgrifennu mor fân nes eu bod ar brydiau yn anodd eu darllen. Hwyrach y byddai dyfynnu rhyw gyfran ohonynt yn ddiddorol :

Genesis 37 pennod a'r 29 adnod

"A Reuben a ddaeth eilwaith at y pydew, ac wele nid oedd Joseph yn y pydew."

Hanes cynnen deuluol yw'r bennod—hanes anghydfod rhwng brawd a brawd. Yr oedd y cleddyfau ar y ddaear mor fore â hynny, ac oddi ar hynny nid yw'r byd wedi newid nemawr ar ei ysbryd, na hanes ar ei ffeithiau.

Bu i'r teimlad anfrawdgar o leiaf dair ffurf yn ei ddatblygiad. Dechreuodd gartre yn y ffurf o eiddigedd. Gwendid tad yn gwneud rhagor rhwng ei blant oedd un achos ohono. Hoffach oedd Jacob o Joseph na'i feibion eraill am ei fod yn blentyn ei henaint a'i benwynni. Joseph fyddai'n derbyn ei ffafrau. Gwelai'r brodyr eraill hyn a theimlent eu brawdgarwch yn oeri. Dyma'r dechreuad.

Wedi i Joseph fynd yn hŷn gwnaeth yr hen batriarch iddo siaced fraith—siaced oedd honno a berthynai trwy fraint i'r mab hynaf. Rhoddodd Jacob hi i'w fab ieuengaf a thrwy'r trais fe wnaeth gam â'r ddau. Dan swyn y felltith brydferth aeth yr eiddigedd yn gasineb, a'r brodyr yn erlidwyr. Daeth y nwyd a oedd yn llosgi o'r golwg i fod yn fellt mewn llygaid, yn llymder mewn geiriau ac yn angharedigrwydd mewn ymddygiadau.

Achos arall oedd diniweidrwydd Joseph ei hun. Dywedir y byddai'r llanc yn breuddwydio ambell noson—breuddwydio

damhegion o'r dyfodol. Breuddwydion ag elfen o farddoniaeth,
o wirionedd, o broffwydoliaeth ynddynt. Ac fel pob plentyn
byddai'n dweud ei freuddwydion ynghlyw ei frodyr. Ac yn
syn iawn 'roedd y breuddwydion, fel ei dad, yn gwneud rhagor
rhyngddo ef a hwy. Un noson wele holl ysgubau'r maes yn
sefyll o amgylch ac yn ymgrymu i'w ysgub ef. Noson arall
wele'r haul, a'r lloer, a'r deuddeg seren yn ymgrymu i'w seren
ef. "A'i frodyr" meddir, "a chwanegasant ei gashau ef oblegid
ei freuddwydion ac oblegid ei eiriau".

Mynych y mae hanes wedi ailadrodd y ffeithiau er hynny.
Yn araf y mae dynoliaeth yn dysgu parchu'r breuddwydiwr,
er mai breuddwydwyr yw ei chymwynaswyr pennaf. Bu pob
gwirionedd unwaith yn farddoniaeth, pob diwygiad yn feddyl-
ddrych, a phob arwriaeth foesol yn freuddwyd. Ond hanes
pruddaidd yw hanes y breuddwydiwr ar hyd yr oesau. Breu-
ddwydiodd Luther unwaith freuddwyd newydd, ac meddai ei
oes, "Deuwn a lladdwn ef". Breuddwydiodd proffwyd o'r enw
Mazzini freuddwyd arall, ac meddai ei oes, "Tywallter ei
waed ef". Breuddwydiodd mab i saer tlawd o Nazareth
freuddwyd dwyfolach na'r ddau, ac meddai ei oes, "Croes-
hoelier ef". Yr un dynged o ddyddiau Joseph hyd yn awr—ond
gwnaer a fynner i'r breuddwydiwr, fe ofala Duw dros dynged y
breuddwydion.

Yna down at yr anfrawdgarwch yn ei ffurf derfynol—cyd-
fradwriaeth. Dyna'r camrau,—yn gyntaf, ciddigedd ; ar ôl
eiddigedd, cas, dialgarwch—ysbryd y cleddyf yn ei noethder.

Ar gais ei dad mae Joseph yn mynd i waered i Sichem i
edrych llwyddiant ei frodyr a'r praidd ; yna deallodd eu bod
wedi symud i Dothan, a dilynodd hwynt. Hwythau ei frodyr
a'i canfuant ef o bell,—'fu erioed olwg byr gan Ddial. A chyn
ei ddynesu ef atynt hwy a gydfwriadasant yn ei erbyn ef.
"Dacw'r breuddwydiwr yn dyfod," meddent, "deuwn a
lladdwn ef." Dyna'i benyd.

A'i ladd a wnaethent pe na bai am gyfryngdod Reuben.
"Bwriwn ef i un o'r pydewau," meddai'r dialwyr, "yna y cawn
weld beth a ddaw o'i freuddwydion ef." "Na," meddai'r brawd
tosturiol, "bwriwn ef i'r pydew hwn"—pydew oedd heb ddŵr
ynddo.

Beth oedd pwrpas Reuben yn cymryd ei ran ? Dyma'r
ateb—fel yr achubai ef o'u llaw hwynt, a'i ddwyn eilwaith at ei
dad. Gwybod yr oedd Reuben fod yn haws adfer brawd byw
na brawd marw, gan feddwl eiriol drosto. Ond yn ymyl adnod
yn awgrymu ei oruchafiaeth fel eiriolwr, wele adnod arall yn
anfarwoli ei fethiant fel gwaredwr.

"A Reuben a ddaeth eilwaith at y pydew, ac wele, nid oedd
Joseph yn y pydew."

Felly dyna fydd gennym ymhellach : Reuben, neu'r Gwaredwr Esgeulus.

Elfennwch yr hanes a deallwch ddiffyg Reuben a'i fethiant. Dyna fe,—dyn a'i fwriad yn well na'i gyflawniad ; dyn a'i wybod yn berffeithiach na'i wneud. Un petrusgar, anwadal, na ellid dibynnu arno. Yr oedd ganddo ewyllys gwaredwr—ysbryd a dynoliaeth well na'i frodyr, ond mynnodd brofi nad oedd ei aberth yn cyfateb i'w ysbryd, na'i law mor barod a'i ewyllys.

A bai Reuben yw'n bai ninnau'n rhy fynych—byw ym myd breuddwyd a damcaniaeth yn lle ym myd gwaith ac ymdrech. Y mae pydewau'n mynd yn weigion yn barhaus yng nghanol bwriadau segur. Cyfuniad yw'r gwaredwr o'r cydymdeimlwr a'r cynorthwywr,—o galon i garu, a llaw i helpu.

Cymeriad sy'n y lleiafrif yw'r gwaredwr—mae'r cydfwriadwyr yn amlach. Yma, 'roedd mintai am ladd,—un ohonynt oedd am gadw'n fyw. A phaham ? Yr oedd Joseph yn fab i'w tad, ac yn frawd i bob un. Oedd,—ond Reuben yn unig a sylweddolai'r berthynas, a hawl y berthynas arno. Gweld breuddwydiwr yn y brawd yr oedd y dialwyr,—gweld brawd yn y breuddwydiwr yr oedd Reuben ; a dyna a wnaeth waredwr ohono.

Dywedodd Iesu Grist fod dynion yn frodyr i'w gilydd, a gwnaeth hynny drwy ddweud fod Duw yn Dad i bawb. Gwyn fyd na allem fynd i fewn i'r gyfrinach, ac yna fynd allan yn ei hysbryd. Reuben ein cenhadaeth ninnau fyddai mynd tua'r anialwch i geisio'r brawd sydd yn y pydew. Yr ymdeimlad o frawdoliaeth yw cymhelliad y gwaredwr ymhob cylch. Gwerth pob tosturi yw ei fod yn troi'n gynhorthwy—gwerth pob cydymdeimlad yw ei fod yn troi'n waredigaeth.

Dywedir i Heinrich Heine y dydd olaf y bu allan o'i dŷ gerdded yn llesg i'r Louvre, a phan yn y neuadd syrthiodd fel marw i'r llawr yn ymyl cerflun o wyryf brydferth. Wylodd yn hir yn y fan honno hyd nes y tybiai fod y garreg yn tosturio wrtho. Edrychai'r cerflun yn syn, meddai, ar ei gyfyngder, ond fel pe mynnai ddweud—"Oni weli di, Heine, na feddaf fi ddim dwylaw i'th gynorthwyo?" Fynyched yr ydym ninnau yr un fath uwchben cyfyngderau. Beth yw ein tosturi ond tosturi diymadferth. Y mae'r dyn sydd yn y pydew yn frawd.

A chan ei fod yn frawd fe ofynnir ei waed rywbryd oddi arnom. Dyna oedd yn rhannu meddwl Reuben rhwng y pydew a chartre. "Gwared y llanc," meddai'i galon, "dy frawd yw efe." "Gwared ef," meddai'i gydwybod, "dy dad a'i piau, a'i holiad cyntaf fydd, ' lle mae Joseph dy frawd ' ?"

A pha swyddogaeth mor gysegredig â bod yn geidwaid y naill a'r llall—bod yn angylion gwarcheidiol ein gilydd ? Bod fel Duw ei Hunan yn "gymorth hawdd ei gael mewn cyfyngder". Dyna y bywyd mwyaf dynol, a mwyaf dwyfol,—hwnnw sydd yn dod i gyffyrddiad agosaf a chyfyngder dynoliaeth.

A chan nad pa ffurf a gymer y waredigaeth, dibynna'i gwerth i'r dyn sydd yn y pydew ar *ei bod mewn pryd.* Gellir oedi ambell beth yn gymharol ddigolled hyd nes ceir cyfleustra gwell, ac amgylchiadau mwy ffafriol. Ond nid felly gwaredigaeth. Gwelais tua'r Fenai ym misoedd yr haf gyfarwyddyd fel hyn : bydd y cwch a'r cwch yn gadael y pryd a'r pryd, os bydd y tywydd yn ffafriol. Ond 'welais i erioed mo'r frawddeg "os bydd y tywydd yn ffafriol" ar ddrws tŷ'r bywydfad. Cwch pleser yw cwch y Fenai—ac fe all pleser newid ei ddiwrnod. Ond cwch gwaredigaeth yw'r bywydfad, ac ni all gwaredigaeth ddim aros am awyr las.

Disgwyl gwell cyfleustra wnaeth Reuben, a bu'n brofiad drud iddo. Wedi eiriol ei eiriolaeth, ac i Joseph gael ei fwrw i'r pydew, dacw Reuben yn cilio o fysg y brodyr ; cilio i'r anialwch, a'i gynllun yn ei feddwl. Ond tra oedd Reuben o'r golwg yn diofalu, dacw fintai o Ismaeliaid yn dod heibio'r pydew. Dacw nhw'n disgyn oddi ar eu camelod ; dacw drafodaeth rhyngddynt a'r brodyr. "Ugain darn o arian," meddai'r Ismaeliaid. "Cytunwn," meddai'r brodyr, a dyna Joseph wedi ei brynu, a chyfleustra Reuben wedi ei golli. "A Reuben a ddaeth eilwaith at y pydew, ac wele nid oedd Joseph yn y pydew." Y fath siom i 'waredwr'. Cael y pydew'n anghyfannedd, a'r llanc y bwriadai ei waredu ym mintai'r Ismaeliaid ar ei ffordd i'r Aifft. Un o ganlyniadau sicraf disgwyl gwell mantais yw rhoi'r fantais orau i'r brodyr gwaeth, a gadael y llwybr yn rhydd i'r Ismaeliaid.

Trafnidwyr o Midian oedd yr Ismaeliaid—trafnidwyr mewn llysiau, a balm, a myrrh, a chaethion. Ond ni raid dim mynd mor bell â Midian i gael gwŷr o'r un ysbryd—onid oes mintai ohonynt yng Nghymru ? Dynion diwyd pan fo gwaredwyr yn segura,—dynion a'u masnach mewn cymeriadau a bywydau. Mwy na hynny, onid oes brodyr eto gytunant â hwy,—a werthant eu Joseph am lai nag ugain darn o arian ?

Nid wn i ddim pwy chwenychai gael profiad Reuben. Dyma fe : "Ac yntau a rwygodd ei ddillad, ac a ddychwelodd at ei frodyr, ac a ddywedodd, ' Y llanc nid yw acw, a minnau, i ba le yr af fi ' ?"

Trwy golli cyfleustra, collodd Reuben frawd, a chollodd ei dad blentyn. Gwnaed eu calonnau ill dau yn amddifad o'r diwrnod hwnnw, a'r cartre yn llai o gartre hyd ddydd adferiad Joseph.

Wedi sôn cyhyd am waredwr esgeulus, anodd tewi heb sôn am waredwr arall—prydlonach gwaredwr, a ffyddlonach brawd na Reuben. 'Ddeil neb gymhariaeth â'r Iesu fel Gwaredwr.

Dyna fi wedi dyfynnu'n weddol helaeth o bregeth ganddo er mwyn rhoi rhyw syniad i'r darllenydd o'i ddawn yn y maes hwn. Mae pregethu fel hyn yn bur henffasiwn erbyn hyn, ond cofier mai o gwmpas y cyfnod 1893-5 yr oedd ef yn llunio a thraddodi hon a rhai tebyg iddi.

Ni wnaf ymhellach fwy na chroniclo testunau rhai o'i bregethau eraill :

"A'r Iesu a ddywedodd, ' Rhyw un a gyffyrddodd â mi ; canys mi a wn fyned rhinwedd allan ohonof.' " (Luc 8, 46)

"Gwelwyd blodau ar y ddaear, daeth yr amser i'r adar i ganu." (Cân y Caniadau 2, 12)

"Canys ydwyf fel costrel mewn mwg, ond nid anghofiais dy ddeddfau." (Salm 119, 83)

Credaf mai'r tair pregeth yma ynghyd â'r llall y dyfynnais ohoni oedd y rhai mwyaf adnabyddus. Clywais fwy nag un a'i cofiai'n pregethu yn sôn am y rhai hyn. Dyma ddau destun arall :

"A'r tlodion yn derbyn yr efengyl." (Luc 7, 22)

"Yr hwn nid arbedodd ei briod Fab, ond a'i traddododd ef trosom ni oll, pa wedd gydag ef hefyd na ddyry efe i ni bob peth ?" (Rhufeiniaid 8, 32)

Ar ôl gorffen ei gwrs o ddwy flynedd yn llwyddiannus yn Ysgol Porthaethwy, dychwelodd adref i Borthmadog, a'i iechyd yn achosi cryn bryder iddo. Cafodd waedlin bychan a bu am rai misoedd yn adennill ei nerth heb wneud fawr ddim ond barddoni ychydig, a mynd ar dro i bregethu. 'Roedd Iolo Caernarfon yn weinidog yn eglwys Tabernacl bryd hynny, a pherswadiodd fy nhad i gasglu ei farddoniaeth at ei gilydd, a'i gyhoeddi'n llyfr. Bu'n petruso tipyn ynghylch y fenter hon, ond wrth ei fod gartref, a heb fod yn gweithio, manteisiodd ar y cyfle, ac aeth ati i ddethol ei gynhyrchion gorau, a chywiro a thrwsio ychydig arnynt. Ymddangosodd y gyfrol yn 1894 dan y teitl *Ieuenctid y Dydd*, wedi ei hargraffu gan Gwmni'r Wasg Genedlaethol Gymreig, Caernarfon.

Yn ei ragair, a ddyddiwyd ar ei ben-blwydd, 2 Mai 1894, cyflwynodd ei gyfrol i'r cyhoedd fel hyn :

Am benawd fy llyfr, dyledwr ydwyf i'r Mabinogion. "Ieu-enctid y dydd" sydd ymadrodd cyffredin yn yr hen lenyddiaeth brydferth hono ; a'i briodoldeb, fel enw ar gasgliad o fardd-oniaeth cyfnod cynaraf fy mywyd, barodd i mi ei fabwysiadu.
Parthed ansawdd cynwys y llyfr . . . mi a wn fod yn perthyn iddo ddiffygion amlwg. Gallaf ganfod rhai ohonynt fy hunan. Diolchaf i fy meirniaid os nodant eraill ag y mae cariad awdwr yn eu cuddio rhagof. Mi a wn hefyd nad ydyw yn gwbl amddifad o ragoriaethau. Galwed y neb a fyno yr honiad yn hunanfawrhad. Gwell genyf fi fod yn euog o hyny nag ymostwng i ysgrifenu celwydd gostyngedig . . .
Ni chynwys y llyfr hwn . . . fwy na haner fy nghynyrchion. Detholiad yw yn hytrach na chasgliad—gweddillion y wyntyll a'r llawrdyrnu. Mae yr haner arall . . . wedi eu bwrw yn tân . . . Hwynthwy oedd merthyron fy nghynydd.
Bellach, dodaf fy nghyffes ffydd lenyddol yn niwedd fy rhagymadrodd yn y ffurf a ganlyn:- Un peth a ddeisyfais i, hyny hefyd a geisiaf, sef caffael cyfoethogi llenyddiaeth fy ngwlad heb dylodi fy hunan.

Dengys y cymal olaf gymaint yr ofnai i'r fenter fethu talu ar ei hôl, gan nad oedd mewn sefyllfa i fforddio unrhyw golled ariannol. Ond nid oedd achos iddo ofni o gwbl, oblegid llwyddodd y gwerthiant nid yn unig i glirio'i ben, ond hefyd i wneud elw bychan iddo, a bu'r derbyniad a roddwyd i'r llyfr yn galondid mawr iddo. 'Roedd y gyfrol yn cynnwys dwy awdl, saith bryddest, nifer o emynau, ambell gyfieithiad o ddarnau fel "The Wreck of the Hesperus" a "Gray's Elegy", rhyw dair neu bedair o delynegion, a'r gweddill yn englynion a thoddeidiau.
Yr unig adolygiad a welais arno oedd gan Gwylfa Roberts, yntau bryd hynny yng Ngholeg Bala-Bangor. Dyma ddethol-iad o'r hyn a ddywed yn *Y Dysgedydd*, 1895, tt. 156-9 :

Mae iaith y bardd yn olud dibrin iddo; nid oes wendid yn ei frawddegau, na geiriau musgrell yn cyffroi tosturi dar-llenydd. Ceir ôl astudio llenyddiaeth yr oes aur; ac ôl talu sylw i eiriadur y meistriaid ym mhob man drwy'r llyfr . . .
Mae cynghaneddion y bardd yn odidog, chwery ar linyn y "gynghanedd groes" yn felus, yn gryf a chywrain. Ni chaed gwell cynghaneddwr er dyddiau Emrys . . . Gwnaeth Tudno

27

englyn cryf i "Fedd y Morwr", ond mae cymhar gwych iddo yn y llyfr hwn—

> I harddu hwn ar ei ddor—ni chodant
> Eu gwarcheidiol farmor !
> Na, monwent heb un mynor,
> Na maen o'i mewn yw y mor.

Yn y gyfrol mae cwrs o ddarnau gwobrwyedig . . . Gwell genyf gyfansoddiadau diwobrwyon yr awdwr fel rhai llu eraill o'n beirdd, pan ganant am fod yn rhaid iddynt.

Y mae ganddo ganmoliaeth i un neu ddau o'r caneuon rhydd a'r emynau, ac ychwanega :

> Ni chanodd yr awdwr lawer am serch, ond mae ei ddwy odlig bêr i "Menna" ac "Angharad" yn well na llu o rieingerddi gawsant fathodau Cymru. Eithr ofnwn fod awen Eifion Wyn *braidd* yn rhy drom i delynegion.

Mae'n bur debyg mai'r rheswm dros ddod i'r farn yma oedd bod y mwyafrif o gynnwys y llyfr ar yr ochr ddwys. Cyfansoddiadau cystadleuol oedd yr awdlau a'r pryddestau, a rhyw naws grefyddol yn y testunau a osodid yn yr eisteddfodau, fel "Gethsemane", "Bore Sabath", "Trugaredd" a'r "Iesu a Wylodd", ac wedi eu gwasgaru rhyngddynt nifer sylweddol o englynion a thoddeidiau coffa. Cynhyrchion y cyfnod eisteddfota oedd y rhain, cyfnod pwysig yn ei ddatblygiad fel bardd, pan deimlai ei bod yn hollbwysig iddo ennill llawryfon mewn cystadleuaeth, gwneud enw iddo'i hun fel bardd sicr ei gelfyddyd a'i gyffyrddiad, ac ennill hyder yn ei allu.

Calondid mawr iddo oedd derbyn y llythyr a ganlyn, oddi wrth Owen M. Edwards o Lanuwchllyn, 8 Awst 1894 :

> Diolch yn fawr am y llyfr. Nis gallaf ddweud wrthych y pleser a gawsom oddiwrtho yma mewn un diwrnod, a bydd yn ffynhonnell pleser am amser hir.
>
> A fedrech adael i mi gael eich darlun a thipyn o'ch hanes. Hoffwn fedru rhoddi erthygl go lew ar y llyfr yn y Cymru rhifyn Medi.
>
> Ar frys mawr a chyda diolch am lyfr mor gampus.

Yn ystod 1894 bu fy nhad yn was priodas i'w gyfaill mawr, Robert Owen, ar achlysur ei briodas â Maggie Jones, 'Refail Bach, Aber-erch. 'Roedd hi'n chwaer i'm mam, ac yn wir, fy mam oedd ei morwyn briodas. 'Roedd fy nhad yn adnabod fy mam flynyddoedd cyn hyn, ac yn bur hoff ohoni yn ei dyddiau ifanc ym Mhorthmadog. Ond collodd gysylltiad â hi pan symudodd ei theulu i fyw i Aber-erch, a hithau i weithio i Fanceinion. Cafodd y ddau ei bod "yn hawdd cynnau tân ar hen aelwyd", a gwnaethant gytundeb i gadw mewn cysylltiad â'i gilydd o hynny ymlaen. Yn y blynyddoedd a oedd i ddilyn canodd fy nhad lawer o delynegion serch iddi o dan yr enw Men. Aeth Robert Owen a'i briod i fyw i 28, New Street, Porthmadog, lle bu yntau yn ymwelydd cyson ac yn fawr ei groeso bob amser.

Yn ystod y misoedd yma, fel 'roedd yn adnewyddu ei iechyd, teimlai ei frwdfrydedd am y Weinidogaeth yn gwanychu, hynny oherwydd yr amheuaeth tybed a oedd ei iechyd yn rhy fregus iddo allu cymryd gofal eglwys, a gwneud cyfiawnder â bugeiliaeth. Daeth amryw o alwadau iddo gan eglwysi bach yn y wlad, ac un o Park Road, Lerpwl, ond ni theimlai'n abl i dderbyn yr un ohonynt. Y'r adeg yma derbyniodd y llythyr hwn oddi wrth E. Herber Evans, Prifathro Coleg Bala-Bangor, 3 Ebrill 1895 :

Diolch i chwi am eich llyfr—darllenais lawer o hono heddyw gyda boddhad. Ond rhaid i mi gyfaddef fy mod yn deall eich barddoniaeth yn well nag yr wyf yn eich deall chwi. Yr wyf wedi siarad ag amryw o'ch cyfeillion yn eich cylch, ac nid oes yr un ohonynt yn deall eich nôd am y dyfodol. Yr wyf yn teimlo diddordeb ynoch fel annibynwr ieuanc o dalent diamheuol, ac fel pregethwr a allai ddod yn allu yn ein plith. Trueni mawr fyddai i chwi fod heb nôd uwch na barddoni ychydig, a phregethu ychydig, a bod yn ddyn cylch cyfyng, haner segur fel lluaws o feib talentog ein gwlad, pan mae y Creawdwr wedi rhoddi i chwi allu i gyrraedd safle a dylanwad llawer uwch.

Y mae gennyf brofiad hir bellach, a gwn na ddaw dim llawer mwy oddiwrthych heb i chwi gael addysg a gwrteithiad meddyliol, yr hyn sydd yn anhebgorol angenrheidiol er rhagori ymhob cylch yn yr oes hon, a'r hon sydd ar ddyfod.

Yr ydych yn gwneud cam a'ch talent, a'ch cenedl ac a'ch Arglwydd.

Nid oes dim yn fy nghymell i ysgrifennu fel hyn atoch, ond

fy mod yn dymuno yn dda i chwi, i'ch enwad, ac i ddyfodol eich cenedl.

"Make the best of the stuff that is in you" oedd cyngor Goethe, a phaham na wnewch chwi hynny ? "All power is duty", felly y mae eich rhwymedigaeth yn ôl eich gallu.

Ond tua'r adeg yma, cafodd waith yn gofalu am lyfrau cwmnïau llechi Richard Williams & Co., North Wales Slate Co. a'r Portmadoc Slate Co. 'Roedd y cwmnïau yma yn eiddo i ddau bartner, Mr. John Lewis, Belle Vue, a Mr. J. R. Owen, Ael-y-garth, ac yr oedd y swyddfa a'r iard lechi ym mhen Stryd Wesla. Cafodd fod y gwaith yma'n taro ei iechyd i'r dim, ac yn rhoi cyfle iddo i farddoni, ac i fynd i bregethu'r Sul, a hynny heb achosi unrhyw anghydfod os digwyddai iddo fod fymryn yn hwyr yn cyrraedd ei waith fore Llun ! Byddai'r llyfrau yn y swyddfa yn ei ysgrifen ddestlus yn werth eu gweld. Gwyddai'r partneriaid ei fod yn weithiwr cydwybodol, ac na wnâi ar unrhyw gyfri esgeuluso dim dyletswydd, ac o'r herwydd byddent yn dangos eu hymddiriedaeth ynddo drwy beidio â mynnu iddo gadw'n gaeth at oriau penodol. Câi felly ddod i mewn yn hwyr ambell fore Llun os byddai amgylchiadau yn galw am hynny, neu hwyrach adael beth yn gynt ambell bryn-hawn. Nid wyf yn meddwl iddynt erioed wrthod unrhyw gais o'i eiddo, am y gwyddent yn dda na wnâi yntau ddim cymryd mantais o'u hynawsedd. Câi hefyd ryddid i fynd i'r swyddfa i ddefnyddio'r teipydd ar ôl oriau gwaith, ac 'roedd hyn yn gaffaeliad mawr iddo. Bu'r trefniant yma'n gweithio mor llwyddiannus a hapus ar y ddwy ochr, fel yr arhosodd yn y gwaith yma am y gweddill o'i oes heb chwenychu unrhyw swydd uwch.

Treuliai beth amser yn y Clwb Rhyddfrydol lle buasai'n aelod bron o'r cychwyn. Byddai yno gwmnïaeth ddifyr, a thrafod-aethau brwd, nid yn unig ar gwestiynau gwleidyddol, ond ar byncïau llenyddol hefyd. Dechreuodd chwarae biliards yno, a daeth yn un o'r pencampwyr yn y Clwb, gan ennill llawer o wobrwyon mewn ymrysonfeydd.

'Roedd ei gefnder Elizeus o Bensingrig wedi marw'n ŵr ifanc yn 26ain oed, ac erbyn 1895 yr oedd ei ewyrth a'i fodryb wedi dilyn eu mab, a neb o'r hen deulu bellach yn byw ar yr aelwyd. 'Roedd eu merch Elin wedi priodi, ac yn byw yn fferm Capel H elyg yn Eifionydd, ac yno y cyrchai fy nhad ar ei wyliau wedyn am flynyddoedd lawer.

Yn Ionawr 1895, enillodd gadair Eisteddfod Llangollen am Bryddest ar "Owen Glyndwr", a'r Nadolig dilynol goron arian yn Eisteddfod Temlwyr Da Lerpwl am ei bryddest "Ni Bydd Nos Yno". Ac yna, ym Mehefin 1896, cipiodd ei seithfed cadair yn Eisteddfod Daleithiol Powys, Croesoswallt, am ei awdl "Y Merthyr". Teimlai ei fod bellach wedi ennill digon o gadeiriau i brofi ei allu, ac i sefydlu ei enw fel bardd cydnabyddedig, a gwnaeth benderfyniad i beidio â chystadlu wedyn mewn eisteddfodau lleol a thaleithiol, er mwyn rhoi cyfle i feirdd ieuainc eraill i ennill llawryfon. Er iddo ennill saith gadair, y ffaith hynod yw na chafodd erioed ei gadeirio. Bu rhyw amheuaeth a fu ym Mhwllheli yn cyrchu ei gadair gyntaf, ond methais gael unrhyw gadarnhad o hyn, a chredaf ei bod yn ddiogel dweud mai cynrychiolydd a fu yno, fel yn yr eisteddfodau eraill, yn derbyn y gadair yn ei le. 'Roedd yn rhy swil i fynd ei hun, a chanddo wrthwynebiad i'r rhwysg a'r seremoni a berthynai i ddefod y cadeirio.

4

Credaf mai unwaith yn unig y bu fy nhad ar lwyfan eistedd-fod—a go brin y gellid cyfrif y tro hwnnw, gan mai ffug-eisteddfod oedd hi. Fe'i trefnwyd gan y Clwb Rhyddfrydol yn 1899, a llwyddodd rhywun i gael perswâd arno i arwain yr eisteddfod yn ogystal â beirniadu'r llenyddiaeth. Yn ôl pob hanes, bu hon yn eisteddfod lwyddiannus a hwyliog iawn. Ei harwyddair oedd "Y Beirniaid yn erbyn y Byd", ac enillydd y gadair oedd Mr. Evan Evans, Ysgolfeistr Ysgol Snowdon Street. Clywais dipyn o hanes yr hwyl a gafwyd, ac y mae un neu ddau o'r digwyddiadau wedi glynu yn fy nghof. Mr. John Charles McLean oedd y beirniad cerddorol, ac yn yr adran gerdd 'roedd cystadleuaeth côr,—côr meibion, wrth gwrs, gan nad oedd dim merched yn perthyn i'r Clwb. Cafodd un arweinydd y syniad gwreiddiol o hel pob aelod o'r Clwb na fedrai ganu i'w gôr, a'r enw a roes arno oedd "Côr Chicago". Fel y gellid disgwyl, o ystyried cyfansoddiad y côr, nid oedd eu diffyg lleisiau disgybledig, nac ansicrwydd y donyddiaeth, yn amharu dim blewyn ar ysbryd a bywiogrwydd eu datganiad. Ac meddai fy nhad ar ôl i'r côr ganu "'Rwy'n gweld ystyr yr enw 'rwân—côr ydi hwn a digon o *cheek* a *go* ynddo fo !" 'Roedd cystadleuaeth yno hefyd, "Unawd ar unrhyw offeryn chwyth", a threchwyd y rhai a ganai'r corned, y trombôn, y ffliwt a'r organ geg, gan y brawd a ddaeth â megin dân gydag ef, ei gosod i lawr ar y llwyfan, sefyll arni, a chanu unawd ! Cafodd hwn y wobr gan ei fod, yn ôl barn y beirniad, wedi dehongli geiriad y gystadleuaeth yn gywirach na'r lleill !

Er iddo gael eitha hwyl yn arwain yr eisteddfod yma, ni wnaeth y profiad ddim ond cryfhau ei benderfyniad i wrthod pob cais yn y dyfodol. Yn wir, rai blynyddoedd yn ddiwedd-arach, pan gafodd wahoddiad i feirniadu ac arwain eisteddfod, fel hyn yr atebodd y cais : "Un o blant yr encilion wyf i, ac nid yw ymddangos ar lwyfannau yn gydnaws â'm natur."

Bu cyfnod o ryw bedair blynedd ar ôl ennill cadair Eisteddfod Powys, heb iddo farddoni dim ar gyfer cystadleuaeth, ond

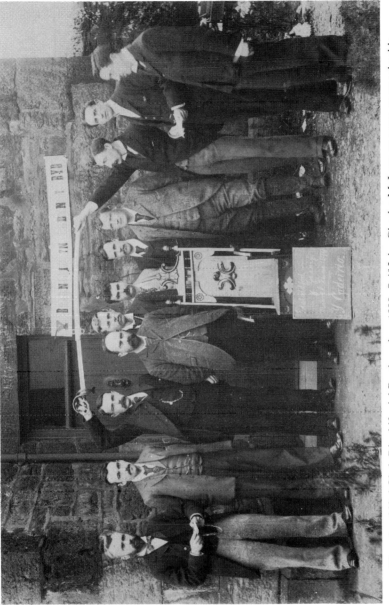

Ffug-eisteddfod Clwb Rhyddfrydol Porthmadog, 1899. Saif John Charles McLean ar y pen ar yr ochr dde ac Eifion Wyn (arweinydd yr Eisteddfod) wrth ei ochr.

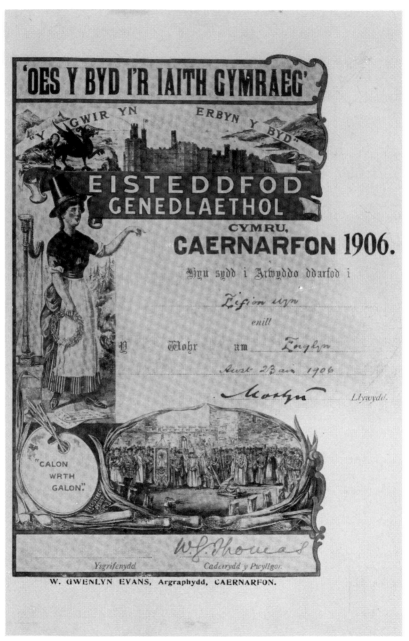

Tystysgrif Eisteddfod Genedlaethol Caernarfon, 1906.

dechreuodd o ddifri ganu telynegion ar unrhyw destun a ddenai ei fryd. Teimlai nad oedd awdlau a phryddestau yn apelio ond i'r ychydig, ac y byddai telynegion syml, agos-at-galon, yn debycach o gael eu gwerthfawrogi gan werin Cymru. 'Synnwn i ddim chwaith, nad oedd rhyw awydd i wrthbrofi barn Gwylfa yn ei adolygiad o *Ieuenctid y Dydd* "fod ei awen *braidd* yn rhy drom i delynegion".

Ond yn 1900 penderfynodd roi cynnig ar yr awdl yn Eisteddfod Genedlaethol Lerpwl ar y testun "Y Bugail", gyda Berw, yr Athro John Morris Jones a Thafolog yn beirniadu. Mae'n hen hanes bellach, fod y dorch yno rhwng dau, ' Hesiod ' (Pedrog) ac ' Alun Mabon ' (Eifion Wyn). Awdl ' Alun Mabon ' oedd dewis Tafolog, ond eiddo ' Hesiod ' a ddyfarnai Berw a John Morris Jones yn orau, a Phedrog felly a enillodd y gadair.

Bu amryw o edmygwyr fy nhad, ac yn eu mysg Owen M. Edwards, yn ei gymell i gyhoeddi ei awdl, ac fe'i perswadiwyd i'w dwyn allan yn llyfryn bychan, yn cynnwys crynodeb o feirniadaeth yr Athro John Morris Jones fel hyn :

Awdl fer sydd gan Alun Mabon, tua phum cant a hanner o linellau. Dywed yr awdwr mewn nodyn ar y dechreu na farnodd efe'n ofynnol "manylu ac esgyn i'r nefoedd" ; felly nid amcana ond disgrifio'r bugail yn syml fel y mae.

Y mae'r cyffyrddiadau o farddoniaeth natur yn yr awdl hon yn odidog. Awdl seml a phrydferth dros ben ydyw; yr arddull yn glir a da, a phob pennill ar y testyn. Ond nid yw hithau heb frychau. Ceir ynddi amryw dwyll odlau a rhai geiriau wedi eu camarfer.

Nid oes arnaf awydd beio Alun Mabon am ei gyfyngu ei hun i ystyr lythrennol ei destyn ; ond y mae ei awdl yn fwy cyfyng na hynny. Un syniad am y bugail—gwerinwr dedwydd : un agwedd ar natur—haf. Nid oes yma olwg ar ystorm naturiol nac ysbrydol. Y mae'r awdl yn dlos ryfeddol, ond nid yw'n aruchel ; rhydd hanner awr o fwynhad tawel i'r neb a'i darllenno, ond ni chyfyd mohono ar ei draed, ac ni thyn ddeigr i'w lygad.

Meluster yn unig sydd yn yr awdl hon ; ond mewn bywyd ac ym marddoniaeth bywyd ni cheir y melus heb y chwerw.

Os yw awdl Alun Mabon yn fer y mae awdl Hesiod yn rhy faith—tua dau gant ar bymtheg o linellau. Buasai hon yn llawer gwell pe tynasid rhai ugeiniau o linellau o honi. Y mae'r bardd wedi cymeryd maes rhy eang i'w ddiwyllio a'i chwynnu'n

33

briodol, fel amaethwr a gormod o dir ar ei law. Y mae'r arddull weithiau'n drwsgl ac afrwydd, ac mewn mannau hyd yn oed yn ddrwg ; ond yn ei fannau goreu y mae rhyw nerth a mawrhydi'n perthyn i'r bardd hwn na pherthyn i'r un o'i gydymgeiswyr. Y mae ei awdl yn gyfoethocach yn ei hiaith, ac yn cyrraedd tir uwch na'r un yn y gystadleuaeth.

Y mae Berw o'r un farn â minnau, mai Hesiod ydyw'r goreu. Tueddir Tafolog at Alun Mabon, ond, medd ef, "os digwydd i'm cydfeirniaid farnu mai Hesiod yw y blaenaf, ni theimlaf nemawr o wrthwynebiad i'w dyfarniad, a gallaf lawenhau gyda hwy fod awdl odidog wedi cael ei dewis ganddynt i anrhydeddu'r Gadair Genedlaethol y flwyddyn hon.

Felly trwy lais dau o'r beirniaid ac heb "nemawr o wrthwynebiad" oddiwrth y trydydd, i Hesiod y dyfernir y Gadair.

Yna ceir y nodyn a ganlyn gan fy nhad :

Ni ellais gael beirniadaeth Tafolog, ond dyfynnaf o lythyr a anfonodd attaf wedi'r Eisteddfod. Dywed : "Nid wyf yn cofio dim o'm beirniadaeth heblaw mai canmoliaeth uchel ydoedd bron i gyd. Wedi dechreu dyfynnu o awdl Alun Mabon ni fedrwn ymattal. Penderfynais eich dyfarnu chwi yn oreu, er mwyn rhoddi mwy o bwys ar ansawdd nag ar fesur. Y mae byrder byw yn well na meithder amgylchog. Er fod yn awdl Hesiod ddarnau byw iawn, eto, ar gyfrif ei meithder, ni ddarllennir hi ond gan yr ychydig. O'r ochor arall, bydd byrder eich awdl chwi, ynghyd a swyn ei barddoniaeth, yn sicrhau iddi lawer mwy o ddarllennwyr, ac felly'n profi ei gwerth ymarferol i'r lliaws."

Cred Tafolog na chyhoeddir ei feirniadaeth ond "y cleddir hi fel y gwnaed yng Nghasnewydd." Os mai hynny a wneir, bydd yn annhegwch ac yn golled lenyddol.

Deallaf ei bod yn nhelerau'r Eisteddfod bryd hynny fod hawl i beidio â chyhoeddi beirniadaeth un a ddigwyddai wahaniaethu oddi wrth ei gyd-feirniad, na hyd yn oed ei dychwelyd i'r beirniad ei hun. Dywed Tafolog yn ei lythyr hefyd :

Ni bu dim mwy o blygu i farn y mwyafrif nag oedd yn cael ei awgrymu yn y feirniadaeth. Enwn Hesiod yn arbennig rhag y digwyddent fod fel Dafydd Morgannwg amser Cadair Casnewydd, yn gogwyddo at rywun a dybiwn i yn yr ail ddosbarth. Prin y disgwyliwn iddynt gytuno o gwbl â mi, am fod fy nyfarniad yn wrth-darawiadol i rediad cyffredin dyfarniadau, sef y rheol o fesur wrth y llath yn hytrach na phrisio wrth y pwysau. Dyfalwn y teimlai y lleill fwy yn eu cynefin yng nghwmni Hesiod na chyda chwi.

Nid oes unrhyw ddadl nad oedd fy nhad wedi ei siomi'n fawr na ddyfarnwyd y gadair iddo, ond fel hyn yr ysgrifenna yn ei ragair i'r llyfryn :

Cyhoeddir Awdl Alun Mabon nid i beri digter na dadl.

Hon yw'r Awdl gyntaf a anfonais i Eisteddfod Genedlaethol, ac er na lwyddodd nid wyf yn beio dim ar fy meirniaid : meddaf yr un gred ac ymddiried ynddynt ag a feddwn.

Cydlawenhaf hefyd â'r Cadeirfardd er na chydolygaf ag ef. Unwaith—yn fy marn i—y dylid ennill Cadair y Brif Eisteddfod. Unwaith, er mwyn ennill clust cenedl : yna, caner o honi nes ennill calon cenedl.

Bob tro y dyfernir Cadair i un fo eisoes yn Brif-fardd, cyll gwlad Brif-fardd newydd . . .

Gobeithiaf y rhydd yr Awdl "hanner awr o fwynhad tawel i'r neb a'i darllenno, er na thyn ddeigr i'w lygad."

Rhy nodyn pellach ar ddiwedd yr awdl :

Cwynai'r beirniaid fod yr Awdl yn diweddu braidd yn ann· isgwyliadwy ; ac felly y mae. Gadewais fy arwr yng ngwaed ei arwriaeth, a dewisais beidio rhoddi cam i'r ysbrydol. Ni ddylai'r bardd Cymreig, meddai Dyfed, ddechreu pob Awdl a'i gefn ar bared y byd. Ni ddylai ychwaith, ddiweddu pob Awdl a'i gefn ar y pared arall. Bid a fo, canaf fi yn ol deddf fy meddwl fy hun—eled deri Cymru i'r man y mynnont.

'Roedd wedi torri tir newydd gyda'r cyfansoddiad hwn, ac fel llawer arloeswr, bu rhaid iddo yntau ddioddef siom. Yn un peth, o ran hyd 'roedd hi ryw hanner yr awdlau buddugol arferol, a rhyw drydedd ran o awdl Pedrog. Peth arall oedd ei fod wedi ei chyfyngu i'r testun, ac wedi dewis peidio â mynd i chwilio am ystyron pellach, er mwyn ei hestyn fel lastig a'i chwyddo. Ystyriai llawer o'r "beirdd newydd" y dylai fod wedi ennill y gadair yn Lerpwl, ac yn ôl popeth a welais i, mae'r beirniaid llenyddol diweddar yn cytuno â hwy. Credaf fod y ffaith fod rhannau ohoni heddiw, ar ôl tri chwarter canrif, yn cael eu canu gyda'r tannau a'u dyfynnu'n gyson, yn cyfiawnhau geiriau Tafolog.

Fel hyn yr ysgrifennodd R. Williams Parry ar y pwnc yn ei ysgrif goffa ar fy nhad yn *Y Genedl Gymreig*, 25 Hydref 1926 (ailargraffwyd yn Bedwyr Lewis Jones, gol., *Rhyddiaith R. Williams Parry*, tt. 118-22) :

Yn 1900, gyda'i "Awdl y Bugail", y dechreuodd dorri llwybr iddo'i hun. Nid wrth fodel y lluniodd ef yr awdl honno : ped amgen, fe a ddechreuasai yng ngardd Eden, a diweddu gyda dydd y farn. Ond fel gwir grefftwr, dewisodd o'r amrwd ddeunydd a ymestynai o dragwyddoldeb hyd dragwyddoldeb yr hyn a farnai ef yn ddoeth ac yn ddewisol... Felly, nid i Grist y Gwaredwr, nag i weinidog deadell eglwysig, y canodd Eifion Wyn, ond i'r bugail hwnnw

O dawch rhyw gwmwd uchel
Gwrid y wawr ar gread wêl.

Pan sonnir am gamp yr Athro Gwynn Jones yn torri ar draws traddodiad canrif gyfan drwy ganu hanes syml ymadawiad Arthur a gwrthod gwneuthur ei arwr yn flaenor parchus, tueddir i anghofio ddarfod i Eifion Wyn gyflawni'r ungamp ddwy flynedd yn gynt pan wrthododd yntau wneuthur gweinidog parchus o'i fugail naturiol. Nid hawl fain i safle barchus ymysg beirdd ei gyfnod yw honno.

Gan ei fod wedi dod mor agos i ennill y gamp ar ei gynnig cyntaf, penderfynodd na chynigiai byth wedyn am gadair y Genedlaethol. Cafodd ei awdl gystal derbyniad, a chymaint canmoliaeth am ei naturioldeb a'i newydd-deb, fel y teimlai ei fod, er heb ennill y gadair, wedi cyflawni digon i "ennill clust cenedl". Aeth ati wedyn, yn ôl geiriau ei ragair, "i ganu nes ennill calon cenedl". Dyna, mi gredaf, oedd ei "gyffes ffydd" lenyddol—a chyda'r bwriad yma y canodd ei delynegion, yn ganeuon byr, byw, mewn iaith goeth, ond eto'n ddealladwy i bob Cymro Cymraeg.

Ond nid cadair yn unig a gollodd fy nhad yn 1900—collodd hefyd ei gyfaill pennaf, Robert Owen, a fu farw yn 33 oed, gan adael ar ei ôl weddw a dau o hogiau bach. Teimlodd ei golli ef yn llawer mwy na cholli'r gadair.

5

Os bu anghyd-weld â dyfarniad y beirniaid ar ôl Eisteddfod Lerpwl, bu mwy fyth o anghytuno ar ôl Eisteddfod Bangor yn 1902. 'Roedd fy nhad wedi cystadlu yno ar "gyfres o chwe telyneg", ac er bod "Ora Pro Nobis" a "Hwiangerdd Sul y Blodau" ymysg ei ddetholiad—telynegion a enillodd eu lle wedi hyn gyda rhai o delynegion mwyaf adnabyddus yr iaith—ni chyfrifid hwy yn well nag ailorau gan y beirniaid, Job a Watcyn Wyn. Ar ôl yr Eisteddfod, cyhoeddwyd ei delynegion mewn cyfrol gyda phryddest ailorau yr Athro W. J. Gruffydd ac awdl ailorau Alafon. Fel rhagair i'w gyfran ef o'r llyfryn (tt. 95-106) rhoes y "Nodiad" a ganlyn :

> Ca'r Telynegion hyn ddadleu eu dadl eu hunain. Hwynthwy ystyrid yn ail-oreu gan Job. "Gallaf ddweyd," ebai, "i mi wylo dagrau'n llif uwchben Hwiangerdd Sul y Blodau." Gallaf finnau ddweyd fod y dagrau hynny'n werthfawrocach gan fardd na'r aur colladwy.

Dengys hyn yn bur amlwg y teimlai'n gryf ei fod wedi cael cam dybryd yn y gystadleuaeth hon. Yn wir, ni chafodd y beirniaid fawr neb i gytuno â'u dyfarniad, a llawer yn eu cystwyo'n ddidrugaredd am eu diffyg barn.

Fel hyn yr ysgrifennodd Meuryn am y digwyddiad :

> Watcyn Wyn a J. T. Job oedd y beirniaid ym Mangor, ac y mae Cymru byth er hynny yn methu deall sut na allai'r beirniaid adnabod gwir farddoniaeth. Efallai mai hir gynefindod ag ysbwriel ar ffurf barddoniaeth oedd yr achos. Yr oedd chwe telyneg Eifion Wyn yn fyw ac yn anfarwol—yn ganeuon na ellid eu cymharu â dim, na dim arall â hwythau. Mae un pennill o "Hwiangerdd Sul y Blodau." yn rhagorach na thunelli o farddoniaeth arobryn yr Eisteddfod Genedlaethol.

Felly, profodd 1902 hefyd yn flwyddyn o siomedigaeth iddo. Profodd yn flwyddyn o brofedigaeth hefyd cyn ei therfyn, canys collodd ei dad, Robert Williams, ym mis Tachwedd yn 69 oed. 'Roedd y ddau'n agos iawn at ei gilydd, a mawr oedd ei hiraeth ar ôl ei dad. Amlygir hyn yn ei delyneg brudd i

"Fy Nhad" a ganodd wedi'r amgylchiad, ac yn y pedair llinell gofiadwy a dorrwyd ar ei feddfaen ym Mynwent Rydd Chwilog :

Cu oeddit gennyf fi, fy nhad,
Cu oeddwn innau gennyt ti—
O ! boed fy moes fel moes fy nhad,
A boed ei Dduw yn Dduw i mi.

Dyma'r delyneg :

Fy Nhad

Caewch ei lygaid ag ysgafn law,
Ofer yw disgwyl y wên ni ddaw :
Ni chwarddant mwyach, ni wylant chwaith,
Ond rhoddwn fy nhrysor pe gwnaent un waith :
   Nid oedd eu mwynach gan neb trwy'r wlad,
   'Roedd serch a ffraethineb yn llygaid 'nhad.

Croeswch ei ddwylo, mor oer, mor wyn,
Ni buont mor segur erioed â hyn :
Os ydynt yn eirwon, na welwch fai,—
Ni fynnwn fod arnynt un graith yn llai :
   Gweithiwr oedd ef, ac nid perchen 'stad.
   Cynefin â dolur oedd dwylo 'nhad.

Caewch ei ddeufin, fel deuros gwyw,
Gweddïo a wnaethant ola'n fy nghlyw :
Carent weddïo, a gwn pe caent,
Mai dyna yn gyntaf o ddim a wnaent :
   Erioed ni roisant un gusan frad,
   Gwefusau pur oedd gwefusau 'nhad.

Cuddiwch ei wyneb anfarwol dlws
Â napcyn o sidan, cyn cau y drws ;
Rhaid yw ei ado heno ei hun—
Nid oes dan yr amdo ond lle i un :
   Ond na ddywedwch mai marw yw—
   Os siomir fy serch, nid cariad yw Duw.

Fel hyn yr atebodd lythyr Saesneg a dderbyniodd oddi wrth fy mam o Fanceinion yn cydymdeimlo ag ef :

My father died beautifully like one taking a well-earned rest. We had him long, but we miss him nonetheless. What you say in his praise is quite true. He was a humble man, who walked humbly before the Lord. He made no great pretensions—his life was a sweet savour. In a lowly sphere he lived nobly. Sweet are the uses of such a character, and sweet must be his sleep now that the long day's task is done.

O ganlyniad i farwolaeth ei dad, penderfynwyd chwalu'r cartref yn y Garth. 'Roedd ei chwaer wedi mynd dros y nyth ers rhai blynyddoedd i weithio fel *milliner* yn Siop Pwlldefaid, Pwllheli, ac ar ôl cyfnod gweddol hir yno, agorodd ei siop ei hun yn Nhaleifion, ar y Maes, yn gwerthu hetiau merched, a gwnaeth ei chartref yno. Gan nad oedd iechyd ei mam yn dda, aeth hithau i fyw at ei merch fel y gallai hi edrych ar ei hôl. Aeth fy nhad i letya gyda gweddw ei gyfaill Robert Owen, i 28 New Street, ac 'roedd ei gyfraniad ariannol ef am ei le a'i fwyd yn gymorth mawr iddi gael y ddau ben llinyn ynghyd. 'Roedd ei bresenoldeb yn help hefyd i ddiddori a chadw golwg ar ei dau lanc bach, ac o gofio iddo fod yn ymwelydd cyson iawn yn y cartref yma drwy'r blynyddoedd er y briodas, fe fu'r trefniant newydd yn un cwbl hapus ar y naill ochr a'r llall.

Tua'r adeg yma, 'roedd Eglwys Sant Ioan ym Mhorthmadog wedi gosod clychau yn y tŵr. Teimlai ef, fel llawer o drigolion y dref, fod mwy o sŵn cras nag o fiwsig yn y clychau hyn, a'u bod yn tarfu ar dawelwch hyfryd y fro. Felly pan drefnwyd cystadleuaeth mewn eisteddfod leol am dri englyn ar y testun "Clychau'r Eglwys" manteisiodd ar y cyfle i leisio protest ar ei ran ei hun a'i gyd-drefwyr gyda'r gyfres a ganlyn :

Clychau'r Pab yn Nhŵr Babel—hwy wnânt drwst
        Cas gan dref a chapel,
    Naw cloch ar binacl uchel
    Synagog sŵn a gwag sêl.

Chwareu-bethau Sabothol—ydyn nhw
        O dan nawdd Esgobol,
    Côr Eglwysig crygleisiol,
    Cras eu tinc, O ! curse it all.

Moel-y-Gest glyw'r trybestod—a'r meirw
        Furmurant mewn syndod,
    Ydyw dydd BARN wedi dod ?
    O'r dwndwr a'r syfrdandod.

39

Dyfarniad y beirniad oedd : "Hwn yw'r goreu o ddigon—ond y wobr ddylai fod, cerdded yr awdur yn droednoeth drwy'r Traeth a'i chwipio gydag eithin." Ni hawliodd y wobr, wrth gwrs,—nid, cofiwch, rhag ofn awgrym y beirniad, ond am y teimlai ei fod wedi llwyddo yn ei amcan i dynnu sylw at drybestod y clychau, ac amlygu barn llawer o'r dref yn eu cylch.

Ni fyddai yn cymryd unrhyw ran mewn chwaraeon awyr-agored, ond 'roedd yn bur hoff o wylio ffwtbol a chriced ar y Traeth, er na wnâi byth aros yno'n hir—dim ond rhyw alw i mewn ar ei dro heibio i'r cae. 'Roedd rhai o'i gydnabod yn perthyn i dîm criced "Yr Hen Lanciau" ac un o'i gyfeillion, David Williams, Ivy House, oedd ceidwad y wiced. Masnachwr oedd ef wrth ei alwedigaeth, yn cadw siop ddilladau dynion yn y dref, ond ei bleserwaith oedd arwain cyngherddau, eisteddfodau a phob math ar gyfarfodydd yn y fro, a byddai'n dibynnu ar fy nhad ar adegau o'r fath i sgwennu pill iddo i gyfarch cadeirydd y noson, neu ryw benillion ysgafn iddo i'w hadrodd. Ar achlysur priodas aelod o'r tîm criced crefodd David ar fy nhad i lunio cân iddo ar gyfer y cyfarfod ffarwél, a honno yn Saesneg, gan y byddai amryw o Saeson yn bresennol, a dyma'r hyn a sgwennodd iddo i'w adrodd :

> Ladies & Gentlemen ; the subject of my song is the great bereavement which has befallen the Bachelors' Team, namely the loss of our Best Man through the sad accident of marriage

> We mourn a man, an all-round man,
>   Who shone in many a match,
> How odd for him to "catch a miss"
>   Who could not "miss a catch" ;
> I shall not call the event a "slip"
>   For things "long on" you see
> Must soon or late come to a "point"
>   And "strike a boundary".
>
> To leave us thus, I do "appeal",
>   Was not a "no-ball" deed,
> But then, in love, "to put on a brake"
>   Is very hard indeed ;

Now, tied for better and for worse,
    He dare not "make a run",
For "stepping out of one's own crease"
    Might end in serious fun.

When in his wise unmarried days,
    Which now, alas, are "o'er",
He had no equal in our team,
    For "grace" and "style" and "score" ;
His "outs" were beauties to behold,
    His "drives" caused many a "search" ;
But ah ! that fatal "drive for one",—
    I mean the "drive to Church".

I sorely envy him sometimes,
    And pray for "better luck" ;
For I should also like to—well—
    "Hit out" and "break my duck".
But when I think my second thoughts
    And count the risks of life
I find 'tis safer far to "keep
    A wicket" than a "wife".

Achosodd y gerdd yma gryn ddifyrrwch i'r gynulleidfa, oblegid fel y gwêl pob un sy'n gyfarwydd â chriced, 'roedd wedi llwyddo i blethu termau'r gêm i mewn i'r gân yn hynod o ddeheuig.

'Roedd wedi bod ers peth amser yn derbyn galwadau i feirniadu mewn eisteddfodau lleol yma ac acw hyd y wlad. Cymerai hyn dipyn o'i amser, oherwydd cyflawnai'r gwaith yn gydwybodol ar gyfer pob eisteddfod, boed fawr neu fach, a chymerai gryn drafferth i baratoi beirniadaeth deilwng. Bychan, ar y cyfan, a fyddai'r gydnabyddiaeth a dderbyniai— yn aml heb fod o gwbl yn gymesur â'r gwaith a olygai. Deuthum ar draws un llythyr yn gyrru pumswllt iddo, gydag ymddihcuriad na ellid anfon mwy oherwydd bod yr eisteddfod wedi troi'n fethiant ariannol !   Ond rhaid cyfaddef mai eithriadol oedd i'r gydnabyddiaeth fod mor isel â hyn, a byddai pob tâl a dderbyniai yn ychwanegiad derbyniol at ei gyflog wythnosol.

Yn 1902 ym Mangor yr enillodd ei wobr gyntaf yn yr Eisteddfod Genedlaethol, am ddeuddeg englyn ar y testun "Yr Ardd", a chyflawnodd yr un gamp ddwy flynedd wedyn yn Eisteddfod Rhyl am ddeuddeg englyn i "Alawon Cymru". Daeth yn gydradd gyntaf hefyd am yr englyn hwn i'r "Dwyreinwynt" :

> Gwynt rhynnawg yn trywanu—hyd y mêr
> Gyda min heb bylu,
> Yw'r ias fain o'r dwyrain du—
> Lem, oer anadl i'm rhynnu.

Yn Aberpennar yn 1905 cymerodd gam pellach ymlaen drwy ennill eto ar y deuddeg englyn i "Y Pellseinydd", a daeth yn gyntaf hefyd ar englyn ar y testun "Yr Allwedd" :

> Cudd riniwr ceuddor annedd,—i adfer
> Mynedfa, yw'r Allwedd ;
> Dry galon pob dirgeledd,
> A dyrys borth, ond drws y bedd !

Soniais o'r blaen y byddai, ar ôl marw hen deulu Pensingrig, yn mynd i dreulio ei wyliau haf at eu merch Elin, a'i gŵr hynaws, William Williams, i fferm Capel Helyg. Saif y fferm o fewn lled cae i'r Capel o'r un enw, a'r ddeule wedi eu lleoli wrth odre Carn Bentyrch, yng nghanol heddwch a thawelwch ucheldir Eifionydd. 'Roedd yno chwech o blant—pum bachgen ac un eneth—a phawb ohonynt yn edrych ymlaen yn eiddgar bob blwyddyn at ymweliad ' Dewyrth ' ar ei wyliau. 'Roedd croeso cynnes yn ei aros yno ganddynt hwy a'u rhieni, a mwynhad di-ben-draw iddo yntau yn eu cwmni. 'Roedd un o'r bechgyn, fel y soniais, fel fy nhad, yn dwyn yr enw teuluaidd Elizeus, ac yn rhyfedd iawn, hwn fyddai barota i'w helpu i hel pryfaid genwair ac i fynd gydag ef i bysgota i'r afonydd bychain o fewn cyrraedd i'r fferm. Hoffter arall fyddai crwydro'r caeau a gwn dan ei gesail gyda'r bwriad o leihau y fintai o gwningod a oedd yn rheibio'r cnydau, neu fynd yng nghwmni William Williams gyda'r nos i fferm gyfagos Bryn Caled, lle 'roedd llyn bychan, a hwyaid gwylltion yn arfer disgyn arno, a'r ddau heliwr yn swatio'n y gwrych yn disgwyl amdanynt. Felly y bu iddo lunio cerdd ysgafn o dan y teitl :

42

Marwnad yr ' Hwîd '

Mi welais ddwy hwyaden
   Rhyw noson uwch fy mhen,
Yn mynd am Ffynnon Gybi
   Dros stesion Afonwen ;
Ac nid rhai ifanc monynt,
   Ond dwy o brofiad hir,
Yn nabod wrth eu henwau
   Bob ffowlar ar y tir.

Yn ôl y siarad rhyngddynt,
   Ni syniai'r un o'r ddwy
Bod unrhyw berig bywyd
   Mewn mynd at bentre'r plwy ;
'Bodowan,' ebe'r gynta
   'Mae hwnnw'n hanner dall'—
' 'Dyw Dafis bach y ciwrad
   Fawr 'nionach 'ebe'r llall.*

Ond pwy oedd yn eu disgwyl,
   A'i wadnau yn y rhych,
Ond Bili, Capel Helyg,
   Fel Angau yn y gwrych !
'Wel rwan' ebe Bili,
   A thybiodd ynddo'i hun,
O 'nelu dwy hwyaden
   Y byddai'n siwr o un.

Fe gauodd Bil ei lygad
   Uwchben ei wn yn dynn,
A chynnwys ei ddau faril
   Ollyngodd ar y llyn !
Daeth mellten goch a tharan
   A mwg o ffroen y gwn,—
A'r 'hwîd' a ymadawsant
   Am byth o'r bywyd hwn !

* Dau saethwr aflwyddiannus o'r ardal

Bu'r gerdd hon yn uchel iawn yng ngolwg teulu Capel Helyg.

Byddai bob amser yn anfon gair o ddiolch iddynt ar ôl dychwelyd o'i wyliau, gyda rhyw bwt o rigwm cellweirus fel hwn ambell dro. Ni fwriedid, wrth gwrs, y rhain i'w cyhoeddi, ond fe'u cofnodir yma i ddangos yr hiwmor iach a berthynai iddo. Dyma un arall :

Bil i Bil

Mae'n wythnos Ffair Bentymor,
  Mi wyddoch hynny'n iawn,
A rhaid i minnau dreio
  Cribinio 'mhres i mewn ;
Mae'r rhent yn pwyso arnaf,
  Fel ar bob Nel a Wil,
A dyna f'esgus, welwch chi,
  Dros anfon hyn o fil.

Am dreulio darn o ddiwrnod
  Bron torri croen fy mol
Yn codi cant o 'sgubau
  O'r das i ben y drol ;
Ac yna'n dysgu'r cartmon,
  Ŵr llac, i raffu'r llwyth,
A chadw'r brawd rhag troi y drol—
  Wel, dwedwch tri ac wyth.   3 : 8

Am fod ar hyd y dyddiau
  Yn troi y doman dail,
A lladd pob pry' a chwilan
  A sugnai yn ei sail ;
A cholli 'mharch a 'nhymer
  Wrth bigo yn y baw,
A chwysu mwy na ddylswn wneud—
  Wel, dwedwch pump a naw.   5 : 9

Am gario gwn dau faril
  Ar hindda ac ar law,
Er cadw'r barcutanod
  A'r piod rheibus draw,
A tharfu'r brain lladronllyd
  Rhag ofn i'w hepil hwy
Eich helpu i godi'r tatws oll—
  Wel, dwedwch deg a dwy.   10 : 2

Am edrych ar ôl Bili
  Ar ddiwrnod ffair Ŵyl Grog,
A'i gadw fo a'r arian
  O ddwylo llawer rôg,
A'i ddwyn yn ôl i'w lety
  Heb fferu yn y ffair,
Na phrynu llo na bustach llwyd—
  Wel, dwedwch tri a thair.   3 : 3

Bûm yna fel y cofiwch
   Am bedwar dydd ar ddeg,
A chawsoch yn fy nghysgod
   Gryn gwrs o dywydd teg ;
Ni chodaf dâl am hwnnw
   Na llawer peth dros ben,
Ond i chwi dalu "by return"
   Y "twenty two and ten."

£1 : 2 : 10

'Roedd wedi bod yn smocio pibell ers rhai blynyddoedd, ond erbyn yr amser yma, wedi cymryd ati'n bur drwm, yn mynd trwy bron owns bob dydd. Pan fu achos iddo fynd i weld ei feddyg a'i gyfaill Dr. Walter Williams, dywedodd hwnnw wrtho mai da o beth fyddai iddo gwtogi'n llym iawn ar y tybaco,—yn wir, fe'i cynghorai i roi'r gorau i'r arferiad yn llwyr, pe medrai, ac y byddai hynny'n sicr o fod er lles ei iechyd. Penderfynodd yn ddiymdroi gymryd cyngor y meddyg o ddifri, ac er iddo gario'i bibell a'i flwch tybaco yn ei boced am fisoedd lawer ni syrthiodd i'r demtasiwn o ailddechrau ac ni smociodd o'r dydd hwnnw tra bu byw.

'Roedd yn bur gyfeillgar efo'r bardd Tryfanwy, a ddaeth i fyw i Borthmadog yn 1887 at berthynas iddo. Gŵr cynefin iawn â thrallod a phrofedigaeth oedd Tryfanwy, yn amddifad, yn fyddar, a bron iawn, iawn yn ddall, a byddai fy nhad yn gwneud llawer i weini cymorth iddo. Byddai sgwrsio ag ef yn golygu torri llythrennau breision gyda bys ar gledr ei law, ac 'roedd yn syndod i bawb mor ddeheuig y gallai yntau ddehongli'r math hwn o ysgrifennu. Llwyddai i ddarllen trwy ddal y ddalen yn glòs i'w drwyn, ond pan gerddai allan ni allai weld dim ond cysgodion. 'Roedd felly, wrth gwrs, yn analluog i weithio, ac o'r herwydd derbyniai elusen o bedwar swllt yr wythnos oddi wrth y plwy. Golygai hyn ei bod yn bur fain arno, ac o dosturi tuag ato, fe'i dewiswyd gan Bwyllgor y Clwb Rhyddfrydol yn rhyw fath o *billiards marker*, er mwyn cyfrannu ychydig sylltau iddo at ei gynhaliaeth. Fodd bynnag, daeth i glustiau un o'r Gwarcheidwaid, a weinyddai'r elusen, fod y bardd yn derbyn "cyflog" gan y Clwb am ei waith, a heb unrhyw ymchwiliad pellach cynigiodd mewn cyfarfod o'r

45

Gwarcheidwaid, yn ôl adroddiad mewn papur lleol, i ostwng elusen y Bardd o Borthmadog o bedwar swllt i driswllt. Pasiwyd gydag unfrydedd Cristionogol.

Daeth Tryfanwy at fy nhad yn llawn ei helbul ar ôl cael gwybodaeth am y gostyngiad. Cythruddwyd yntau gan yr anghyfiawnder, ac o ganlyniad ymddangosodd y gerdd a ganlyn yn *Y Genedl* yr wythnos wedyn :

Molawd i Raslonrwydd Gwarcheidwaid yr Undeb
Ym mlwyddyn y Diwygiad 1905

Chwi Warcheidwaid cynil, cynil,
    Chwi y gwŷr a'r arian mawr,
Gwnaethoch weithred o drugaredd
    Gwerth ei gwneud yn bwnc yr awr—
Gwerth ei throi yn *fater seiat,*
    Gwerth ei dweud o bennau'r tai,—
Gwnaethoch dreuliau'r Plwy, bob wythnos,
    Ddeuddeg ceiniog goch yn llai !

Clywsoch bod rhyw druan brydydd,
    Cyflawn synnwyr, cyflawn oed,
Yn cael pedwar swllt o'r Cyllid—
    Mwy na gawsoch chwi erioed !
Pedwar swllt yn mynd i gadw
    Enaid bardd a'i gorff ynghyd !
Beth oedd meddwl Duw yn gosod
    Cymaint baich ar Blwy'n y byd ?

'Roedd y golled anhraethadwy
    Er ys blwyddi'n mynd ymlaen ;
Ble 'roedd calon a chydwybod
    Y Gwarcheidwaid fu o'ch blaen ?
Mwy eu gofal, er eu c'wilydd,
    Am y *tlawd* nag am y *dreth* !
Ond ni chawsoch chwi dawelwch
    Hyd nes mynd at wraidd y peth.

Gwnaethoch lw y mynnech dynnu
    Yr elusen *swllt* i lawr ;
Gallai bardd, wrth dderbyn gormod,
    Hwyrach fynd yn ŵr go fawr ;
Gallai deimlo'n annibynnol
    Ar y Plwy, ac ar y nef ;
A hel arian i farchogaeth
    Yn ei Fotor drwy y dref !

46

Undeb *arall* oedd yn talu'r
  Pedwar swllt, er gwaeth neu well ;
Ond ni fedrech chwi foddloni
  Gwneuthur cam ag estron pell !
Onid hyn sy'n gwneud eich gweithred,
  A'ch cyfiawnder gymaint mwy ?
Nid yw dynion o egwyddor
  Yn adnabod terfyn Plwy !

Dyna oedd eich ymresymiad—
  "Gall y bardd sy'n peri lles,
Ac yn dipyn o ddirwestwr,
  Wneud ar dipyn llai o bres !
Ac os medr mewn Eisteddfod
  Ennill ambell bunt neu ddwy,
Rhoes y nef y dalent iddo,
  Er mwyn arbed pwrs y Plwy !"

Felly buoch i'r *amddifad*
  Megis mam, a megis tad ;
Diolch oll, yn enw'r Awen,
  Ac yn enw crefydd gwlad !
Ca'dd y *dall* agoriad llygaid
  Drwy eich gwyrth drugarog chwi ;
Ac ar ôl yr oruchwyliaeth,
  Gwelodd *bedwar* swllt yn *dri* !

Gwyn eich byd y trugarogion—
  Diau fod eich gweithred fawr
Wedi ei dodi yn y memrwn
  Gedwir yn y nef i lawr ;
A phan eistedd Brawd y Tlodion,
  Gyda'r memrwn ger ei fron,
Dyna ddwed : "I Mi y gwnaethoch
  Y gymwynas *deilwng* hon !"   CRAFF CLYWEDOG

Fel y gellid tybio, achosodd y gerdd finiog yna gynnwrf
eithriadol, a llwyddodd i ennyn cydymdeimlad ardal gyfan â
Thryfanwy. Fis Ionawr y flwyddyn wedyn ymddangosodd
llythyr cryf yn *Y Genedl* gan Garneddog, cyfaill arall i'r bardd
dall ac i'm tad, yn dyfynnu llythyr a gawsai yntau gan
Dryfanwy :

Annwyl Carn,
    Yr wyf fi wedi synnu at gydymdeimlad pobl oreu Porth-
madog—a llawer bro arall, heb son dim am fro fy ngenedigaeth
—â mi'r dyddiau diweddaf hyn . . .

Ond nid brwydr dros berson yn unig yw'r frwydr hon. Mae egwyddor bwysig eisiau chware teg. Gwrando yrwan ! Llawer blwyddyn yn ôl, gofynais i'r Bwrdd am bres i brynu crys gwlanen. Fe'm gwrthodwyd, a bu'r crys am fy nghefn am wythnosau! Dro arall, gofynais am esgidiau, fe'm gwrthodwyd eto, a thynnodd Mr. J. R. Pritchard, y Banc, ei esgidiau oddiam ei draed i mi ! Mae llawer blwyddyn er hynny, cyn i neb freuddwydio am y Billiard Room. Naddo, ni chefais ddim erioed gan y Bwrdd, ond y pedwar swllt yna. Faint o ing fu arnaf ? Tawaf. Paham yr ymgymerodd y Bwrdd â lleihau'r pres heb ymofyn â mi ar y pwnc ? Ai ci yw dy was ? Sut yr wyf fi'n edrych mor barchus, mor daclus, ac mor llawen? 'Wn i ddim wir ; mae'n syndod i mi na fuaswn yn fy medd ers cantoedd ! Eto, medraf ddweud dderbyn ohonnof help gan hwn ac arall, siwt gan un, swllt neu hanner coron weithiau, a pheth synnwyr i gadw'r heulwen erbyn y diwrnod glawog. A chredaf o hyd ym modolaeth Duw . . . Nid wyf yn erbyn mynd i'r Tloty, ond O ! mae rhyddid yn annwyl.

Ar ôl cyfarfod nesaf y Gwarcheidwaid ymddangosodd y llythyr canlynol yn *Y Genedl* gan fy nhad, eto dan yr enw "Craff Clywedog" :

Achos y Bardd Dall

Wele ffeithiau pellach ynglŷn â'r achos uchod. Cofnodwyd hwynt gan bapur lleol, a dodir hwy yma fel y gallo'r cyhoedd farnu drostynt eu hunain:—"Cynhaliwyd cyfarfod diweddaf y Gwarcheidwaid, Ionawr 16eg. Gofynwyd mewn llythyr, gan Tryfanwy, am roddi yn ôl y swllt a gymerwyd o'r 4s. roddid iddo yn flaenorol mewn elusen wythnosol. Hefyd amgauai fanylion o'i amgylchiadau . . .

Ni roed y naill gynnig na'r llall (gan Mr. E. Llewelyn a'r Cadben Morgan Jones) i fyny, ac aed at y mater nesaf yn ôl awgrym y Cadeirydd.

Oddiwrth yr adroddiad cywir uchod, fe welir mai Cadben Morgan Jones a safodd yn erbyn adfer yr elusen fel cynt ; mai efe wrthwynebodd i'r Bwrdd uniawni y cam a wnaed, a hynny meddaf, ar waethaf teimlad y dref, a barn rhai, os nad y mwyafrif, o'i gyd-warcheidwaid.

Gwrthwynebai Cadben Jones, meddai, yn gydwybodol. Caniateir hynny ; ond gall dyn weithredu'n gydwybodol mewn dwy ffordd—yn ddeallus ac mewn anwybod: yn y goleu, a than ei ddwylaw. A'm dadl i yw na wnaeth Cadben Jones, er mor gydwybodol, ymchwiliad teg i'r achos, nac ymgais deg i'w iawn ddeall.

Annie Williams (Men), priod Eifion Wyn.

Miss Eifion Williams, chwaer Eifion Wyn.

Eifion Wyn (chwith) a Charneddog wrth fedd Glaslyn, 1909.

Eglurodd i'r Bwrdd fod y bardd yn derbyn cyfran neillduol o ffynhonell arall. Ydyw, y mae ; ond deallter mai "ewyllys da" yw yr hyn a dderbyn, ac nid "cyflog". Elusen yw, ac nid tâl. Cedwir ef gan Bwyllgor y Clwb, nid am na ellir gwneud hebddo, ond o dosturi a serch tuag ato, ac er mwyn ei gynorthwyo i gael y ddeuben bach ynghyd. Heriaf unrhyw un i brofi ei fod yn abl i lanw gofynion ei swydd ; neu y medrai ennill ei fara fel ' billiard-marker ' mewn unrhyw le heblaw'r Clwb.

A roddodd Cadben Jones y manylion hyn gerbron y Bwrdd ? Os y gwnaeth, a yw y Bwrdd yn tybied bod ganddo hawl i fanteisio ar garedigrwydd eraill er mwyn arbed ei gyllid ei hun ? Beth pe cymerai Pwyllgor y Clwb yn ei ben i ostwng neu atal ei ewyllys da—beth wnelai y Bwrdd wedyn ? Mwy na thebyg mai dyna fydd y cam nesaf a gymerir yn yr achos. Nid yw caredigion y bardd yn foddlawn i Warcheidwaid crintachlyd wneud camddefnydd o'u trugaredd hwy er lleihau ei elusen !

Haera Cadben Jones ei fod, o bosibl, wedi cynorthwyo llawn cymaint ar Tryfanwy a'r bardd arall oedd yn ceisio ei waradwyddo ef. O bosibl ! Ceisia Cadben Jones yn y dull hwn, roddi argraff ar feddwl y Bwrdd ei fod ef yn fwy o gymwynaswr i'r bardd na'i gyfeillion honedig. Caniatáer i minnau, fel un a ŵyr, ddweud nad oes gysgod o sail i'r elusengarwch dychmygol hwn ! Er y dydd y daeth Tryfanwy i'r dref—18 mlynedd yn ôl—nid yw, yn ôl ei dystiolaeth ei hun, wedi derbyn cymaint â cheiniog goch oddiar law Cadben Jones ! Unwaith yn unig y bu ar ei ofyn—pan gyhoeddodd ei lyfr, "Lloffion yr Amddifad". Aeth at ddrws Cadben Jones y pryd hwnnw i ofyn a gymerai gopi ; ond er nad oedd pris y llyfr ond chwecheiniog, trowyd ef ymaith yn waglaw ! . . .

Na thybied y Gwarcheidwaid bod y dymestl drosodd. Cedwir yr achos gerbron y wlad hyd nes yr adferir yr elusen fel yr oedd. Rhed y teimlad yn uchel mewn mwy nag un ardal, a daeth cennad i'm llaw o'r Brifddinas yn ymannog i ryfel hyd y carn ! Cafodd y bardd ei hun air oddiwrth Mr. Evan Roberts yn datgan cydymdeimlad ag ef yn ei drallod. Cyfrinachol oedd llythyr y Diwygiwr, ond ni allaf ymatal rhag dyfynnu y rhan olaf ohonno :

> Os na fedrwch gael digon o ddogn dyn, cewch ddigon gan Dduw . . .
> Dymunaf i chwi wenau Iesu. Daliwch i ganu ! Ond, cofiwch y cewch ganu faint a fynoch i'r byd, ac i lawer yn yr eglwys ; a thra y byddwch chwi yn canu, byddant hwythau yn gwnio eu llogellau . . .

Hyd yn oed ym mlwyddyn y Diwygiad, ac ynghanol dylanwadau'r Cariad Mawr, y mae anrhugarowgrwydd a honiadaeth mor benuchel ag y bu erioed. Ac i warcheidwaid clyd eu hamgylchiadau, pa faint gwell yw bardd nag ymlusgiad ?

Ac yng nghyfarfod dilynol y Bwrdd, adferwyd y swllt i Dryfanwy! Ac wedi buddugoliaeth yn yr ymgyrch, mawr oedd llawenydd Tryfanwy, ac yr oedd fy nhad yntau yn hapus fod ei ymdrechion ef, yn fwy na neb, wedi bod yn foddion i lacio llinynnau pwrs y Bwrdd.

6

Bu 1906 yn flwyddyn hynod o lwyddiannus iddo. 'Roedd Owen M. Edwards wedi bod ers rhai blynyddoedd yn erfyn am ddarnau o'i waith i'w rhoi yn *Cymru*, ac o ganlyniad 'roedd amryw o'i delynegion wedi ymddangos ynddo o dro i dro. Fel yr awgrymodd R. Williams Parry yn ei ysgrif goffa yn 1926 : "O holl feirdd Cymru yn yr ugeinfed ganrif y mae'n ddiameu mai Eifion Wyn a ganai fwyaf wrth fodd Syr Owen." 'Does dim rhyfedd felly bod ei awgrym ef iddo i gasglu ei delynegion at ei gilydd a'u cyhoeddi'n gyfrol, wedi dylanwadu llawn cymaint arno â'r derbyniad cynnes a roed i'r telynegion a ymddangosodd yn *Cymru* gan feirdd cyfoes. Ac felly y bu i'w ail lyfr, dan yr enw *Telynegion Maes a Môr*, gael ei gyhoeddi gan Swyddfa *Cymru*, Caernarfon, ym mis Gorffennaf, y gyfrol wedi ei rhwymo mewn lliain a'r pris yn swllt.

Dyma ei Ragymadrodd :

"Cesglwch eich telynegion y'nghyd. Rhaid i bawb addef yn ddiwarafun na welodd Cymru erioed eu bath"

Gwylfa, Mewn llythyr, 1902.

"Yn ol fy marn i, ni ysgrifennwyd yng Nghymru, na Ffrainc na'r Almaen, ers blynyddoedd bellach, hafal i'ch telynegion i'r Misoedd"

W. J. Gruffydd, Mewn llythyr, 1906.

. . . Ganwyd fi ym mis blodau a chân ; bedyddiwyd fi gan Emrys; mynwn le ynghof a serch fy nghenedl fel bardd y telynegion hyn.

Cyhoeddir y llyfr dan ofal Mr. Owen Edwards, noddwr caredicaf llen Cymru.

Yn ei adolygiad o'r llyfr dywed y Parchedig D. Tecwyn Evans :

Hoffaf bopeth yn y llyfr hwn ond y Rhagymadrodd. Y mae Eifion Wyn yn fardd mor dda fel na raid iddo wrth lythyrau canmoliaeth i ragflacnu ei waith ei hun. Gwell petai wedi anfon ei Delynegion gwych allan yn eu pwysau eu hunain. Y maent mor dda fel nad oes angen am y Rhagymadrodd hwn o gwbl. Yn ei delynegion i Gymru gwelir cariad pur y bardd at ei wlad. Hawdd gan Gymru hithau garu bardd mor gain a gwych ag Eifion Wyn, ac y mae calon cenedl gyfan yn diolch iddo am y Telynegion hyn.

Yn rhifyn Awst 1916 o'r *Cymru* rhy Owen M. Edwards ei farn ef :

Cynghoraf bob bardd ieuanc i ddysgu holl lyfr newydd Eifion Wyn ar dafod leferydd. Oes beirdd telyn yw ein hoes ni ; ond ymysg y melusaf ohonynt, cân Eifion Wyn yw'r berffeithiaf. Dywedodd Tafolog cyn marw mai Eifion Wyn yw bardd goreu Cymru ; yr wyf finnau'n sicr mai efe yw ein bardd telyn goreu. Tybiaf fod yr adran elwir yn "Telynegion Men" yn y gyfrol yn berffaith o ran iaith, dychymyg, chwaeth a theimlad. Ni chanwyd dim erioed mwy cain. Yr wyf wedi erfyn llawer arno ddal i ganu, ac yr wyf yn cael yr anrhydedd o gyhoeddi ei gyfrol. Bydd bendith pob un a ddarllenno'r gyfrol arnaf.

Ychydig yn ddiweddarach, yn Ionawr 1908, ymddangosodd erthygl yn *Y Geninen* gan yr Athro T. Gwynn Jones yn ymdrin â ' Chwarter Canrif o Lenyddiaeth Cymru '. Dyma ran ohoni sydd a wnelo â gwaith fy nhad :

Yn ddiweddar y daeth Eifion Wyn i feddiant o'i safle, er ei fod ar y maes ac yn canu yn rhagorol ers blynyddau. Pan gyhoeddwyd ei "Delynegion Maes a Mor", gwelwyd fod y Delynneg Gymreig wedi cyrraedd ei pherffeithrwydd, a bod ei meistr yn gynnyrch y deffroad llenyddol o du arall iddo. Hynny yw, anuniongyrchol a fu dylanwad yr hen ddosbarth a'r newydd arno. O ran ffurf, y mae ei gerddi yn debyg i eiddo Ceiriog, ond ei fod ef yn fwy gofalus am ei arddull ; eithr yn ei ffordd o edrych ar fywyd, nid yw ef yn debyg i neb yn arbennig . . . Mae ei gerddi yn syml iawn : ac yn "Hwiangerdd Sul y Blodau" cyrhaeddodd ei ragoriaeth pennaf fel lladmerydd y teimladau puraf a goreu y dichon dyn eu teimlo . . . Fel dehonglydd moddau Natur, y mae Eifion Wyn ar ei oreu yn "Nhelynegion y Misoedd" a cherddi'r mor ; a'r rhai hynny yn ddiau yw ei bethau goreu, a'u cymeryd i gyd at eu gilydd.

Ar ôl darllen y llyfr cyfansoddodd Gwilym Deudraeth, yntau'n berthynas pell i'm tad, yr englynion a ganlyn :

Hud-lawn aeg dy Delynegion—rwyddaf
Gyrhaeddodd fy nghalon ;
Ddifyr odlydd hyfrydlon,
Onid yw Duw yn dy dôn ?

Cwyn huawdledd cain odlau—o wraidd serch
Yw'th gerdd—Sul y Blodau ;
I mi'n wir y mae'n orau
Ac O ! ei phwnc yw coffhau.

O ! hawddgar feirdd, gwiriaf hyn—(er nad wyf
  O ran dawn ond gronyn)—
Mae yn werth bod yn perthyn
Dafn o waed i Eifion Wyn.

Byrdwn pob adolygiad o'r llyfr oedd canmoliaeth o'i gynnwys
bron yn ddieithriad ac amryw yn canmol ei bris rhesymol.
Trefnwyd i gadw'r pris mor isel ag oedd yn bosibl er mwyn i'r
llyfr fod o fewn cyrraedd pobol gyffredin, gan mai er eu mwyn
hwy yr ysgrifennwyd ei gynnwys, a chyfrinach poblogrwydd
telynegion Eifion Wyn oedd iddo ganu am bethau agos at fywyd
pob-dydd pobol gyffredin gyda swyn a thynerwch, mewn iaith
seml gwerin gwlad, heb geisio cyflwyno rhyw ddrychfeddyliau
dyfnion mewn iaith glasurol. Ei symlrwydd a enillodd galon
cenedl.

Yng Nghaernarfon y cynhelid Eisteddfod Genedlaethol 1906,
ac fe sibrydid mai "telynegwr ieuanc o'r Gogledd" a fyddai'n
cipio'r gadair, ac ambell un yn mynd ymhellach ac yn awgrymu
bod y bardd wedi bod yn ei hymyl o'r blaen. Ymddangosai hyn
yn gyfeiriad pendant at fy nhad, a chan nad oedd wedi cynnig
am y gadair, teimlai mai dim ond teg fyddai egluro hynny.
Dyma'i lythyr i'r wasg ar yr 8fed o Awst :

Cadair Caernarfon : Cywiriad

Mr. Gol.,—Mewn nodiad yn y "Goleuad" diweddaf, dywed
Job "mai bardd ieuanc newydd aiff a'r Gadair Genedlaethol
eleni—gwr fu yn ei ymyl un tro o'r blaen, a thelynegwr gwych."

Os mai ataf fi y cyfeirir—a dyna dyb llaweroedd—dymunwn
ddweud na ddaw y darogan caredig i ben. A chan na ddaw,
gwneir cam â mi wrth geisio fy anrhydeddu.

Unwaith yn unig y chwenychais i y Brif Gadair; bum yn ei
hymyl y tro hwnnw—yn rhy agos i'w chwennych hi drachefn.
Hoffwn innau, fel Job, weld Cadeirfardd newydd yn llanw
Cadair 1906.

Ar air a chydwybod
Eifion Wyn

Bu un gohebydd yn dweud y drefn yn arw ynghylch y
"proffwydi gau" ac yn canmol gweithred fy nhad yn egluro ei
sefyllfa :

53

Dichon y tybia rhywun nad oedd angen i'n cymydog, Eifion Wyn, fynd i'r drafferth i ysgrifennu i'r newyddiaduron i hysbysu'r cyhoedd nad oedd ganddo awdl yn y gystadleuaeth ; ond ein teimlad ni ydyw, iddo wneud yn llygad ei le. A bu'n ffodus iawn i wneud mewn pryd, cyn i'r byd wybod mai awdlau sal oedd pob un yn y gystadleuaeth ond y fuddugol. Pe'r cam-hysbysiad heb ei droi yn ol, buasai Cymru o dan yr argraff heddyw mai Eifion Wyn fuasai awdur un o'r rhai sal hynny. Dyma waith eto i'r Orsedd—rhoi safn rwym ar enau pob bardd a llenor sydd mewn urddau, ond dichon y bydd eisiau mwy nag "amynedd Job" i ymostwng i'r rheol.

Ond er nad oedd yn cynnig am y gadair, 'roedd yn cystadlu ar amryw o eitemau yn adran barddoniaeth a daeth llwyddiant anarferol i'w ran, sef ennill y wobr gyntaf mewn chwech o'r cystadlaethau :

1. "Can Cadeirio'r Bardd" a "Chan Coroni'r Bardd" (cyd-fuddugol)
2. Soned : "Dafydd ab Gwilym i Forfudd"
3. Cywydd : "Eryri"
4. Telynegion : "Bywyd yn y Wlad"
5. Gosteg o Englynion ar "Ddeuddeg Dihareb Gymreig"
6. Englyn : "Blodau'r Grug"

Heblaw bod yn wrhydri nas cyflawnwyd gan unrhyw fardd arall, na chynt na chwedyn, mi gredaf, hon oedd y bedwaredd flwyddyn yn olynol iddo fod yn fuddugol ar y deuddeg englyn—awgrymodd un gohebydd ei fod wedi gwneud y gystadleuaeth yma yn eiddo iddo'i hun—ac at hynny y drydedd flwyddyn yn olynol iddo gipio'r wobr ar yr englyn unigol.

Bu llawer iawn o ysgrifennu a dadlau ynghylch ei englyn i "Flodau'r Grug" a ddaeth yn fuddugol allan o 143. Yn ôl rhai nid oedd dim ond beiau i'w gweld ynddo, a'r pechodau mwyaf oedd nad oedd ynddo ferf, nad oedd enw'r testun wedi ei gynnwys, ac nad oedd yn sôn am liw y blodau. Ar y llaw arall, 'roedd yr englyn wedi derbyn canmoliaeth uchel gan y beirniaid Berw, Machreth a'r Athro John Morris Jones, ac amryw o feirdd amlwg fel Job, a'r Athro W. J. Gruffydd yn cytuno â'r beirniaid na wobrwywyd gwell englyn erioed. Ond y critig

54

mwyaf beirniadol ac uchel ei gloch oedd rhyw W. Arthur Roberts o Lundain. Dyma ei lythyr i'r *Genedl*, 18 Medi :

Nis gallaf yn fy myw ddirnad pa deilyngdod a wel y beirdd yn englyn buddugol Eifion Wyn i Flodau'r Grug. Yr wyf, wrth gwrs, yn derbyn y ddedfryd mai ef oedd y goreu yn y gystadleuaeth, ond yn sicr, ar air a chydwybod, nid oedd yn deilwng o'r wobr na'r anrhydedd ! Mi adwaenaf "englyn" pan y gwelaf un, yn gystal a'm cymydog, ond ni allaf ganfod cymaint â gronyn o had mwstard o farddoniaeth ddesgrifiadol yn yr englyn hwn.

Edrycher arno mewn diwyg an-englynol :

Tlws eu tw'
Liaws tawel
Gemau teg
Gwmwd haul ac awel
Crog glychau
Creigle uchel
Fflur y main
Phiolau'r mel . . .

Ceisier ryw synwyr ohonynt drwy eu cyfieithu i'r Saesneg :

Fair their growth
Silent clusters
Fair gems
Vale of sun and breeze
Hanging bells
Rocky heights
Stoney fluff
Honey combs

Beth tybed a ddywed y Sais am ddernyn o farddoniaeth fel yr uchod ? What is the immortalled and verbless Bard talking about ? Heb ei deitl fel gwlawlen uwch ei ben, nid oes na derwydd, bardd nac ofydd yn holl gylch Gorsedd Beirdd Ynys Prydain yn ddigon o ddewin i ddyfalu testun yr englyn buddugol hwn ! Nid oeddwn yn y gystadleuaeth, ac nid wyf yn adnabod yr un o'r cystadleuwyr. Fy unig amcan ydyw galw sylw at wir anheilyngdod yr englyn hwn o'r anrhydedd a osodwyd arno gan y beirniaid.

Daeth ateb iddo yn y *Genedl* yr wythnos ddilynol gan yr Athro W. J. Gruffydd :

Yr oeddwn yn meddwl, yn fy niniweidrwydd, pan welais yr englyn buddugol, na byddai ungwr drwy'r holl wlad yn ddigon o gecryn di-awen i gwyno rhoi'r wobr i englyn oedd mor agos a bod yn berffaith. Y mae gan Mr. Roberts y ffordd fwyaf gwreiddiol i feirniadu englyn y clywodd fy nwyglust erioed am dani, a dyma hi,—ysgrifennu'r englyn yn dameidiau mân, a thua dau air ymhob llinell, ac yna ei gyfieithu i'r Saesneg canrbwl a charpiog iawn, ac wedyn beirniadu'r englyn ar deilyngdod ei led-gyfieithiad ei hun ! Fel enghraifft o'r caneuon newyddion a thra gwreiddiol hyn, gwell i ni gymeryd yr englyn adnabyddus i "Lynnau Eryri".

Y llynnau gwyrddion llonydd—a gysgant
   Mewn gwasgawd o fynydd.
A thyn heulwen ysblennydd
Ar len y dwr lun y dydd.

Yn awr ysgrifennwn ef yn null Mr. Roberts, Walthamstow, Llundain :

Y llynnau
Gwyrddion llonydd
A gysgant
Mewn gwasgawd
O fynydd
A thyn heulwen
Ysblennydd
Ar len y dwr
Lun y dydd.

Yn awr trown ef i Saesneg tebyg i Saesneg y gŵr o Lundain, a chofio, wrth gwrs, mai "waistcoat" yw "gwasgawd".

The lakes
Green quiet
Which sleep
In a waistcoat
Of a mountain
And a white sun draws
Splendid
On the sheet of the water
Shape of the day.

Wedyn, ni raid i ni ond gofyn yng ngeiriau yr ysgolor o Walthamstow "What is the immortalled (sic) Bard talking about ?"

Nid yw Mr. Roberts wedi deall iaith a chystrawen yr englyn i ddechrau. Nid "silent clusters" yw "lliaws tawel" o lawer iawn chwaith. Bu celf geinaf awen a diwylliant yn llunio ymadrodd fel "lliaws tawel" am flodau'r grug ac os na wel Mr. Roberts fod hyn yn agos iawn i'r hyn eilw'r beirniaid Seisnig "the immortal phrase", nid oes gennyf ond tosturio wrth dewder ei ben. Nid yw wedi gweld, ychwaith, fod yr ansoddair "teg" i'w gymeryd gyda'r enw "gwmwd"—"teg gwmwd". Ni raid imi ddyweud wrth blant ysgol Sir Gaernarfon mai nid "stoney (sic) fluff" yw "fflur y main", a phe cyfieithasai disgybl i mi ef felly teimlwn hi'n ddyletswydd ddifrifol arnaf gael ysgwrs a'i dad. Ac yn ben ar y cwbl, "honey combs" yw "ffiolau'r mel" ! !

Os am gyfieithu'r englyn—a llafur coll yw hynny—cyfieither ef yn iawn. "Beauteous their growth,—a silent host, the gems of the sweet homestead of sun and breeze,—the pendulous bells of the lofty crag. They are the blossoms of the rocks, vials of honey."

Ond y gwir amdani yw hyn ; os bu darn o farddoniaeth erioed na ellid ei gyfieithu, dyma fo, a thyna sicrwydd pennaf gwir awen, yn enwedig awen yr epigram a'r englyn. Cofied Mr. Roberts mai iaith barddoniaeth yw "the language of reason viewed through the imagination", a chan fod y dychymyg hwn ar ol mewn dau Gymro o leiaf, ofer yw ceisio dangos tlysni awen iddynt. Ni chymrwn hynny a welais erioed am alw Mr. Roberts yn ynfyd. Hwyrach ei fod yn ddyn parchus iawn yn Walthamstow—yn flaenor hwyrach, ond hoffwn ddweyd hyn wrth Eifion Wyn—ynfydion yw coelfaen perffeithiaf gwir farddoniaeth. Gall y beirniaid a'r dynion call wahaniaethu yng ngraddau eu hedmygedd ohoni, ond ni fethodd ffwl erioed a chael ei dramgwyddo ynddi.

Yn yr un rhifyn 'roedd y llythyr byr yma wrth enw "Bardd Gwlad" :

Ym mysg y cant a haner o englynion i "Flodau'r Grug" yr oedd yr englyn hwn :

> Clych porphor maenor mynydd—yw y Grug
>   Hil y gwres a'r stormydd ;
>   Twyni gwylltion y gelltydd
>   Rhuddaur haf ar ddaear rydd.

Onid yw'n llawer rhagorach na'r un a wobrwywyd ? Beth ddywed Mr. W. Arthur Roberts ? Edwyn ef englyn da pan y'i gwel, fel y prawf ei feirniadaeth. Traethed ei farn ar yr uchod gan ei gymharu a'r un a ennillodd y gamp.

Syrthiodd W. Arthur Roberts i'r fagl wrth ateb fel hyn :

Mae englyn 'Bardd Gwlad' yn ol fy marn i yn gan mil gwell na'r un a ystyrid yn orau. Mae'n rhoddi syniad am liw, tymor blodeuo a gwyllt natur blodau'r grug ; dygir y testun i mewn iddo mewn cynghanedd gywir.

A'r wythnos ganlynol datgelodd fy nhad mai ef oedd "Bardd Gwlad" ac â ymlaen i ddweud :

Od oes neb yn tybied ddarfod iddo gael cam yng nghystad-leuaeth yr englyn, myfi yn fwy. Onid oedd gennyf ym mysg y colledigion, gan mil gwell englyn na'r un a wobrwywyd ? Do, lladrateais y wobr oddiarnaf fy hun, ar air a chydwybod "W. Arthur Roberts, Walthamstow, Llundain". Rhaid, wedi'r cwbl, nad wyf nepell o deyrnas barddoniaeth. Ofnais unwaith fod fy nghymeriad fel englynwr wedi ei ddwyn i warth ; ond bellach mae fy anfarwoldeb yn sicr ! Onid yw y gwr a "edwyn englyn da cystal a'i gymydog" wedi rhoi sêl ei gymeradwyaeth ar englyn o'r eiddof? Oni ddywed fy mod, mewn cylch un englyn, wedi rhoddi rhyw syniad i'r byd am liw, tymor blodeuo, a gwyllt natur blodau'r grug ? Ac oni ddywed fy mod wedi gwneyd yr orchestgamp o ddwyn yr enw grug i mewn iddo mewn cynghanedd gywir ? Cynghanedd y cynghaneddion ! Sut erioed y medrais ei saernïo ? Mae'r syniad yn berlewygol! Ond dyna ddyfarniad "W. Arthur Roberts, Walthamstow, Llundain".

Ond dal i rygnu ymlaen a wnaeth y cecru a'r dadlau tan fis Hydref pryd y derbyniodd y llythyr a ganlyn, oddi wrth un o'r beirniaid, Machreth :

Yr wyf wedi meddwl droion am anfon gair bach i'ch *llongyfarch* am yr ymosodiadau a wneir arnoch am ennill ar englyn Blodau'r Grug. Nid oes eisiau prawf gwell o deilyngdod yr englyn ac o iawnder y dyfarniad na'r ffaith fod cynnifer o drychfilod llen yn poeri eu cenfigen arno. Gobeithiaf nad ydych yn teimlo dim oddiwrth y poer gwenwynig hwn, oblegid nid oes ond gwenwyn (yn ystyr Sir Feirionydd i'r gair) ynddo. Cawsoch gynhauaf rhy dda yng Nghaernarfon i ddisgwyl i eiddigedd fod yn ddistaw.

Nid yw'r corachod yn werth eu hateb, neu buasai'n hawdd eu gwneud yn fwyd adar, fel y gwnaeth W. J. Gruffydd gydag un ohonynt. Pwy yw y gwr hwnnw, nis gwn, ond ni wyr ddim am farddoniaeth. Yr oeddym fel tri beirniad yn unfarn mai dyna'r englyn goreu,—a'r goreu o ddigon hefyd. Ac y mae'r rhai a ewyllysiant ei waradwyddo a'n gwaradwyddo ninnau drwoch chwi, wedi ei godi i sylw pawb, a bydd yn y golwg bellach.

Darllenais Delynegion Maes a Môr gyda hyfrydwch digymysg. Maent "fel Eifion Wyn", ac ni raid dweud rhagor.

Codwch eich calon i fyny a gwnewch awdl y tro nesaf i roi rhagor o waith i gorgwn gyfarth ! . . .

Ac yna, ddiwedd mis Hydref, ymddangosodd gair, eto yn y *Genedl*, gan yr Athro John Morris Jones ei hun ar y mater :

Cofir enwau Zoilus a Bavius fel goganwyr Homer a Fyrsil. Ni thybiais y chwenychai neb gyffelyb hynodrwydd ar draul yr englyn prydferth hwn. Gan hynny ni feddyliais fod angen dywedyd dim yn y feirniadaeth am gystrawen yr englyn. Dymunaf yn awr ddatgan y gwyddwn cystal a'r un o'r Soyliaid a'r Bawasiaid nad oedd ferf ynddo. Dygwyd ar gof i mi fy mod wedi ysgrifennu gair ar y pwnc hwn yn Rhagymadrodd y Bardd Cwsg wyth mlynedd yn ol. Ar ol rhoi engraifft o frawddeg heb ferf o'r Bardd Cwsg, a dangos mor fyw y darlunid y peth ynddi, dywedais—"diau y condemnid y frawddeg gan feirniaid eisteddfodol fel ymadrodd heb brifair". Awgrym fod beirniadaeth eisteddfodol ar y pryd ar ol yr oes. Ond wele yn awr, yn yr ugeinfed ganrif, ysgrifenwyr yn apelio at reolau peiriannol gramadegwyr cynddiluwaidd! Efallai mai'r awdurdod uchaf ar egwyddorion cystrawen ydyw H. Paul yr athro Almaeneg yn Freiburg. Yn y cyfieithiad Saesneg o'i lyfr ' Principles of the History of Language ' . . . darllenwn "Among the common errors touching the essence of a sentence, we must reckon the notion that it must contain a finite verb."

Yn wyneb brawddeg fel "Gwyn eu byd y rhai pur o galon" pwy a faidd haeru fod yn rhaid bod berf mewn brawddeg? A pha wahaniaeth cystrawen sy rhwng "tlws eu tw" a "gwyn eu byd" ? Rhyw ddwy flynedd yn ôl, dewisais ddeuddeg o'r englynion gorau a wyddwn i'w rhoi mewn llyfr adrodd ; o'r deuddeg gwelaf fod tri heb ferf—un o waith Gwallter Mechain, un o waith Ieuan Glan Geirionydd a'r llall yn anadnabyddus. Apclir at awdurdod Calcdfryn dros yr ofergoel berfol : y mae llawer o englynion Caledfryn heb ferf ynddynt—yr oedd natur ynddo yntau, wedi'r cwbl, yn drech na'i goeg ddysgeidiaeth.

Un bai arall a welir ar yr englyn ydyw fod "y mêl" ynddo fel pe golygid rhyw fêl neilltuol. Bradycha'r ysgrifennydd a ddywedodd hyn anwybodaeth dybryd o ddulliau'r Gymraeg o arfer y fannod. Sonia'r gŵr doeth am "yr ynfyd", ond ni olygai hyn un dyn neilltuol, eithr y mae ei ymadrodd yn ddigon eang i gynnwys yr ysgrifennydd dan sylw.

Nid wyf yn sôn dim am y syniad plentynaidd fod pob englyn i gynnwys ei destun, a'r cyffelyb ; ond yn cyfyngu fy sylwadau at gystrawen yr englyn, rhag i neb dybied mai yn ddiofal neu amryfus y gollyngodd y beirniaid ef trwy eu dwylaw.

Fel y gellid tybio rhoes y llythyr yma gan yr Athro gaead ar biser y grwgnachwyr, a bu'n foddion i roi terfyn ar y llythyru a'r dadlau, ac nid wyf yn credu bod yr helynt wedi gwneud y mymryn lleiaf o ddrwg i safle'r englyn fel un o oreuon yr iaith.

7

Bu llwyddiant ei lyfr, *Telynegion Maes a Môr*, yn gymorth o'r mwyaf i wneud 1907 yn flwyddyn eithriadol o hapus iddo. 'Roedd wedi bod mewn cariad efo fy mam ers rhai blynyddoedd, ond o angenrheidrwydd, cariad o bell ydoedd, gan ei bod hi i ffwrdd yn gweini ym Manceinion. Felly caru trwy lythyr oedd, ac nid oeddynt yn cael cyfarfod ond yn anaml iawn yn ystod gwyliau prin. Y broblem fwyaf oedd hel digon o geiniogau i'w galluogi i briodi, a digon araf deg y tyfai'r cynilion. 'Roedd wedi cyflwyno ei lyfr fel hyn—"I'm Cenedl er mwyn Men", a chan fod y genedl wedi ei dderbyn mor dda, bu'r elw o'r gwerthiant, er nad oedd yn fawr, yn help i chwyddo'r cynilion o fewn cyrraedd agos i'r nod a roesai ef ar gyfer priodi Men, a sefydlu cartref newydd.

Fel y digwyddodd pethau, tua'r adeg yma, daeth gŵr o Sais o Fanceinion i Borthmadog, a galwodd i weld Maggie, gweddw Robert Owen. 'Roedd ef yn ei hadnabod ac yn edmygydd mawr ohoni cr yr adeg y buasai'n gweini yn y dref honno, a hithau'n gwybod amdano yntau fel gŵr canol oed sylweddol, hynaws a charedig tu hwnt. Ni fu angen mwy na chyfnod cymharol fyr o amser i adfer cydrhyngddynt ymdeimlad cynnes yr hen gyfeillgarwch, a chyn pen dim, yr oedd Mr. Sutton wedi magu digon o blwc i ofyn iddi ei briodi. Heb ddim petruster, teimlai'n hapus i gydsynio â'i gais, a threfnwyd i briodi cyn diwedd y flwyddyn. Golygai hyn, wrth gwrs, y byddai'n cefnu ar y cartref yn 28 New Street, a symud i fyw i Fanceinion, ac wrth fod fy nhad wedi gwneud ei gartref yntau yno, efe oedd y cyntaf i glywed am y trefniant i briodi. Gwelodd ar unwaith gyfle i sicrhau tŷ ar rent, a chyn gynted ag y cafodd gadarnhad y perchennog, gallodd ef a'm mam fynd ymlaen i drefnu eu prioas hwythau. 'Roedd ef wrth ei fodd na fyddai newid byd yn golygu newid aelwyd iddo, gan ei fod wedi cynefino gyda'r tŷ lle 'roedd wedi byw ers pum mlynedd. Hawdd i mam hefyd oedd meddwl am gymryd trosodd dŷ ei chwaer.

Erbyn mis Mehefin, nid oedd ond rhyw dri chant o gopïau o'i lyfr yn aros heb eu gwerthu, allan o argraffiad o dair mil, ac er mwyn sicrhau ychydig mwy o arian tuag at y cartref newydd, cafodd y syniad o gynnig gwerthu'r hawlfraint i'r cyhoeddwyr yng Nghaernarfon. Daeth yr ateb "bod y Cyfarwyddwyr wedi penderfynu i beidio a'i brynu. Credent mai araf o angen-rheidrwydd fyddai'r gwerthiant bellach wedi gwerthu y tair mil." Parodd un datganiad yn eu llythyrau beth syndod i mi, sef bod mwy na hanner y llyfrau a werthasid bryd hynny, wedi eu gwerthu yn y De. 'Doedd dim i'w wneud yn awr, ond rhoi'r cynnig i gyhoeddwyr eraill, ond yr unig gwmni a wnaeth gynnig pendant iddo oedd Educational Publishing Co., Caerdydd. Ac felly y bu iddo werthu'r hawlfraint fis Hydref iddynt hwy, am y swm o £20. Derbyniodd y Cwmni yr amodau a osododd, sef bod cynnwys y llyfr i aros yn hollol fel yr oedd, ond bod y Rhagymadrodd yn yr argraffiad cyntaf i'w dorri allan, hyn efallai yn sgîl geiriau'r Parchedig Tecwyn Evans yn ei gylch, neu o bosibl am fod derbyniad brwd y gyfrol wedi symud pob angen amdano. Yn ei le rhoed y gân hon, wedi ei dyddio Mai 1908 :

Gerllaw yr Eryri
   A Chantref y Lli,
Mi genais i Gymru
   O serch ati hi ;
Cyweiriais fy nhannau
   A gwynfyd fy oes,
Ces fwynder o'm telyn—
   Ces lawryf, a loes.

Ond canaf i'm henfro
   Tra bo gennyf dant,
Am lys yn ei bywyd,
   A bedd efo'i phlant ;
Os sethrir fy nghalon
   Fel gwinwryf tan draed,
Caiff Cymru win newydd
   O redli fy ngwaed.

Ar deir-rhes fy nhelyn
   'Rwy'n canu o hyd,
I drioedd fy hoffedd
   A thlysion y byd ;
A rhowch imi groeso,
   Neu rhowch imi sen,
Caf fwynder o'm telyn,
   A chusan gan Men.

Daeth y Cwmni ag ailargraffiad allan yn yr Hydref, ac nid yw'r llyfr wedi bod allan o brint hyd y dydd heddiw.

Cyn diwedd Mehefin 1907 derbyniodd y llythyr a ganlyn, wedi ei ddyddio ar y 27ain o'r mis, sydd i'm tyb i yn ddigon diddorol i'w ddyfynnu fel y mae. Y gohebydd oedd Wil Ifan, gweinidog yr Annibynwyr Saesneg ar y pryd yn Nolgellau :

Beth amser yn ol ysgrifenais y pennillion yma. Meddyliais eu danfon i'r "Cymru", ond nid oeddwn yn caru gwneud heb gael eich caniatad. Os oes bodlonrwydd, ac os ydynt yn werth eu danfon, byddaf yn ddiolchgar iawn am air . . .

Un o'ch edmygwyr pennaf . . .
Wm. Evans

I Men Eifion Wyn

'Rwyt *ti* yn colli swyn y serch
Sy'n llifo dros ei delyn—
Pwy all fwynhau y canu tlws
A chenedl gyfan wrth y drws
Yn gwrando ar bob nodyn ?

Ond tra bo haul ar "faes a mor",
A "grug" ar lethrau'r mynydd,
Bydd adlais yr alawon mwyn
Yn crwydro fyth o dwyn i dwyn
I gludo sain dy glodydd.

Diolcha cenedlaethau fyrdd
Am fardd y telynegion,
Ac ni anghofia'r oesau ddaw
Y fun roes delyn yn ei law
A gwynfyd yn ei galon.

Rhyw bedwar mis wedi hyn cafodd waedlin bychan arall yn ei frest, ond yn ffodus llwyddodd i hybu o'r anhwylder yn weddol rwydd, ac i ailgydio yn ei waith mewn byr amser.

Ym mis Tachwedd y daeth y dydd mawr, ac fel hyn yr ysgrifennodd Carneddog am yr amgylchiad yn ei golofn wythnosol yn yr *Herald Cymraeg* :

Yn yr allt ar lannau Dwyfor
Y cyfarfum a fy Men,
Clychau'r gog oedd yn ei dwylo
Gwallt fel heulwen ar ei phen.

63

Unwyd y telynegydd medrus, hudol, Eifion Wyn â mun hoff y pennill, sef gyda Miss Annie Jones, gynt o Abererch, fore Mawrth, 6ed Tachwedd, tra y canai clychau anian yn soniarus. Man y briodas oedd Capel Helyg yng nghanol gwlad Eifionydd— lle neillduedig, ag iddo draddodiadau melus a thrist i'r ddeuddyn. Ni feddai Men gartref ers tro. Huna ei rhieni yn yr erw dawel gerllaw y cysegr y seliwyd y cyfamod hapus. Hollol seml oedd y ddefod, yn unol ag anianawd y bardd. Gwasanaethai Miss Eifion Williams (chwaer y priodfab) fel morwyn, a Mr. William Evans (ei dyweddi o Bwllheli) fel gwas. Mr. William Williams, Fferm Capel Helyg (gŵr cyfnither y priodfab) roes y briodferch ymaith, a gweinyddwyd y seremoni gan y Parch. Thomas Williams, gweinidog y Capel. Cawsant heulwen ddisgleiriaf Tachwedd i belydru swyn ar y fodrwy. Cyfarfuasant mewn modd distaw ond tarawiadol yng nghysgod tawel Carn Bentyrch,

"A gwnaethant cyn dychwel
  Y llw i gyd-fyw—
Efe wrth y rhwyfau
  A Men wrth y llyw."

Aethant i dreulio eu mel-rawd i Fetws y Coed.

Nid oes dim llawer pellach i'w ddweud, ond mai distaw iawn oedd y briodas yn ôl dymuniad y ddau, ac nid oedd mwy na rhyw ddwsin yn y capel. Daethant yn eu holau o Fetws-y-coed yn syth i'w cartref newydd, a bu 28 New Street o'r dydd hwnnw yn aelwyd oes iddynt.

Canodd delyneg ar amgylchiad ei briodas fel hyn :

Cathl y Gwahodd

Gŵyl fy mhriodas yw,
  Gŵyl cyrchu 'nyweddi wen ;
Mwyn fo yr oriau fel breuddwyd pêr,
  A glas hyd y nos fo'r nen ;
Deuwch, belydrau haul,
  Mewn trwsiad o aur bob un ;
Dawnsiwch eich dawns fel y tylwyth teg
  Ar eurgylch priodas fy mun.

Hir fu ymaros serch,
  A Duw a faddeuo'r oed,
Er mwyn yr hoffter rhwng blodau'r allt,
  A'r cariad o dan y coed :

64

Deuwch, chwi adar cerdd,
  Llateion fy awen i,
Cethlwch y ddyri ddifyrraf erioed,
  Er gwybod mai hydref yw hi.

A deuwch, bwysïau'r grug,
  O ffriddoedd y mynydd draw ;
Cenwch eich clych ym mhriodas Men,
  A gwridwch ddau fwy yn ei llaw :
Ni fyn fy nyweddi wen
  Mo'i dewis o flodau'r ardd ;
Gwell ganddi swp o ffiolau'r mêl,
  Y fflur aeth â chalon ei bardd.

Gŵyl fy mhriodas yw,
  Â'r lonnaf o ferched cân,
Na sonier am Forfudd yr undydd hwn,
  Na'r wenferch o Ddinas Brân :
Rhoed Cymru ar faes a môr
  Un byrddydd i sôn am Men ;
Gwinwryf fy oes yw ei deufin hi,
  A'm heulwen yw gwallt ei phen.

Yn fuan ar ôl dychwelyd adref o Fetws-y-coed daeth y
llythyr hwn iddo, oddi wrth Gwili, wedi ei gyfeirio o 125
Kingston Road, Rhydychen :

> Clywais i chwi roi ffarwel i'r Clwb y buoch yn aelod
> anrhydeddus ohono cyhyd. Nis gwn beth ddaw ohonom ar ôl
> colli un o'r colofnau ! Pob llwydd i chwi a'r wraig er hynny.
> Nid ydym am fod yn gas iawn wrthych, er i chwi wrthgilio.
> Dyma englyn a wnes neithiwr :

> Eifion aeth a'i hyfwyn wen—i rwymau
>   Grymus amod Hymen ;
> Ni chadd ei arch dywarchen
> Eithr nawdd fyth ar "ncwydd Fen" !

Maddeuwch fy smaldod . . .

Bu'r misoedd nesaf yn gyfnod o setlo i lawr i'r bywyd newydd,
ac ni chawsant unrhyw drafferth i gyd-fyw yn gytûn. Ychydig o
addysg ysgol a gawsai fy mam, a hwnnw'n gyfan gwbl yn
Saesneg ; ac yn dilyn hynny, treuliodd ryw ugain mlynedd yn
gweini gyda Saeson ym Manceinion. O ganlyniad, bach o

65

wybodaeth oedd ganddi am lenyddiaeth a barddoniaeth Gymraeg, a sylweddolai mai ei chyfraniad pennaf hi i ddedwyddwch y briodas oedd ei gofal am fy nhad,—gofalu am ei iechyd a'i gysur, trwy ddarparu bwyd da a chartref cysurus, ac yn hyn o beth bu'n hynod o ymroddgar a llwyddiannus. Gwraig dawel oedd mam, lednais ei thymer, un fwyn ei llais a'i natur, a chanddi gyfran helaeth o synnwyr cyffredin cynhenid i'w ddwyn i'w bywyd newydd ; gwyddai'n reddfol rywsut pryd i siarad a phryd i dewi,—yn enwedig pan fyddai fy nhad wrth ei waith yn darllen a chloriannu pentwr o gyfansoddiadau, ac yn paratoi ei feirniadaeth arnynt. Gwerthfawrogai yntau yn ei dro ei chyfraniad beunyddiol i sicrhau bod eu bywyd yn llifo'n esmwyth a didramgwydd. Byddai llaweroedd o bobl yn galw i weld fy nhad, rai ohonynt o'r un anian ag ef y byddai wrth ei fodd yn eu cwmni, ac eraill â'u siarad yn achosi dim ond blinder iddo, a buan iawn y daeth mam i wybod pa rai oedd yn gymeradwy, a llwyddo i'w gysgodi rhag y rhai diflas a di-fudd eu sgwrs. 'Roedd y naill yn meddwl y byd o'r llall, a'u bywyd o'r herwydd, yn rhedeg ar olwynion esmwyth. Mawr oedd llawenydd y ddau pan ddaeth yn amlwg fod bywyd bach ar y ffordd i fendithio eu huniad.

Yn Eisteddfod Genedlaethol Llangollen 1908 daeth fy nhad yn gyntaf unwaith yn rhagor yng nghystadleuaeth yr englyn, ar y testun "Gwrid". Dyma'r englyn a wobrwywyd :

Angerdd haf ieuangrwydd yw—y gwrid teg,
   Gwawr tân y serch ydyw ;
Urdd bonedd ar rudd benyw,
A chochwaed balch iechyd byw.

Ond er mai hwn a farnwyd yn orau, credai ef fod ganddo well englyn yn y gystadleuaeth ; y mae ganddo nodyn yn ei lyfr cofnodion fel hyn: "I hwn y rhoiswn i y wobr—yn ddibetrus". A dyma fo :

Goch y gwin, wyt degwch gwedd ;—ton y gwaed,
   Ystaen gwg a chamwedd ;
Morwynol fflam rhianedd—
Swyn y byw—rhosyn y bedd.

Beirniadaeth Job ar hwn oedd : "Englyn pur gyflawn a bardd-onol. Geilw y Wrid yn "Goch y gwin !" ac y mae hynny'n farddonol iawn. Ond nid wyf yn hoffi y gair "ystaen", yn yr ail linell, am Wrid."

Bu peth amryfusedd mewn un neu ddau o'r papurau Cymraeg, a chyhoeddwyd yr olaf fel y buddugol mewn cam-gymeriad. Yr wythnos ddilynol derbyniodd fy nhad gerdyn post o deyrnged gan Fachreth :

> Yr wyf newydd glywed Mr. W. J. Nicholson (gweinidog Salem Porthmadog) yn adrodd englyn "Y Gwrid". Y mae'n anfarwol ! Ydyw wir ! Yn fwy anfarwol na hyd yn oed englyn "Blodau'r Grug". Nid oes dim yn aros i unrhyw fardd ddweud am y "gwrid" ar ôl
>
> > "Morwynol fflam rhianedd
> > Swyn y byw—rhosyn y bedd."
>
> Dwy linell yn fwy na gwerth ugeiniau o awdlau. Llon-gyfarchiadau calon. Beth ddwed mân griticyddion ?
> Boed bendith gyfoethocaf y nef i'r etifedd yna . . .

Tybed na ddewisodd Job y gwannaf o'r ddau englyn trwy anghymeradwyo y gair "ystaen" heb reswm digonol? 'Roedd llawer yn meddwl felly ac fel hyn y mynegodd un gohebydd ei farn :

> Fel y gwyddis, aethai si allan mai'r englyn yn dechrau "Goch y gwin!" oedd yr englyn gwobrwyedig. Ni wn i pa fodd y dechreuwyd y si hwnnw, ond credaf fod y si yn nes i'w le na'r ddedfryd yn Llangollen—nid am nad yw'r buddugol yn englyn da, ond am fod y llall yn cydio'n well yn y cof, ac yn darlunio'r testun yn gywirach. Wrth ddweud hyn, nid wyf yn awgrymu dim am y beirniad. Yn wir, credaf yn gydwybodol fod Job wedi gwobrwyo'r englyn a ystyriai efe'n oreu—dim mwy na dim llai. Mae'n wir bod ei nodiad ar y gair "ystaen"—sef "nid wyf yn ei hoffi" yn taro dyn fel hollti blewyn—rhywbeth er mwyn peidio rhoi'r englyn ar y blaen. Gŵyr pawb fod gwrid gwg a chamwedd yn ystaen ar bob wyneb, ac mai goreu po gyntaf i'w ymlid ymaith. A gŵyr y cyfarwydd y rhaid inni roi rhywbeth yn ffafr y cynganeddwr ambell dro, yn enwedig felly lle bo'i gynghanedd yn awgrymu cymaint ag y mae'r uchod.
> Ond ba waeth ? Cafodd Eifion Wyn y wobr eleni eto, a mawr lwydd a fo iddo bob tro y cynygio am dani."

Mae cerdyn post Machreth wedi datgelu i'r darllenydd fy mod i wedi cyrraedd i'r byd. Digwyddodd hynny—yn ddigon swnllyd, yn ôl pob hanes—ar ddiwrnod y cadeirio yn Llangollen, pryd y gwobrwywyd y Parchedig J. J. Williams o'r Pentre, Rhondda. Dyma'r gân a anfonwyd i'r cartref gan ei hen ffrind Tryfanwy wedi'r amgylchiad :

> Ddydd cynta'r Eisteddfod
> A phawb yn syn,
> Rhoi "Gwrid" tlws i Gymru
> Wnaeth Eifion Wyn ;
> A diwrnod y Gadair,—
> Tro da dros ben,
> Cadd "wrid" tlws ei hunan,—
> 'Roedd mab gan Men.

> 'Rwan bawb, cydwyrwn ben—welw aer
> Disgleiriaf yr Awen ;
> A rhaid i blant Ceridwen
> Ofni mab Eifion a Men.

> O, bu'i nain dan benwyni—er ei fwyn
> Gerllaw'r Fainc mewn taerni ;
> Gwyddoch y caiff ei gweddi
> "Amen" daer o'm henaid i.

Agorodd y rhain y dorau i lifeiriant o englynion yn y wasg. Dyma, er enghraifft gyfarchion Ap Lleyn :

> "Tlws eu tw liaws tawel"—un, dau, tri
> Sy'n dod dros y gorwel ;
> A daw achos lled uchel
> Am fwrdd mwy i fardd y "mêl".

> Daw eilwaith ar y delyn—nodau balch
> Ddwed i bwy y perthyn ;
> Yn wyneb glân y mebyn,
> A fynno wêl Eifion Wyn.

A dyna Gwylfa wedyn :

> Hen gyfaill it yn gofyn—i'w Dduw sydd
> O serch at dy febyn—
> Rhoed arf fo llathr i derfyn
> Brwydr oes i Beredur Wyn.

68

Dyna fy enw wedi dod i'r fei 'rwân. Wrth fy mod wedi fy ngeni ar ddiwrnod y gadair, a chan mai gweinidog oedd y bardd cadeiriol cafodd fy nhad y syniad y buasai'n hoffi iddo ef fy medyddio, ac anfonodd air i'r perwyl at J. J. Williams. Ond digon anodd oedd trefnu hyn oherwydd y pellter cyd-rhwng y Pentre a Phorthmadog. 'Roedd ganddo gyhoeddiadau ym Mhwllheli a Bryncroes ddechrau'r Hydref, ond cafwyd fod ei amser yn rhy gyfyng i allu torri ei siwrnai ym Mhorthmadog, y naill ffordd na'r llall, a chan na fedrai ef ddod ataf fi, 'doedd dim i'w wneud ond i mi fynd i Bwllheli, i gartref chwaer fy nhad (lle 'roedd fy nain hefyd) a threfnu iddo ef ddod yno i gyflawni'r orchwyl rhwng cyhoeddiadau. Ond er i mi fod yn ddigon ffodus i gael bardd cadeiriol i wlychu fy nhalcen, fel y cafodd fy nhad o'm blaen, ni lwyddodd J. J. Williams i efelychu gwyrth Emrys,—ond chwarae teg, 'roedd Emrys wedi cael talcen llawer mwy dawnus i weithio arno nag a gafodd J. J. Williams !

Ac yn gynnar yn y flwyddyn newydd dyma'r llythyr a dderbyniwyd oddi wrth J. J. Williams, wedi ei gyfeirio o Fryn Siloh, Pentre, 12 Ionawr 1909 :

Wedi llawer tro ar fyd dyma funud o hamdden i gydnabod yn ddiolchgar iawn, iawn eich rhodd Nadolig i ni. Os y bydd yna frawd awengar yn cael ei orfodi i edrych ar ein cardiau Nadolig, byddaf yn dechrau trwy gydio yn llun Peredur Wyn a'i fam a dweud fel hyn

Hwn yw cerdyn y cardiau

ac atebodd un ohonynt fi ar unwaith

Parha i ddweud pwy yw'r ddau !

Onid yw'r marchog bach yn dod yn ei flaen yn gampus ? Wel, bendith arno, ac ar yr hen bobol ei dad a'i fam. Wnewch chwi gofio fod yn rhaid cael un llun eto cyn bydd y teulu'n gyfan ? Mae gennyf y "study" fach dwtia'n y byd, ond mae un man gwag ynddi—a'r fan lle mae'r haul yn taro.

Llanw y lle a wnai y llun—pe delai.

Cofion cynhesaf Mrs. Williams a minnau atoch eich tri—a rhowch gusan trosom ar rudd Peredur bach. Mae yr awen am rewi y dyddiau yma, ond bu'n felus ganddi "dreio'i llaw" unwaith eto cyn gorffen :

Berl ei oes, prif fabi'r wlad—myn ei fam
　　Na fu'i ail drwy'r cread ;
　　Eiliw'r cwrel yw'r cariad,
　　Onid yw 'run drwyn a'i dad ?

Gwawr deg, fel pan egyr dydd—ar y don
　　Wrida'i wyneb beunydd ;
　　A chyrls uwch ei arlais sydd
　　Ail i fanadl Eifionydd.

Beredur Wyn, tra brwydr oes,—Ior ei Hun
　　Fo'n tariannu'i einioes ;
　　Ei law gref gynhalio'i groes—
　　Lonno'i delyn hyd eiloes.

Hwyrach y teimla rhai fy mod wedi rhoi gormod o'm hanes i yn y bennod hon ; ond heblaw'r ffaith fod fy nyfodiad wedi rhoi testun parod i amryw o feirdd i englynu yn ei gylch, mae'n sicr y cyfrifai fy rhieni fod i'r amgylchiad le pwysig yn eu bywyd, a chan ei fod yn rhan hanfodol o'u hanes, teimlwn y dylid talu y sylw dyledus iddo.

8

O dro i dro, byddai fy nhad yn derbyn gwahoddiadau taer i
annerch rhyw gymdeithas neu'i gilydd, tebyg i'r llythyr hwn a
dderbyniodd yn Chwefror 1909, o Goleg y Brifysgol, Caer-
dydd, oddi wrth neb llai na'r Athro W. J. Gruffydd :

> Yr ydym wedi gwneud "departure" newydd yma. Y mae
> cinio o Wŷr y Gogledd i fod yma ar y 20ed o Fawrth am 7.30
> o'r gloch. Yn awr, penderfynwyd cael gŵr enwocaf Gogledd
> Cymru i'r wledd. Pwy ydyw ? Lloyd George medd rhai.
> Nage, meddwn innau, enwog gyda'r Saeson ydyw ef. O'r
> diwedd cefais ganddynt weled yr hyn yr oedd y rhan fwyaf yn
> ei ameu yn barod, mai Eifion Wyn ydoedd,—felly yr wyf ar
> ran y pwyllgor yn eich gwahodd i'r wledd.
>
> Yn awr, y peth cyntaf a ddwedwch ydyw na ddewch, mi
> wn. Ond cofiwch, peth mor *"significant"* yw cael bardd a
> hwnnw heb fod yn *"bolitician"* chwaith i ginio fel hyn ; ac er
> ein mwyn ni—sydd yn meddwl ein hunain yn dipyn o bobol
> ar ol gwneuthur y fath gyfnewid—*dewch*. Gair ar fyrder, os caf.

Ond ni lwyddodd taerni'r gwahoddiad i'w demtio i fynd i'r
cinio yng Nghaerdydd, er ei fod yn gwerthfawrogi'r anrhydedd
a delid iddo. Gwell oedd ganddo aros gartref yn ei gynefin na
cheisio clodforedd yng nghwmni dieithriaid.

'Roedd wedi cytuno i feirniadu'r farddoniaeth yn Eisteddfod
y Pasg, yng Nghricieth, yn 1910. Testun y gadair oedd Awdl
neu Bryddest ar "Bwlch Aberglaslyn". Gan fod ei feirniadaeth
wedi gwreichioni misoedd o ffrwgwd boeth yn y wasg, ac yn
arbennig yn *Yr Udgorn*, teimlaf na fyddai o'i le i mi ddyfynnu ei
sylwadau yn llawn ; rheswm arall yw y byddai llawer iawn yn
mwynhau darllen ei feirniadaethau am eu croywder a'u hiaith
raenus. Dyma'r feirniadaeth fel y cyhoeddwyd hi yn *Yr Udgorn*,
13 Ebrill 1910 :

> Dylai noddwyr yr eisteddfod gadw mewn cof mai arall yw
> gogoniant yr Awdl, ac mai arall yw gogoniant y Bryddest, ac
> mai nid doeth un amser eu gosod i ornestu yn erbyn ei gilydd.
> Hynny yn ddiameu fu'n anfantais i'r gystadleuaeth hon,

oblegid er rhagored y testun, dwy gerdd yn unig a dderbyniwyd, un Awdl, yn dwyn yr enw Cidwm, ac un Bryddest yn dwyn yr enw Maelgwyn. A rhaid i mi ychwanegu mai isel yw safon y ddwy.

Maelgwyn :—Cynnyrch anaeddfed dros ben. Cyffredin yw'r cynllun a'r syniadau, ac am y saerniaeth a'r iaith goreu po leiaf a ddywedir. Cerdd yr awenydd dros yr un tir drosodd a throsodd, fel mai yr un yn ymarferol yw cynnwys y chwe' caniad. Ni rydd i ni ddim o ramant, na barddoniaeth, na hanes y lle arddunol. Rhigwm moel yw corff y gerdd ; a buasai rhannau cyfain ohoni yr un mor briodol i adwy cae ag i Fwlch Aberglaslyn. Os mai ieuanc yw Maelgwyn, mynned ragor o ddysg a gwybodaeth, ond os yw eisoes wedi cyrraedd oedran gwr, yna bodded yr awen yn y llynclyn sydd o dan y Bont! Cyn y gall obeithio ennill cadair rhaid iddo ganu gwell barddoniaeth ac ysgrifennu cywirach Cymraeg, nag a wnaeth eleni. O'm lleddir am wir pa waeth ?

Cidwm :—Canodd hwn yn y mesur caeth, a cholledodd ei hun trwy hynny. Clogyrnog yw ei awdl, ac fel marian y Gymwynas yn frith o feini tramgwydd. Gwyr sut i gynghaneddu, ond nid yw eto (sic) wedi llwyr feistroli cywreinion y gelf gain. Dyna'r achos ei fod mor amleiriog, ac yn arfer cynnifer o ansoddeiriau a geiriau llanw. Clywir tinc yr hualau gyda phob cam a rydd. Gwir fod ganddo ambell i gwpled gwych, ac ambell darawiad penigamp ; ond eithriadau ydynt ac nid y rheol. Di swyn ac afrwydd yw'r awdl fel cyfanwaith. Na chamddealler fi ; medd Cidwm anianawd farddonol, a mesur da o wybodaeth ddyddorus ; ond bu mor annoeth a chanu yn y mesur caeth ac yntau at ei ryddid i ganu yn y mesur rhydd. Ei siomedigaeth yw ei gosb.

Gwn yn dda pwy yw Cidwm ; y mae yn gyfaill pur i mi, a buaswn yn llawen pe medrwn ei wobrwyo. Ond yn sicr nid yw ei awdl yn deilwng o'r testyn, o'r Eisteddfod ac o'r Gadair.

Ar air a chydwybod,

Eifion Wyn

Cybi oedd Cidwm, ac 'roedd wedi gwylltio'n gacwn am na chafodd y gadair. Heb oedi, anfonodd gopi o'i awdl i Iolo Caernarfon a Dyfed a gofyn am eu barn, heb sôn gair fod yr awdl wedi ei barnu'n annheilwng mewn cystadleuaeth. Pan gyhoeddwyd beirniadaeth fy nhad yr oedd ôl-nodiad ganddo yn ei dilyn :

Gwn weithian nad yw Cidwm mor bur a'i olwg. Cred ddarfod iddo gael cam dybryd y'Nghhriccieth ; yn wir, aeth mor bell a chyhuddo'r ysgrifennydd a minnau o ystryw. Gwaeth fyth ! ceisiodd berswadio'r pwyllgor i'w gadeirio y'ngwrthgefn y beirniad ac yn groes i'w ddyfarniad. Os clyw neb ei ystori benffol, na fydded gredadyn ond anghredadyn. Gellir olrhain yr holl amryfusedd i ddylni Cidwm ynghyda'i awch direol am gadeiriau a chlod.

Roedd Cybi ar gefn ei geffyl yr wythnos ddilynol yn dyfynnu rhai o eiriau caredig y ddau brifardd ynghylch ei awdl, yn profi'n ddi-os, yn ei feddwl ef, y cam dybryd a dderbyniodd ar law'r beirniad, ac yn mynd ymlaen mewn iaith bur annoeth i geisio pardduo ei allu a'i gymeriad.

Gwelodd Iolo Caernarfon y llythyr, ac yn ddiymdroi anfonodd yntau ei gyfraniad i'r anghydfod (*Yr Udgorn*, 25 Mai) :

> Ysgrifenais air byr at Cybi o berthynas i'w awdl ar ei gais ef, ond ni thybiais mewn un modd ei fod yn bwriadu gwneyd defnydd cyhoeddus ohono.
>
> Gan nad wyf yn adnabod Cybi, tybiais mai bachgen ieuanc wedi colli ydoedd, a mynegais air o galondid iddo. Drwg iawn gennyf am y tro.
>
> Saif Eifion Wyn fel bardd a beirniad, ac fel cyfaill a dyn, ar y gris uchaf yn fy ngolwg i.

Ar y 18fed o Fai sgrifennodd Cybi lythyr cas i'r *Udgorn*, a dengys ateb fy nhad yn rhifyn yr wythnos wedyn mor llym a choeglyd y gallai yntau fod :

Cadair Criccieth

Syr,—Cyffes gwanddyn yw byr-lythyr diweddaf Cybi. A ffei o'i gynnwys iselfoes.

Gwn yn dda pwy a'i lluniodd, er nad yw ei iaith yn gweddu i'w urdd. Ond gan mai enw Cybi sydd wrtho, atebed Cybi am y gabldraeth.

Nid allaf lai na dyfynnu rhai o'r ymadroddion detholedig :-
"Gwylltineb hunanol ; difriaeth noeth ; sathru mor ddi-bryder (?) ar reolau barn a boneddigeiddiwch (sic) ; ar binacl anffaeledigrwydd ; cydwastad a hen wrageddos clebarllyd yn ffraeo a'u gilydd ; beirniad hunan-foddedig (self-drowned ! ! !) ; ymdroi ac ymdrosi yn ei lysnafedd."

Ai dyna yw iaith "dlos" ? Ai peth fel hyn yw Cymraeg "prydferth a naturiol" Ardal y Cewri ? Da iawn i'r awdwr fod Eben, Nicander a Thaliesin yn eu beddau.

73

Honai Cybi, bythefnos yn ol, ei fod yn ymladd dros "rywbeth gwell na chadair, sef dros egwyddor." Dywed yn awr ei "bod yn hen bryd i roddi taw ar y miri di-les"—eled egwyddor i'r man yr elo ! Cyfododd yr helynt, meddai, "yn hollol anfwriadol o'i du ef". A fu erioed bechadur mor ddibechod ?

Gwyr Cybi, neu fe ddylai wybod, ddarfod iddo ddwyn *cam-dystiolaeth* yn erbyn *dau* gymydog. Ac eto, dywed ym mawredd ei ystyfnigrwydd nad oes ganddo "ddim i'w dynu yn ol !" Ai peth fel hyn yw "boneddigeiddiwch" ? Ai dyma fel y perchir y Deg Gorchymyn ym mhlwyfoliaeth Llanarmon a Llangybi ?

Ond gogoniant ei lythyr yw ei eiriau ymadawol. Gwrandewch : "Canaf yn iach *yn ddystaw* â'm beirniad. Disgwyliaf y bydd fy ymneillduad o'r ddadl yn foddion i'w arbed rhag y gelyn gwaethaf a fedd, sef ef ei hunan."

Cybi druan ! gyda'i wyneb cawr, a'i wegil corach ! Daeth allan fel llew, a ffy fel oen llywaeth ! Daeth allan gyda thrwst, a ffy dan waradwydd. Ni fu gwannach gwrthwynebydd erioed ar faes. Ymladdodd Don Quixote â melin wynt, ymleddais innau â dyn gwynt !

Yn edifarus
Eifion Wyn

O.N.—Gwel y darllennydd oddiwrth eglurhad Iolo Caernarfon beth yw dull Cybi o hel cymeradwyaethau. Enfyn ei awdl ledled y wlad—yn rhad ac am ddim. Cela bopeth y'nghylch y cweryl, er mwyn denu ei derbynwyr i ddweud gair caredig am dani. Popeth *ffafriol* a glyw, fe'i cyhoedda ; popeth *anffafriol*, fe'i ceidw ymysg y dirgeledigaethau. Ai peth fel hyn yw "boneddigeiddiwch" ?

Ac yna, i gau pen y mwdwl, wele lythyr arall gan fy nhad yn *Yr Udgorn*, 8 Mehefin :

Cadair Criccieth

Syr,—Gelwais sylw Dyfed at y defnydd a wnaed o'i enw y'nglyn a'r miri uchod. Dyma ei atebiad :

Mai 26ain, 1910

Anwyl Gymrawd,

Anfonodd Cybi ei awdl i mi ynghyd a chais am sylw arni. Tybiais mai amcan hyny oedd, hwyluso'i gwerthiant. Byddaf yn cael pethau fel hyn yn aml, ac yn dweyd gair caredig i hyrwyddo yr anturiaeth o ddwyn allan gynyrchion Cymreig.

Nis gwyddwn ddim am y gystadleuaeth, ac ni feddyliais am foment y buasai fy enw yn cael ei ddwyn i mewn i unrhyw helynt. Pe amgen, buaswn, fel arfer, yn gwrthod ymyryd mewn achos o'r fath. Atebais y cais gyda'r amcan goreu.

Cofion pur,—

Dyfed.

Gwelir, felly nad oedd gan Cybi na hawl na chennad i ddyfynnu barn yr Archdderwydd yn erbyn fy nyfarniad i. Beth, tybed, a ddaw o'r Prif-fardd ar ol yr eglurhad ? Derfydd am dano fel am Iolo Caernarfon.

Gallaf sicrhau eich darllennwyr na wneuthum i gam o gwbl a Chybi. Cyhoeddais yn fy meirniadaeth y gwyddwn yn dda pwy ydoedd ; ei fod yn gyfaill (?) i mi, ac y buaswn yn falch pe medrwn ei wobrwyo. Ni ddywedais ddim bwriadol dramgwyddus am ei awdl. Canmolais bopeth canmoladwy ; celais bopeth beius. Ni fedrwn wneyd rhagor, hyd yn oed er mwyn cyfaill !

Cydrhwng yr adolygwyr a'u hadolygiadau. Ni roes yr awdl unrhyw "gymorth" i mi i "amgyffred mawredd a gogoniant yr olygfa" ym Mwlch Aberglaslyn. A pha ryfedd, gan na fu Cybi, ar ei addefiad ei hun, erioed ar gyfyl y lle ! !

Yr eiddoch,—

Eifion Wyn.

Hwyrach fod y datganiad "y gwyddai'n dda pwy oedd Cidwm" yn achosi penbleth ym meddwl rhai. Nid oes dim dirgelwch yn hyn. Wrth feirniadu mewn amryw o eisteddfodau yn y cylch, dôi'r beirniaid i adnabod llawysgrifen llawer o'r cystadleuwyr. Peth anghyffredin iawn oedd cyfansoddiadau wedi eu teipio bryd hynny, ac ychydig iawn o'r cystadleuwyr a âi i drafferth i geisio ysgrifennu mewn llaw ddieithr ; yn wir, credai rhai ei bod yn fantais i'r beirniad wybod eu bod yn cystadlu, ac y byddai hynny'n help i ogwyddo'r beirniad tuag at eu cynnyrch !

Ond fel yn Eisteddfod Cricieth, nid oedd cyfeillgarwch yn ddigon i berswadio'r beirniad i wobrwyo unrhyw un os nad oedd ei waith yn cyrraedd y safon briodol. Fel yr eglurodd mewn beirniadaeth un tro, "Nid pob un sy'n chwennych cadair sydd yn ei haeddu ; a gwaith beirniad cydwybodol yw dewis rhwng yr anheilwng a'r teilwng, rhwng y teilwng a'r teilyngaf."

Felly gwelwch nad oedd y gorau yn y gystadleuaeth bob amser yn teilyngu'r wobr, a byddai cwyno ar brydiau ei fod yn gosod ei safon yn rhy uchel.

Atal y wobr a wnaed yng nghystadleuaeth yr englyn yn Eisteddfod Genedlaethol Bae Colwyn, 1910, ar y testun "Y Wawr". Fel y dywedodd Gwilym Deudraeth mewn fflach ar amgylchiad tebyg un tro, "Neb yn deilwng, pawb yn diawlio" ! Ychydig iawn o wŷr y wasg oedd yn cytuno â'r beirniaid, ac fel hyn yr ysgrifennodd colofnydd *Yr Herald Cymraeg*, dan y pennawd "Helynt yr Englyn", ar 4 Hydref :

"Rhyfedd fod cynifer o feirdd yn nhalaeth yr englyn yn anheilwng." Dyna ddywed un o gystadleuwyr Colwyn Bay, ac yr ydym yn cydolygu âg ef. Y mae'n wybyddus erbyn hyn fod rhai o brif englynwyr Cymru, wedi anfon englynion i'r gystadleuaeth, ac os nad oedd yr un ohonynt yn werth gini, beth ydym i feddwl ohonynt ? Ffoledd, i'n tyb ni, yw dweyd nad oedd yr un englyn yn deilwng. Pe dywedasid nad oedd yr un ohonynt uwchlaw'r gweddill mewn teilyngdod, gallesid credu'r dyfarniad . . .

Ni welsom feirniadaeth Dyfed eto, ond y mae beirniadaeth Pedrog a Berw wedi eu cyhoeddi. Y mae y ddau yn canmol dau neu dri o'r englynion, neu ranau ohonynt, ond nid yw eu canmoliaeth yn werth gini. Tuedda Pedrog i roi y lle blaenaf i englyn Terinos (J. J. Williams) ond gallwn feddwl mai at englyn A'r Bore a Fu (Eifion Wyn) y gogwyddai Berw. Dyma'i nodiad arno : "Wedi troi a throsi'r cynyrchion lawer gwaith, y mae englyn A'r Bore a Fu yn ymwthio i sylw'n barhaus, a hyny, mae'n debyg, ar gyfrif rhagoroldeb ei drydedd linell,—

Lleufer haul fel llif o ros

Llinell odidog yw hon. Ond y mae'r llinell olaf yn difetha'r cyfan,—

O'r deffroad ffy'r eos.

Compliment gwael i'r Wawr yw dweyd ei bod yn tarfu'r eos ymaith. Gymaint yn well yw syniad y Salmydd am y bwystfilod rheibus yn ' gorwedd yn eu llochesau ' ".

A oes rym yn yr wrthddadl hon ? Hyd y gwelwn ni, yr un yw syniad y Salmydd a'r bardd, sef fod codiad yr haul yn tarfu gwylltfil ac eos. A fynnai'r beirniad i'r bardd wyrdroi Natur er mwyn complimentio'r Wawr ?

76

Ymddangosodd nifer o englynion gwawdlyd yn *Y Brython* dan yr enw "John Penrhynorion Jones" yn dychanu beirdd y gystadleuaeth a'u henglynion i'r Wawr. Yn ddi-ymdroi, yn rhifyn 10 Tachwedd 1910, cafodd ei ateb fel hyn gan "Dant am Ddant", sef Eifion Wyn :

I'r Prif-feirniad pendant John Penrhynorion Jones

> Mwya'i fai gore am feio,—a Sion
> Leinw'i swydd heb wrido ;
> Y mwya'i fefl, dyma fo—
> Beirniad a phob bai arno !

> Sarrug am bawb y sieryd ;—Derinos
> Sy'n druanaidd ynfyd ;
> Alafon, Eifion hefyd,—
> A *FO*'n ben safon y byd.

> Coeg eiriau'r llac ei goryn !—y masglwr
> Cymysglyd ei reffyn !
> Barnu'n gall nid all y dyn,
> Na dehongli "nod" englyn.

> Sion a ddaeth—hyn sy'n ddios—o encil
> Crancod a phob rhonos ;
> A phwy sydd na ffy o swn
> Truth cacwn o'r Traeth Cocos ?

> Sion glerwr, Sion y glorian,—Sion oracl
> A'r synhwyrau baban ;
> Sion bin gwellt, a Sion ben gwan
> Heb hiwmor yn bwhwman.

Ol-englyn :

> Am "Wawr" try gwlad yr awron—atat ti
> Wastadhawr y beirddion
> Am foddus em fyddo, Sion
> Yn *fodel* i'r ynfydion !

(Ac na ddigied neb. Nid yw'r beirdd, druain bach, mor llidiog a'u geiriau. Ond sylwch, beth bynnag, ar gelf y gynghanedd yn y llinellau hyn. GOL.)

O bryd i'w gilydd, câi lythyr yn ceisio'i farn ar gynnyrch awen rhai o'i gydnabod, cyn ei anfon i gystadleuaeth. Dyma lythyr felly, oddi wrth R. Williams Parry, 6 Medi 1919, na ellir hepgor ei ddyfynnu :

Gwelwch fy mod yn manteisio ar eich caredigrwydd yn cydsynio i fwrw golwg dros yr Awdl hon.

Nid fy amcan yw gofyn eich cymeradwyaeth (?) ac yna'i chyhoeddi (h.y. y gymeradwyaeth) heb gennad. Nid wyf Gybi, thank me stars ! Yn unig hoffwn fod yn gwybod am rywrai heblaw fy hun fo mewn cydymdeimlad â'r ysbryd sydd yn yr Awdl pan welir y beirniadaethau. Gwelwch mai tipyn yn ddiobaith ydwyf, nid am y credaf nad yw'r Awdl yn teilyngu cadair—ba les rhagrith ?—ond am nad yw y math hwnnw o Awdlau ag a fernid yn foddhaol gan "yr hen ysgol".

Nid eiddof fi'r mesur. Ar hwn y canodd Mr. Gwynn Jones yn Llunden, o chofiwch. Tipyn yn awgrymiadol o W. J. yw'r Ail Ran hefyd. Ond dyna—pwy nad yw fimig yng Nghelf ?

Hwyrach y byddaf yn y Port ar "flying visit" cyn agoro'r Coleg. Hoffwn gael gêm o Billiards gyda chwi pan ddelwyf. Bum yn wallco ar y chware unwaith, a chenais gywydd iddo yn Magazine Coleg Bangor flwyddi'n ôl. Ond diweddai gyda'r cwpled :-

> Thus I sing, ye budding bards,
> Na chybolwch â Billiards.

Fy nghofion cynnes at Mrs. Wyn a Pheredur . . .

Yn anffodus, ni welais i gopi o'r atebiad, fel nad oes wybod pa Awdl oedd dan sylw, na beth oedd ei farn ohoni. Ond teimlwn fod y llythyr yn ddigon diddorol i'w godi, dim ond i ddangos fod gan R. Williams Parry feddwl uchel o farn fy nhad,—yn wir, llawn mwy o ymddiriedaeth ynddo nag ym meirniaid yr Eisteddfod.

Cymerai fy nhad ddiddordeb mwy na'r cyffredin mewn gwleidyddiaeth, ac 'roedd yn Rhyddfrydwr i'r carn. Ei arwr mawr oedd David Lloyd George, gŵr a adwaenai'n bersonol er y dyddiau y gweithiai fel cyfreithiwr yn nhref Porthmadog. Erbyn hyn 'roedd y llanc ieuanc o Lanystumdwy wedi cyrraedd y Senedd, ac wedi dringo o ris i ris i swydd Canghellor y Trysorlys. Fe'i edmygai, nid yn unig am ei allu cyfareddol fel areithydd huawdl yn Gymraeg a Saesneg, ond am ei ddygnwch fel ymladdwr pybyr dros iawnderau'r dyn cyffredin. Ar un achlysur pan ddarfu i Dŷ'r Arglwyddi wrthod pasio mesur ysgogwyd fy nhad i lunio parodi Saesneg a ymddangosodd yn y *Daily News*, 14 Rhagfyr 1909. Gwnaed y sylw hwn ynghylch y gân yn y wasg Gymraeg :

Nid oes yng Nghymru fardd melusach nag Eifion Wyn ar ei oreu, na mwy adnabyddus chwaith. Yr wythnos hon, y mae wedi dod i sylw'r holl deyrnas gydag agwedd newydd sbon ar ei athrylith, trwy wneud parodi finiog a gwatwarus ar gerdd anfarwol Tennyson "The Charge of the Light Brigade", i ffitio'r sefyllfa wleidyddol bresennol. Cyhoeddodd y "Daily News" y parodi mewn lle amlwg gyda chanmoliaeth y Canghellor iddi. Llongyfarchwn Eifion Wyn yn galonnog ar y llwyddiant newydd hwn eto ; a hyderwn weled ychwaneg ar yr un llinellau.

Dyma ddwy bennill o'r parodi :

In mad league, in mad league,
    In mad league, onward,
Into the lobby of Death
    Strode the Three Hundred.
"Forward the Lords Brigade !
    Cast out their Bill," he said ;
Into the lobby of Death
    Strode the Three Hundred.

"Forward the Lords Brigade !"
    Was there a peer dismayed ?
Not though the statesman knew
    Lansdowne had blundered.
Theirs not to make reply,
    Theirs not to reason why,
Theirs but to thwart Supply,
    Into the lobby of Death
Strode the Three Hundred.

Yn fuan wedi hyn, yn Rhagfyr 1909, printiwyd dwy gân o'i eiddo gan y ' Welsh National Liberal Council '—un yn Saesneg o dan y teitl "Stand for British Freedom" ar yr alaw "Tramp, tramp, tramp, the Boys are Marching", a'r gân a ganlyn yn Gymraeg :

Safwn Dros ein Dyn

Dros y gŵr am byth a garwn,
Dros ein henwlad a anwylwn,
Dros ein Rhyddid, eto rhoddwn
    Ergyd oll yn un.

79

Cofiwn drais a brad yr oesau,
Cofiwn bridwerth drud ein breiniau,
Na warthruddwn waed ein tadau !
      Safwn oll yn un.
   Mab aur-dafod Eifion
   Eilw law a chalon
Pob rhyw ŵr a gâr ei wlad
I'r euraidd gad yr awrhon :
Cadwn goelcerth ar Eryri
Wnelo Gymru'n wenfflam trwyddi ;
Trech yw gwerin nag arglwyddi !
      Safwn dros ein dyn.

Gaiff y gwŷr â'r seigiau segur
Roi llaw hyf ar fara llafur,
Er mwyn arbed aur uchelwyr ?
      NA ! medd pawb yn un.
Gaiff arglwyddi'r tir a'r tyrau
Fynd a'n Rhyddid fel ein herwau ?
Tra bo anadl yn ein ffroenau ?
      NA ! medd pawb yn un.
   Eisoes ni drechasom,
   Eto'r wys ddaw atom !
Edrych Duw o'r loywnef las,
Ein teyrnas a'n plant arnom :
Cadwn goelcerth ar Eryri
Wnelo Gymru'n wenfflam trwyddi ;
Trech yw gwerin nag arglwyddi !
      Safwn dros ein dyn.

9

Wedi'r holl helynt a ddilynodd ddyfarniad Eisteddfod Cricieth, 1910, dangosodd aelodau'r pwyllgor eu hymddiriedaeth lwyr yn y beirniad drwy ei ddewis wedyn yn Eisteddfod 1911, a buont yn ddigon dewr at hynny i osod yr un testun, sef "Bwlch Aberglaslyn". Cymerasant sylw hefyd o gyngor y beirniad nad da rhoi dewis cyd-rhwng Awdl a Phryddest, a'r tro hwn am Bryddest y gofynnwyd.

Rhof yma grynodeb o'i feirniadaeth :

Ni chadeiriwyd neb y llynedd am na haeddai neb y fraint. Aeth blwyddyn heibio, ac ni wnaed yr Eisteddfod yn wawd, na'i phabell yn anghyfannedd . . . Y llynedd, dau oedd yn chwennych ei chadair; eleni, mae cynifer a deg. Ac arbedwyd y beirniad a'r Bwlch i weled dydd y wyrth ! Crynhoir y feirniadaeth i fyr eiriau er mwyn cynilo amser a dawn.

Bannog : Hon yw'r gerdd wannaf o'r deg. Os breuddwydiodd am ennill, breuddwydiodd yn ofer. Ofer yn wir oedd ei waith yn cynnig. Coethed ei chwaeth a diwyllied ei farn cyn chwennych cadair eto.

Mab y Bryniau : Un o weinion yr ornest yw yntau—un a'i uchelgais yn fwy na'i allu, ac yn drech na'i farn. Gwannaidd iawn yw ei feddwl—rhy wannaidd i ddisgrifio bwlch mewn gwrych chwaithach Bwlch mwyaf rhamantus yr Eryri. Arhoed y bardd yn y dirgel hyd nes yr enillo nerth.

Ymdeithydd : Cychwyn gydag ymson, a hwnnw'n ymson braidd yn rhyddiaethol. Ar brydiau, yr odl yn unig sy'n dwyn i'n cof mai cerdd ydyw. Hanesydd ehud yw'r awdur, ac ni ddylid rhoi coel ar bob dim a ddywed.

Glyndwr : Cerdd arwynebol ac unffurf drwyddi. Gellir ei darllen yn rhwydd ; ond nid yw rhwydd-deb bob amser yn rhin. Undonedd yw nodwedd y bryddest mewn meddwl a mydr.

Llef o'r Bwlch : Canu braidd yn llafurus yn y caniad cyntaf a'r ail. Ond daw'r awen i rodio'n fwy rhydd yn y caniadau dilynol. Ceir mwy o rym yn y bryddest nag o swyn.

Y Pren Per : Cân hwn yn naturiol a syml ; y mae ei ddychymyg yn bur a'i fydryddiaeth yn esmwyth. Nid yw ond prin gyffwrdd a hanes a rhamant y lle ; a dichon mai dyna yw ei brif fai. Ond medd y Pren Per ddawn felys i ganu, a theimlir fod cysgod yr awen ar bob caniad o'i eiddo.

Bwlchydd Madog : Cerdd ddengar a chynllun syml iddi. Cyferchir y Bwlch yn y caniad cyntaf gan led-gyffwrdd â'i hanes

81

bore. Ceir hoywder a nwyf yn y tri chaniad nesaf. Hwyrach mai'r caniad gwannaf yw'r olaf ; nid yw hwn yn ychwanegu nemor at werth y bryddest.

Nant y Mynydd : Cerdd hyawdl yw hon, yr hyotlaf efallai o'r deg. Hawdd gwybod ei bod yn waith gŵr medrus—un all ganu'n rhwydd ar bob math o dant. Y mae'r iaith yn ystwyth a'r fydryddiaeth yn ber. Hwyrach mai ei brif fai yw manylu'n ormodol. Hoffwn petai yn dweud llai ac yn awgrymu mwy. Nid da lle y gellir gwell.

Bedo Aelfrith : Dyma'r awenydd o'r iawn ryw. Cerdd hyd lwybr mwy disathr na neb a enwyd, a rhydd i ni drem fwy barddonol ar ogoniant y Bwlch. Câr y lle yn ei brydferthwch a'i arddunedd ; a phar i ninnau ei garu gan mor angerddol y cân. Hoffaf ei gynllun, ei ysbryd, a'i gelf. Ceir yn ei bryddest rym a thynerwch; barddoniaeth wych, ac iaith bersain a chref.

Aneurin : Cerdd firain, lawn o hud melys. Huda'n calon ar unwaith, a phery'r cyfaredd ar hyd y ffordd. Gŵyr beth i'w ganu ; y mae ganddo reddf bardd, a chana fel un wrth ei fodd. Cana aml ogoniant yr hen Fwlch, ac yfodd fel dewin o'i ysbrydoliaeth. Ni ellir darllen ei gerdd heb chwenych ei darllen eilwaith. A phob tro y gwneir, caethiwir y meddwl ym magl ei swyn. Cerdd wych ydyw ; ei dyfais yn dda, ei chyffyrddiadau'n gynnil, a'i hiaith yn gain.

Gwelir bod y dorch rhwng dau—Bedo Aelfrith ac Aneurin. Ac ni bu dau mwy cyfartal. O'r braidd y gwneid cam â'r naill pe gwobrwyid y llall. Coeliaf i mi ddarllen y ddwy gerdd ddengwaith, a phetruso ar ôl bob darlleniad. O'r diwedd 'rwyf wedi boddloni fy hun mai Aneurin sy'n rhagori o ryw gymaint. Cadeirier ef gyda phob rhwysg. Clywir am dano ar ôl hyn, a hynny mewn Eisteddfodau mwy ac enwocach . . .

Ar air a chydwybod

Eifion Wyn

Gwiriwyd ei broffwydoliaeth, canys Idwal Jones o Ben-y-groes oedd "Aneurin". 'Roedd yn ddiddorol gweld nodiad yn y papur yn datgelu mai ei hen gyfaill Tryfanwy oedd "Bedo Aelfrith" a ddaeth mor agos i ennill y gamp.

Rhoddais ail feirniadaeth Eisteddfod Cricieth yma i ddangos ei fod yn barod, nid yn unig i gystwyo cystadleuwyr di-raen a diawen, ond yr un mor awyddus i roi canmoliaeth rwydd a dibrin i feirdd a oedd yn cyrraedd y safon briodol. Mae'n wir mai prin oedd ei amynedd gyda'r rhai a fynnai gystadlu heb rithyn o obaith i fod ymysg y rhai a gyfrifid yn deilwng. Fel hyn y dywedodd wrth un cystadleuydd gwan :

Na ddigied am i mi fod mor blaen. Nid enillir dim wrth wenieithio ; ac amcan beirniadaeth yw hyfforddi bardd ymhen ei ffordd. Os myn ragori, ymroed i waith.

Ar yr un pryd 'roedd bob amser yn barod i ddweud gair caredig wrth unrhyw un a ddangosai addewid, gan ei annog i ddal ati ac i ymroi i wella'i iaith, ei feddyliau a'i grefft.

Nid oedd yn ôl o feirniadu beirniaid ychwaith os teimlai nad oeddynt wedi llwyddo i wobrwyo yr englyn gorau yn y gystad-leuaeth. Gwnaeth hyn ar ôl Eisteddfod Caerfyrddin yn 1911 pan farnodd Job a Berw mai englyn Dyfed i "Ddail yr Hydref" oedd y gorau. Heb betruso ysgrifennodd i'r wasg i draethu ei farn, gan feirniadu'r englyn buddugol yn bur llym. Daeth gŵr yn ysgrifennu dan y ffugenw "Arogl y Grug" i'r maes i geisio cyfiawnhau'r dyfarniad, a mynnu nad oedd llythyr Eifion Wyn yn ddim rhagor na grawnwin surion am na ddewiswyd un o'i englynion ef. Mae'n sicr y teimlai fod ei englyn ef, a osodai Berw yn ail, yn llawer gwell nag un Dyfed. Dyma'r englyn hwnnw :

> Is crynol ias y crinwynt,—lliw oedran
> Sydd fel lledrith arnynt ;
> Cawodydd aur coedydd ŷnt,
> Adgof oediog haf ydynt.

Ond ei ddadl ef oedd bod unrhyw un o'r englynion yn y dosbarth cyntaf yn rhagorach na'r sawl a ddewisodd y ddau feirniad. Byrdwn llythyr "Arogl y Grug" oedd canmol englyn Dyfed a rhedeg ar Eifion Wyn am feiddio ei feirniadu.

Dyfynnaf un neu ddau o'i lythyrau yn y ddadl lle y dengys yr hyn a ystyriai ef yn wendidau'r englyn. I ddechrau, o'r *Brython*, 31 Awst :

Englyn Caerfyrddin, ei Feirniad, a'i Awdwr

Syr,—
Cyn cysylltu enw Dyfed â'r uchod fe'i beirniedid yn dra llym. Weithian, ceisir anwybyddu ei ffaeleddau, a'i goroni â gogoniant ac anrhydedd. Nid yw ymddygiad fel hyn yn onest : ffalster yw, ac nid beirniadaeth deg.
Nid yw'r englyn fymryn gwell am mai Dyfed a'i gwnaeth. Gwall yw gwall lle bynnag y bo ; a gwrthuni yw gwrthuni hyd yn oed yn englyn Prif-fardd.

83

Dyma'r englyn arobryn, fel yr ymddanghosodd ym meirn-
iadaeth Berw :-

Hydref ddail, dorf eiddilaf,—syn eu trem
   Yn swn troed y gauaf ;
   Treuliant eu horiau olaf
Ar ingol ddôr angladd haf.

Yr hyn o'i gyfieithu, heb unrhyw gais i'w wyrdroi yw :-

Leaves Autumn, slenderest crowd—staring their look
   At the sound of winter's footstep ;
   They spend their last hours
On the agonised door of summer's funeral !

Os mai dyma'r englyn goreu o'r cant a hanner ni phetrusaf
ddweyd mai atal y wobr a ddylesid yng Nghaerfyrddin eleni,
fel y gwnaed ym Mau Colwyn y llynedd, ac yn Llunden y
flwyddyn cynt.

Craffer ar yr englyn yn feddylgar a diduedd ; a pha le y mae
ei ragoriaeth ? Ceir priod-ddull anghywir yn ei linell gyntaf,
ac "aberthir synnwyr ar allor cynghanedd" yn ei linell olaf.

Chwerthinllyd dros ben yw'r ymadrodd "Hydref ddail".
Tery'n chwithig ar bob clust gerddgar ; ac nid yw'n Gymraeg
cywir. Y mae'r un peth yn gymwys a phe dywetsai Sais *"leaves
Autumn"* am *"Autumn leaves"*. Ond pa Brif-fardd Seisnig a
ysgrifennai ddim mor wrthun ? A yw'r Arch-dderwydd
uwchlaw deddfau'r iaith ?

Cymerer y llinell olaf drachefn ; a pha ddewin y tu yma i
Fethesda a fedr wneud synnwyr ohoni ? Beth yn y byd yw
"dor angladd", a beth wedyn yw "ingol ddor angladd" ?

Cydnebydd Berw fod yr ymadrodd wedi peri pryder iddo ef.
Dyma'i addefiad yn ei eiriau ei hun (eiddo fi yr *italics*) :
"Digon anhawdd yw penderfynu rhwng tri neu bedwar o'r rhai
blaenaf, a rhaid i mi gyfaddef iddynt roi cryn drafferth i'm
meddwl i. Tueddwn yn *betrusgar* at englyn tarawiadol Dan y
Derw ; ond bu raid i mi ymgynghori â'm cyd-feirniad *cyn cael
esmwythad.* Pan ddeallais nad oedd yr ymadrodd "dor angladd"
yn peri iddo ef *y pryder a barai i mi* teimlais yn ddedwydd."
Gwelir felly mai Job sydd yn fwyaf cyfrifol am y dyfarniad.

'Does dim amlycach na bod Berw yn gwobrwyo'r englyn yn
groes i'w farn oreu. Ond paham ? Pa reidrwydd oedd arno i
wobrwyo englyn oedd yn cynnwys ymadrodd a barai iddo
bryder, a chanddo ugain yn y dosbarth blaenaf, a thri neu
bedwar o'r rheiny yn "ddigon anhawdd penderfynu rhyng-
ddynt ?"

Ni welaf i un math o reswm dros y peth, na rheswm ychwaith dros i feirniad mor ystyrbwyll a Berw ymostwng i farn beirniad mor *erratic* a Job. Cyhoedded y "cyd-feirniad" ei feirniadaeth rhag blaen. A chyfiawnhaed ei ddyfarniad drwy ddweud wrthym mewn geiriau deall a synnwyr beth yw ystyr "ingol ddor angladd haf" ! Carem ninnau fel Berw deimlo'n "ddedwydd".

Gwych o beth fyddai i eraill draethu eu llên o dan eu priodenwau. A beirniader yr englyn yn eofn, ac heb dderbyn-wyneb. Gwr diarbed yw Dyfed ei hun, ac ni ddylid ei arbed yntau pan droseddo. Wele ychydig ddyfyniadau o'i feirniadaeth ar yr englyn ym Mhwllheli, Ddygwyl y Banc "Mewn cystadleuaeth rhaid i ni sylwi ar bob cysgod o wall". Cymhwyser y rheol hon at yr "Hydref ddail". "Nid da yw 'llawn dyri', a gwaeth byth yw rhoi'r aderyn i ganu yng ' ngwallt perthi '." Pa faint gwell na "gwallt perthi" yw "dor angladd"? "Mae'r llinell olaf yn ddiystyr." Onid yw llinell olaf Dan y Derw yr un modd ? "Dylai englyn fod yn hollol glir, fel y gallo'r lluaws ei ddeall heb ymgynghori â geiriaduron." Os dylai englyn mewn eisteddfod leol fod yn hollol ddealladwy, oni ddylai englyn arobryn yr Eisteddfod Genedlaethol fod felly ?

Gwnaeth Dyfed orchest yn wir—lluniodd englyn na ellir ei ddeall hyd yn oed ER ymgynghori â geiriaduron. Gwyrdrôdd yr iaith ; tywyllodd synnwyr ; canodd i Ddail yr Hydref heb son am eu lliw, na'u cwymp ; ac ennillodd !

Yn syn ei drem,

Eifion Wyn

Cynhyrfodd hwn "Arogl y Grug", eto'n parhau i ymguddio dan gochl ffugenw, i ateb yn bur chwyrn, gan waradwyddo'r ymgais i geisio difrïo englyn Dyfed. Byrdwn ei ateb oedd lladd ar fy nhad fel dyn a bardd, a cheisio gweld beiau yn rhai o'i englynion yntau. Mynnai mai y priod-ddull "Hydref ddail" a ofynnid yn y Gymraeg, ond ni wnaeth unrhyw ymdrech i ddehongli "ingol ddor angladd haf". Llythyr cas, llawn bustl oedd hwn, a derbyniodd yr ateb coeglyd hwn yn ôl yn rhifyn 14 Medi :

Dyweder a fynner, gwnaeth Dyfed englyn salaf ei oes ar gyfer Caerfyrddin. Rhodiodd yn alarus trwy ysblander yr Hydref. Syllodd ar ei ddail godidog, ac ni chanfu eu cryndod nwyfus, na'u symud-liwiau ysblenydd, na'u cwymp ysgafn-dlws. Yr unig gwymp a welaf fi yn yr englyn yw cwymp awen y bardd . . .

85

Os gwir a ddywed y *Grug Arogl,* y mae'n rhy hwyr i mi ail-ddysgu'r "Gymry iaith", canys yn ol ei ddysg ef "Hydref ddail" a ofynnir gan y "Gymraeg briod-ddull", ac nid Dail yr Hydref, fel yr arferwn i feddwl. Ymrôf i ddysgu'r briod-ddull newydd cyn gynted ag y dychwelaf o'm "haf grwydr" yn y "mynydd rug". Yr wyf yn dechreu canfod ei thlysni gogleisiol yn barod. Onid yw'r "clo dwll" yn anrhaethol fwy persain na thwll y clo, ac onid mwynach i'r "gerddor glust" yw y "farch gynffon" na chynffon y march ?

Dyna enghraifft o'r hyn a eilw y *"Grug Arogl"* yn iaith ei fam. Un o ba gwmwd yng Nghymru, tybed, oedd yr hen wraig ? Na fydded ar ei mab talentog gywilydd ohoni, na chywilydd chwaith o'r bedydd enw a roddes ei fam arno.—Fyth yn bur . . .

Ym mis Medi, cymerwyd ei chwaer yn wael iawn, a chan fod ei mam yn fethedig, 'doedd dim i'w wneud ond i mam fynd i Bwllheli i edrych ar ei hôl. Felly 'roedd yn rhaid i ni fel teulu ymfudo dros dro o Borthmadog, a'm tad yn trafaelio yn ôl a blaen efo'r trên bob dydd. Ond ofer fu'r gofal, ac ar y 3ydd o Ragfyr bu farw. Nid oedd hyn yn annisgwyl, gan ei bod yn cwyno ers peth amser. 'Roedd wedi bod yn Lerpwl fis Mai yn gweld arbenigwr, ond newydd drwg a gawsai ganddo—ei bod yn rhy ddiweddar iddo allu gwneud dim i'w helpu. Adroddir profiad fy nhad ar y pryd yn ei delyneg "O Wynfyd Serch, O Ddolur Serch (Atgof am fy Chwaer)" :

> Ar fore hirfelys
> I'm hannwyl a mi,
> Cofiaf di'n dyfod
> O'th dref ger y lli :
> Dyfod ar adain
> I'th gyntaf oed
> Â rhywun na welaist
> Mo'i wyneb erioed.
>
> Hoffit ei lygaid,
> A rhosliw ei rudd,
> A charu y buoch
> Eich dau drwy y dydd :
> Am dano y sonnit
> O hyd ac o hyd,
> Fel pe na bai nai
> Gan neb arall o'r byd.
>
> A phob tro y gelwit, a thi yn iach,
> Ni flinit gusanu'i ddwy wefus fach.

86

Ar fore o Fai,
Ond bore heb wawr,
Cofiaf di'n dyfod
O'r ddinas fawr :
A chennyt yr ydoedd
Cyfrinach fud,
Wnâi dy galon yn drom,
Er d'ysgafnder i gyd.

Gerllaw'r oedd fy mychan,
Fy nelw a'm llun,
Oedd iti mor annwyl
A'th enaid dy hun ;
Ceisiai dy gusan,
O fynwes ei fam ;
Ond ni roist un iddo,
A gwyddem paham.

Ni pheidit â'i garu, a'th galon yn ddwy,
Ond ei garu'n rhy fawr i'w gusanu byth mwy.

Rhoed hithau i orwedd gyda'i thad ym Mynwent Rydd
Chwilog, gan adael ei mam a'i brawd i alaru ar ei hôl. Fel hyn
yr ysgrifennodd wedyn, ar Sul Nadolig, at ei gyfaill Mr. Herbert
Hughes, Llanrwst :

Gŵyl drist yw hon i ni—gŵyl y galon drom.

Collasom fy annwyl chwaer yn ystod y mis, a pha fodd y
medrwn fod yn llawen ? Cafodd gystudd maith a blin. Bu
fy Men a minnau yn dyfal weini arni am dros dri mis.

Rhoi ein llaw yn ei llaw ar yr awr ddua'—
A rhoi'r gwin ar ei min—fel y gwna Menna.

Ond gwywodd er maint ein serch ! a Duw a ŵyr faint ein
hiraeth. Gwyddom heddyw beth yw

Chwilio'r celloedd oedd eiddi
A chwilio heb ei chael hi.

A pha brofiad mor brudd ? Chwith yw meddwl ei bod yn yr
erw fud

Heb un wên i'n derbyn ni,
A llen drist meillion drosti.

10

Ar ôl marw ei chwaer ym Mhwllheli, daeth fy nain i fyw atom ni i 28 New Street. 'Roedd hi'n bur fusgrell, ac er na chyfyngwyd hi i'w gwely am flwyddyn neu well, yr oedd yn faich go drwm ar ysgwyddau fy mam ; ond ymgymerodd hi â'r gwaith ychwanegol yn barod a dirwgnach, a hynny heb esgeuluso dim o'i gofal dros fy nhad a minnau. Gwnâi yntau ei ran, wrth gwrs, gan ddal ar bob cyfle i'm cymryd i oddi ar ei dwylo. Cymerai bleser mawr yn fy nysgu i ddarllen ac i rifo, a diddorai fi trwy ganu rhai o'r hen ganeuon syml Cymraeg i mi. Cofiaf yn dda ma'r ffefryn mawr oedd "Lisi Fluelin" gan Geiriog, ac mae'r gytgan yn fy nghof hyd heddiw :

> Mae Lisi bach yn deirblwydd oed,
> Yn deirblwydd oed, yn deirblwydd oed,
> Sirioli mae'r tân wrth glywed y gân
> A dawnsio mae'r gadair a'r stôl dri throed
> Oblegid fod Lisi yn deirblwydd oed . . .

Tua'r adeg yma hefyd, ysgrifennodd gerdd fach seml i mi i'w dysgu, ynghylch ci defaid o'r enw Mot. Flynyddoedd yn ddiweddarach pan fu pwyllgor Eisteddfod y Plant, Porthmadog, ar ei ofyn am ddarn adrodd, daeth y dernyn bach hwn yn ôl i'w gof. 'Roedd yn rhy syml yn ei ffurf wreiddiol, ac er mwyn gwella arno fel darn adrodd, a rhoi cyfle i'r adroddwr ddangos ei fedr, ychwanegodd ychydig eiriau disgrifiadol at bob cwpled. Bu'r adroddiad yn boblogaidd iawn am gyfnod, ac os nad wyf yn methu, fe'i dewiswyd un tro i'r Eisteddfod Genedlaethol. Dyma'r darn wedi ei ddiwygio :

Mot

> A welsoch chwi Mot, ci bach f'ewyrth Huw ?
> Hyd ffriddoedd y mynydd mae Mot yn byw.
> Ust ! (Wow-wow !)
> Dyna fo'n cyfarth.

> Ci bugail yw Mot, un brith fel ei dad,
> A'r gorau, medd f'ewyrth, o gŵn y wlad.
> (Gorfadd, Mot, gorfadd !)
> Dyna f'ewyrth Huw.

Os gwelsoch chwi Mot, ni welsoch mo'i gynt—
Wrth weu rhwng y rhedyn, mae fel y gwynt.
(Sa' draw, ci bach, Sa' draw !)
Dyna ich'i lais iawn.

Un tirion yw Mot ar fryn ac ar bant,
Un mwyn wrth y defaid, ac wrth y plant.
(Hwi, Mot ! dal hi was !)
Dyna'r hen ddafad ddu, 'rwy'n siwr.

Chwibanwch ar Mot, a buan y clyw ;
A chwarae, 'does debyg i Mot f'ewyrth Huw.
(Tyr'd yma, Mot bach,
Hwda lymaid o laeth).

Cefais blentyndod hapus dros ben. Os na chefais gymaint o
gelfi a theganau drud â rhai o'm cyfoedion, cefais bopeth o
fewn rheswm, ac o fewn cyrraedd pwrs fy rhieni, ac ni fu rhai o
frodyr a chwiorydd fy mam yn ôl o helpu gydag anrhegion
ychwaith. Ond, yn bwysicach na hyn oll, cefais yr hyfrydwch
o'm codi mewn awyrgylch wironeddol ddedwydd a chariadus ;
yn wir, ni chofiaf i mi erioed glywed gair croes cyd-rhwng fy
mam a'm tad. 'Roedd fy mam yn un o wyth o blant, a chan
fy mod i'n unig blentyn, 'roedd yn benderfynol na chawn fy
nifetha. Byddai'n dilyn yr hen arferiad o gadw gwialen fedw
yn y cartref, ac ni fyddai'n ymarhous i'w defnyddio pan fyddwn
i'n anufudd, neu ar brydiau'n mynd dros ben llestri. 'Roedd yn
wraig mor addfwyn ei thymer fel y mae'n hawdd credu y
byddai fy chwipio yn brifo mwy arni hi nag arnaf fi, ac yn
rhyfedd iawn, nid oedd disgyblaeth y wialen fedw yn lleihau
dim ar fy nghariad i tuag ati, nac ychwaith yn ennyn dim
atgasedd tuag at y wialen fedw ei hun. Credaf y gwireddir y
gosodiad hwn gan y stori bach yma. 'Roedd fy mam wedi
dweud un diwrnod, yn fwy fel gair o fygwth mae'n debyg na
dim arall, y byddai'n ceisio un newydd pan ddôi Wil Wialen
Fedw o gwmpas nesaf. Un dydd yn fuan wedi hyn, rhuthrais
i'r tŷ o'r stryd lle 'roeddwn yn chwarae, gan weiddi, "Mam,
mae Wil Wialen Fedw yn y stryd os ydach chi eisio un!"
Yn wir, credaf mai rhyw "barchedig ofn" ac nid atgasedd
oedd gennyf tuag at yr hen wialen fedw. Mae'n debyg mai
rhan o ddyletswydd mam oedd ei defnyddio, gan nad oes
gennyf unrhyw gof i mi ei derbyn hi gan fy nhad. Ond fe
ysgrifennodd englyn iddi un tro :

Disgybles yr Aelwyd

Dylanwadol iawn ydyw—yr ieuainc
A dry o ffordd distryw ;
Meistres rydd gosb am ystryw—
Yn nwylo mam un lem yw.

O chwilio trwy'r hen lythyrau a gadwodd yn y cyfnod hwn
ni chefais afael ar odid ddim diddorol iawn ynddynt—hyd y
gwelaf i, eu cadw a wnaeth nid yn gymaint am eu cynnwys, ond
am eu bod oddi wrth bobl enwog. Er enghraifft, 'roedd llythyr
gan Elfed ynglŷn ag emynau i'r *Caniedydd Newydd* ; llythyrau
gan John Morris Jones ar bwnc y *Llyfr Adrodd Newydd*; llythyr
gan Daniel Protheroe o'r Unol Daleithiau, wedi gosod un o'i
delynegion ar gân ; Isallt o Ffestiniog yn amgau copïau o rai
o'i gerddi ; a cherdyn post fel hyn oddi wrth Bedrog yn ystod
Medi 1912 :

> Diolch yn fawr i chwi am eich nodyn a'ch geiriau caredig.
> Bum ar ymweliad â Bro Eifion yn ddiweddar, ond ni ches
> gipdrem ar yr "Eifion" ei hun, waetha'r modd. Gresyn i
> Ferched y Sgrech dorri i fewn i'ch tiriogaeth. Nid am
> danynt hwy y gellir dweud "Tlws eu tw, liaws *tawel*" ! . . .

Yn Ebrill 1912 ymddangosodd ysgrif gan Gwylfa ar Eifion
Wyn mewn cylchgrawn o'r enw *Yr Ymwelydd Misol*, a ddisgrifir
fel "Cyhoeddiad Darluniadol Anenwadol at Wasanaeth
Eglwysi ac Aelwydydd Cymru". Hwyrach y byddai'n ddidd-
orol dyfynnu rhannau ohoni :

> Y mae Eifion Wyn yn un o'r ychydig o feirdd sydd yn ein
> gwlad na raid dweyd wrth y werin pwy ydynt. Sicr gennym
> nad oes yn ein gwlad er dyddiau Ceiriog yr un bardd wedi dod
> yn fwy adnabyddus nag efe, a hynny heb iddo ennill na chadair
> na choron yn yr Eisteddfod Genedlaethol erioed. Ni fu Eifion
> Wyn erioed yng ngorsedd y beirdd, nac erioed ar lwyfan yr
> Eisteddfod Genedlaethol ; a pha sawl bardd adnabyddus arall
> yng Nghymru y sydd y gellir dweyd cymaint a hyn am dano ?
> Cafodd ei ran, bid siwr, o benyd y bardd yng Nghymru,—ei
> feirniadu a'i gernodio gan rai llai nag ef ; nid nad aeth i'r
> storm o'i wirfodd rai troion, feallai, ond cafodd fod mwy o laid
> nag o elfennau gwir dymestl yn dod i'w lwybr ; ac anffawd
> ofidus yw fod beirniadaeth a dadl lenyddol yng Nghymru yn
> gorffen yn amlach yn y gwter nag ar lethr heulog . . .

[D]echreuodd bregethu ym mis Ebrill 1889 ; a cholled i Gymru yw ei fod wedi gadael ei phulpud . . . Difyr gennym ninnau, wrth fynd a dod i wahanol fannau i bregethu yn nhymor y Coleg, oedd gwrando ar hwn ac arall o wŷr mwyaf meddylgar yr eglwysi lle y pregethai efe yn adrodd darnau o bregethau'r bardd ieuanc ; a chofiwn hyd heddyw rai o'i destynau, ac amryw o'i feddyliau prydferth a newydd.

Ar ôl sôn am Awdl y Bugail a'i wrhydri yn Eisteddfod Genedlaethol Caernarfon, 1906, â ymlaen :

A oes rhywun arall o'n beirdd wedi ennill bedair gwaith yng nghystadleuaeth yr englyn yn yr Eisteddfodau Cenedlaethol ?— daeth y wobr i Eifion Wyn o'r Rhyl ac Aberpennar, Caernarfon a Llangollen, ac yn y cylch hwn y mae prydferthwch a pher- ffeithrwydd eithriadol yn nodweddu ei gyfansoddiad bob tro. Glŷn ei linellau yn y côf ar gyfrif eu darluniau dihafal, a dillynder y meddwl a'r iaith, heb son am geinder y gynghanedd. ac nid o'i fodd yr anturiai neb newid na gair na syniad wedi i'r bardd orffen â'r englyn. Yn wir, gellir dweyd fod gwerth yr "englyn cenedlaethol" wedi codi er pan ddechreuodd efe gystadlu ; ac mai efe sy'n gyfrifol am y mwyafrif o'r gemau llenyddol gaed i'n gwlad o'r gystadleuaeth hon. Dysgodd gynghaneddu yn ieuanc, a hynny wrth reddf . . . Anaml y ceir gwell cynghaneddwr hefyd . . .

Ac am ei awdl, "Y Bugail", torrodd dir newydd yn yr Eisteddfod gyda hi. Gwell oedd ganddo beryglu colli'r gadair na dilyn "y Bugail" i bobman, a'i weld ym mhopeth . . . Copiodd ef yn syml fel y gwelodd ef ar yr uchelfeydd a'r gorlan, ac y mae yn feistrolgar a glân a gorffenedig ; ac nid ar frys y collir hon o fysg awdlau goreu'r iaith. Mynn Eifion hefyd le ymysg emynwyr diweddar, a chenir ei waith yn addoldai ei wlad gyda swyn a mwynhad.

Ond hwyrach mai ei "Delynegion Maes a Môr" a'i dug fwyaf i sylw. Am unwaith o leiaf ar ol dyddiau Ceiriog, caed llyfr o ganeuon ag y siaradai gweithwyr Cymru mewn glofa a chwarel am dano ar yr awr giniaw, ac y methodd newyddiad- uron a chylchgronnau ei anwybyddu a'i fwrw heibio gyda'r lledrith-adolygiad arferol. Sonid am y llyfr ymhob cyfeiriad, a bu prynnu mawr arno.

Prin y ceir neb yng Nghymru sy'n arfer darllen tipyn o farddoniaeth ei wlad nad yw'r gyfrol fechan, dlos a rhad hon ganddo. Ynddi gwelwyd fod gennym fardd yn ein plith sydd yn gallu canu heb goegni iaith na mursendod ffug-ysgolheigaidd; canu syml o lawnder calon ac o asbri awen ; y canu hwnnw sydd yn ddifyrrwch pennaf bywyd y gŵr a gân ; popeth a welai ac a deimlai ac a feddyliai yn troi yn felodi yn ei fywyd, a hwnnw'n ymarllwys mewn telynegion mirain gwerth eu cael. Nid ar gyfer cystadleuaeth y canodd ei orau wedi'r oll. Nid i dynnu sylw ei wlad ac mewn trachwant am glôd ; ond canu mewn afiaeth aruchel i roi gollyngdod i'r gorau oedd ynddo, a mynegiant iddo'i hun yn y ffordd naturiolaf, lawnaf a chywiraf. Ym mha le y saif Eifion Wyn ymysg y beirdd heddyw, nid yw'n hawdd dweyd ; ond ymdrydd, ni a dybiwn, yn rhywle rhwng Elfed a Cheiriog. Y mae ei ganeuon yn fwy gorffenedig nag eiddo Ceiriog, ond nid yn llawn mor deimladwy i gyd, feallai, nac yn gwybod eu ffordd i'r galon mor syth a diymdroi . . . O'r ochr arall, nid yw'n llawn mor agos i'r anweledig, i'r cyfrinfyd ysbrydol ag Elfed feallai. Y mae digon o bellter rhwng gweithiau Elfed a Cheiriog, er fod y ddau yn gofalu'n odidog am gyfandiroedd go fawrion,—a rhyngddynt, yn rhywle yn y canol, yn gofalu am y galon a'r pen bob yn ail, ceir Eifion Wyn, ein prif delynegydd heddyw.

O gylch blwyddyn yn ddiweddarach, ym Mai 1913, ymddangosodd erthygl arno yn *Yr Eurgrawn Wesleaidd* gan y Parchedig E. Tegla Davies. Dyfynnaf yn fyr ohoni :

> Anodd penderfynu a yw Eifion Wyn yn perthyn i'r ysgol newydd o feirdd ai peidio. Medr ganu yn ei hiaith heb deimlo ei phroblemau, gwisga ddillad yr ysgol newydd ac aiff i rodio'r bryniau gyda Cheiriog. Y mae'n goethach na Cheiriog, ni ddisgynnodd cyn ised ag ef, ond ni esgynnodd cyn uched ag ef ar ei oreu chwaith. Nid yw mor goeth a W. J. Gruffydd, ond y mae'n fwy byw . . .

> Dyna ei nodwedd arbennig, medru ymhyfrydu mewn popeth fel y maent, ac nid synfyfyrio os yw y wlad yn brydferth heddyw y daw'r gaeaf, os yw y rhain yn ieuanc yr aiff yn hen, digon iddo ef yw mwynhau'r haf, a mwynhau y rhain heb feddwl am y dyfodol.

Wedi codi amryw o enghreifftiau i brofi ei osodiadau, ac wedi dyfynnu ymhellach i brofi nad oedd Eifion Wyn bob amser ar ei orau, a bod ei arddull a'i gystrawen ar brydiau heb fod cystal ag y dymunai, y mae'n tynnu'r erthygl i ben fel hyn :

> Ond pan y mae Eifion Wyn ar ei oreu nid oes delynegwr yng Nghymru heddyw tebyg iddo, ac efe yw'r agosaf i Geiriog a fagodd Cymru hyd yn hyn. Gall gydymdeimlo â ni, a dyna'r allwedd aur i galon dyn. Gwel Gymru fel y gwelir hi gan y werin, heb ddiwylliant ond diwylliant Natur a'r Beibl. Nid yw

crefydd a byd arall yn broblem iddo, dim ond ffaith. Y mae ei ddisgrifiadau'n fyw, nid yng ngrym y geiriau a ddefnyddia ond yng ngrym y teimlad a arddengys, ac y mae Cymru yn gysegredig iddo am yr un rheswm ag y mae'n gysegredig i'r werin, ac mai ynddi hi y cysga ei dadau, ac am y disgwylia Arthur eto'n ol.

Credaf mai teg oedd cynnwys yma y ddau adolygiad o'i waith a'i safle ymysg beirdd Cymru a ysgrifennwyd yn ystod ei fywyd, y naill gan fardd a'r llall gan lenor, a'r ddau yn cydoesi ag ef.

Yn Eisteddfod Genedlaethol Wrecsam, 1912, gosodwyd cystadleuaeth anarferol, sef am englyn Saesneg i'r "Gambler". Teimlai fy nhad fod hon yn sialens newydd, ac anfonodd y ddau gynnig a ganlyn i mewn :

> Gloating o'er heaps that glitter,—at his board
>   He sits, bent on pleasure,
>   He yields to sport's wildest spur,
>   Woos luck, and covets lucre.

> Hot his brow, bated his breath,—in fools' haunts
>   'Mid foul sin, he lurketh ;
>   His soul for luck he selleth,
>   And ruined, dies a drawn death.

Yr olaf a ddyfarnwyd yn orau yn y gystadleuaeth, a theimlai fesur o fodlonrwydd iddo lwyddo i ddod ar y blaen yn Saesneg, a phrofi y gallai lunio englyn da yn yr iaith honno yn ogystal ag yn ei iaith ei hun.

93

'Roedd wedi cael ei ofyn i feirniadu yn yr Eisteddfod Genedlaethol rai troeon, ac ym Mangor yn 1915 fe'i dewiswyd am y tro cyntaf yn un o feirniaid pryddest y Goron. Ei gyd-feirniaid oedd Gwili ac Alafon, ac er bod y tri yn cytuno mai "Alwyn Arab", sef yr Athro T. H. Parry-Williams, oedd y bardd gorau, nid oedd ef yn barod i gytuno â'i gyd-feirniaid fod ei bryddest yn deilwng o goron yr Eisteddfod.

Dengys ei feirniadaeth ar y bryddest honno i "Y Ddinas" yn glir iawn ar ba sail y gwrthodai ei chyfrif yn deilwng o'r wobr :

> Cais "Alwyn Arab" ogoneddu hunan-leiddiad. Beth arall yw perwyl ymson fel hwn ?

> "Nefoedd a mor !
> Yno, ond odid, y cai weld ei frawd
> O weithiwr, a aeth gynnau gyda'r llif
> Trwy'r môr i'r nefoedd, yn anfarwol frwysg !"

Ac eto :-

> "Na,
> Nid ffol a phechadurus oedd i hwn
> Anturio, wedi meddwl, dros y bont
> I'r llif, a'r môr, a'r nefoedd."

> Canlyniad "meddwl drosto'i hun" ydoedd—cymhelliad "dwyfol chwant" am "ryddid enaid" !

> Caniad wedi ei orliwio yw'r ail, dan y penawd Celf. Cynwysa aml linell a syniad a bair dramgwydd i chwaeth lednais. O'r braidd y mae bywyd gwr y pwyntil yn werth ei fyw. Cafodd weledigaeth o berffeithrwydd nes anobeithio ohono allu byth ei sylweddoli. A rhyw fore :-

> " 'Roedd delw
> Farmor yn yfflon ar yr aelwyd oer,
> Ac allor heb offeiriad yno mwy."

> Yr un yw'r ddysg o hyd—caethiwed yw byw ; marw yw'r unig rwymedi.

Caniad gwrthunach fyth yw'r nesaf dan y penawd Pleser.
Hynt "hudolus y cwterydd" ddisgrifir yn hwn :-

> "Sugnai hi
> I graidd ei henaid feddwdod y nos
> Bleserus—drachtiai rin y gwynfyd oedd
> Ym mhorthi nwyd annirnad—
>   Beth oedd ofn y cnawd
> I ysbryd ar ei adain ? Beth oedd poen
> I galon feddw, a thrybini byd
> I gof a borthwyd ar y lotus-chwant ?"

Ymhellach :-

> "Gwelwyd hi
> Yn gwrando miwsig maswedd—ac heb wrid
> Yn ymhyfrydu mewn anlladrwydd ffraeth
> Cerddi penchwiban, a hyodledd bâs
> Ffwlbri'r digrifddyn, ac heb deimlo pang
> Cywilydd morwyn."

Y mae'r bardd fel pe'n ymhyfrydu mewn pethau mall—"y parddu ar wynebau ac ar foes." Ac unwaith dwyn enw'r Dihalog i gysswllt annheilwng a dibarch :-

> "Ni welodd hi y boreu hwnnw wên
> Atgofus yr hudoles wrth y drws,
> Yn dychwel i'w chynefin rhag y dydd ;
> Na newyn rheibus ar wynebpryd hyll
> Etifedd anfarwoldeb, fu trwy'r nos
> Fel ei Greawdwr heb un lle i roi
> Ei ben i orffwys."

Ond dyna ddigon i ddangos ansawdd anfelys y canu. Cyfynga'r bardd ei hun i arweddau tristaf ac aflanaf bywyd. Ni thrig dim da yn ei Ddinas. Anobaith sydd yn ei phyrth ac anfoes yn ei phalasau. Chwiliais hi'n fanwl, a theml ni welais ynddi, na ffydd, na chariad, na hawddgarwch. Onid oes ysbrydoliaeth mewn daioni, a deunydd barddoniaeth mewn pethau pur ? Awgryma'r gerdd hon nad oes. Cynwysa, ym mhob caniad, olud o iaith a meddwl ; ond iaith ydyw wedi ei throi'n drythyllwch, a meddwl wedi ei ddarostwng i oferedd. Hi yw'r alluocaf a'r hyotlaf yn ddiameu ; ond ni wna ei darllen les i ben na chalon neb. Nid yw ei chynnwys yn llednais na'i dysg yn ddiogel, na'i thôn yn ddyrchafedig, ac am hynny ni fedraf fi ei dyfarnu'n deilwng o urddas Coron Eisteddfod Genedlaethol Cymru.

Fel y gellid tybio, achosodd y feirniadaeth yma gryn gyffro, a bu cryn gondemnio arno yn y wasg. Ni fu neb yn fwy beirniadol nag "Un o Aberystwyth" yn ei lythyr i'r *Herald Cymraeg*. Ond i'r adwy i amddiffyn Eifion Wyn daeth colofnydd *Yr Herald* a ysgrifennai "Llith y Llew" bob wythnos, ac fel llew, llarpiodd "Un o Aberystwyth". Dyfynnaf beth o'i ysgrif :

Dywedodd "Un o Aberystwyth" mai y Ddinas yw'r "bryddest odidocaf yn yr iaith Gymraeg", ac y mae iddo groeso, o'm rhan i, i synio felly ; ond fe ddywedodd rai pethau sy'n galw am wrthdystiad pendant. Yr oedd ei gyfeiriad at Eifion Wyn yn ddigon i brofi i bob dyn call na fedd "Un o Aberystwyth" unrhyw gymhwyster i feirniadu barddoniaeth. Oherwydd i Eifion Wyn gondemnio "Dinas" Dr. Parry Williams, myn yr ysgrifennydd y cyfeirir ato "mai anffodus rywfodd oedd fod Eifion Wyn yn beirniadu'r ' Ddinas ' ; ac yna dywed mai'r delyneg a'r englyn yw maes priodol y Prifardd o Borthmadog, ac mai gwell ei gadw i feirniadu'r mathau hynny ar ganu na'i benodi yn feirniad ar bryddestau ! A ŵyr "Un o Aberystwyth" rywbeth am holl waith Eifion Wyn? Mi wn i ; ac mi wn hefyd am waith beirdd y colegau, ac yr wyf ar bwys y wybodaeth honno yn dywedyd yn eglur na chynhyrchodd y colegau eto agos cystal bardd ag Eifion Wyn. I fod yn fwy deffiniol fyth, dywedaf fel hyn : mae Eifion Wyn yn rhagori ar holl feirdd y colegau fel englynwr, fel telynegwr, fel awdlwr, ac fel pryddestwr. Nid wyf yn anghofio awdl "Yr Haf" nac awdl "Y Mynydd" na'r un o bryddestau W. J. Gruffydd a Dr. Parry Williams. Nid yn unig hynny, ond Eifion Wyn oedd y cymhwysaf i feirniadu pryddestau Bangor ; y feirniadaeth yn dyst. Ni ysgrifennwyd gwell beirniadaeth ar bryddest nag eiddo Eifion Wyn ar bryddest "Alwyn Arab." . . .

Un o'r pethau rhyfeddaf ym meirniadaeth Gwili yw'r sylw hwnnw : "Teimlwn, fel tri beirniad, fod *realism* y bardd yn troi'n beth aflednais i deimlad Cymro ; ond rhaid i'r Cymro, yn ol pob tebyg, ddysgu dygymod bellach â'r wedd hon ar fywyd, nes dyfod tro ar fyd, ac ymchwelyd at fyd dymunolach." Nid wyf yn hoffi gwatwareg Alwyn Arab, yn enwedig pan ymyla ar watwar y pethau sancteiddiaf.

Dyma frawddeg neu ddwy eto o feirniadaeth Alafon:

"Amlwg yw mai rhoddi darlun o fywyd isaf pleser fel y mae a fynnai'r bardd. Nid ydym yn ei gondemniol feio am hyn, er mor anhyfryd y darllen a'r edrych mewn mannau. Y mae rhai o feirdd penna'r byd wedi dewis canu'n debyg ; ond llawer

96

gwell gennym a fuasai iddo fod wedi dewis gosod golygfeydd dymunolach o'n blaen. [Ni] fedraf hoffi *plaendra* rhai o'i ddisgrifiadau."

Yr unig beth a chwanegaf yw hyn : nid Eifion Wyn oedd yr unig un a welodd aflendid y Ddinas Ddu, ond efo oedd yr unig un a feddai ar ddigon o wroldeb i sefyll dros ei argyhoeddiad, ac ni phaid Cymru a diolch iddo am ei wrthdystiad.

Ymddangosodd hefyd nodyn gan Gwylfa yn ei golofn ' Pob Ochr i'r Heol ', yn *Y Tyst*, 1 Medi :

Fel y gwyddys, yr oedd gwahaniaeth barn ymysg beirniaid y Goron yn Eisteddfod Bangor eleni, ac Eifion Wyn yn dadleu nad oedd y bryddest a fernid yn oreu yn deilwng o'r anrhydedd. Hyd yr wyf yn cofio, dyma'r tro cyntaf i Eifion fod yn un o feirniaid yr Eisteddfod Genedlaethol ar y prif destynau, er ei fod o ran gallu a safle ac hawl a phopeth mor gymwys i hynny ag unrhyw fardd neu athro a fedd y genedl. Gwyddai pawb hefyd ei fod yn drwyadl onest a chydwybodol, ac yn ŵr y gellid llwyr ymddiried ynddo. Nid heb reswm cryf yr ymwrthodai Eifion a gwobrwyo . . . Yr oedd y neb a'i hadwaenai yn sicr mai nid mympwy na rhodres hefyd, ac nid anffaeledigrwydd mursenaidd ac nid ffiloreg grach ysgolheigaidd oedd y tu ol i wrthwynebiad Eifion ynglŷn â'r coroni . . . Y mae'n fardd digon da i *weld* teilyngdod lle y byddo, ac yn gallu gwerthfawrogi rhagoriaeth mewn eraill. Ychydig iawn sydd ynglŷn â'r Eisteddfod Genedlaethol ag y gall cystadleuydd anturio gyda'r un tawelwch i ddodi ei gyfansoddiad yn ei law, gan feddu sicrwydd y caiff chware teg . . . O'r diwedd, daeth beirniadaeth Eifion Wyn allan yn y *Genedl*, ac y mae mor unplyg a dihoced ag y disgwyliais ei chael. Sicr gennyf hefyd fod y bardd a goronwyd yn gweld fod llymder fel hyn yn amheuthun, ac yn rhywbeth gwerth talu sylw iddo.

Ond beth a fu yn y llythyru cyd-rhwng y beirniaid cyn yr Eisteddfod ? Dyma fel y synia Gwili am y bryddest yn ei lythyr i'm tad :

Am Alwyn Arab nid oes Gymro na bardd tebyg iddo yn y gystadleuaeth. Y mae darnau o'i bryddest, ar dir iaith ac awen, yn odidog. Blin gennyf am ei destun, neu ei driniaeth o'i destun, ond ni fynnwn i droi'n feirniad ar gred neu foes. Credaf na ogoneddir cnawd yn y gerdd. Y peth gwaethaf sydd gennyf yn ei herbyn yw'r "irony", a'r diffyg parch i Dduw a'r Iesu. Yn fy myw, ni allaf ond ei dyfarnu'n deilwng, ond gwnewch chwi ac Alafon y peth a fynnoch.

97

Dengys y dyfyniad hwn fod Gwili yn sicr a chadarn ei farn. Ond nid mor sicr Alafon yn ei lythyrau ef. Dyfynnaf rannau ohonynt :

Diau mai cerdd Alwyn Arab yw'r alluocaf a'r gyfoethocaf ohonynt. Ond fel yr awgrymwch chwi, rhyfedd oedd i fardd Cymreig yn cynnig am y Goron Genedlaethol ddewis canu golygfeydd mor anymunol. Ac anffodus iddo (hyd yr wyf fi'n teimlo) oedd canu'r oll mewn "blank verse".

Weithiau yn ameu teilyngdod y rhai goreu meddwch chwi yn eich llythyr ; felly finnau, yn wir. Cawn weld sut y bydd Gwili yn meddwl ac yn teimlo.

Ac mewn llythyr diweddarach :

Mae Alwyn Arab dipyn ar ei phen ei hun. Nid wyf yn ei *hoffi* hi, o gryn lawer ; ond yr wyf yn gorfod teimlo ei grym a'i rhagoriaeth,—mewn iaith, mewn meddwl, ac mewn hyawdl farddoniaeth. Gresyn, meddaf i, oedd i'r gŵr ddewis delweddu pethau isaf, a thywyllaf, ac annymunolaf y Ddinas, a dim ond hynny. Ond gan mai dyna a ddewisodd (fel aml i fardd nerthol o'i flaen) ni all ei feirniad, mae'n debyg, wneud mwy na datgan anghymeradwyaeth o'i ddewisiad, wrth orfod tystio ei fod wedi canu yn bur orchestol yn ei ffordd. Ond gyda golwg ar ei ddyfarnu ef, neu un o'r lleill yn gwbl deilwng o un o ddau brif anrhydedd prif Eisteddfod Cymru, nid wyf yn teimlo'n gwbl glir a phendant eto.

Carwn yn fawr gael eich gweled, am ymgom a thrafod. Os na chaf air eich bod yn dod yma yr wythnos nesaf, dyma a wnaf fi—ysgrifennu ac anfon fy nodiadau yn debyg i fel y maent, gan adael lle i ysgrifennu y *dyfarniad* terfynol eto.

Gwelir oddi wrth hyn mor betrusgar yr oedd Alafon, ac hwyrach bod y llythyr olaf ganddo, ar 30 Gorffennaf, yn pwysleisio ei ansicrwydd :

Dyma'r Eisteddfod drallodus yn ymyl, a chwithau heb fod yma yn edrych am danaf. Disgwyliais lawer. Ond rwy'n gallu maddeu, am mai un di-gychwyn wyf finnau. Yr wyf yn disgwyl cael eich gweld ym Mangor. Byddaf yn siomedig iawn oni chaf. Y mae fy nghyflwr yn peri mai llawer gwell fyddai gennyf gael aros adref—ac yn gwneud yn sicr na byddaf yn "ŵr cyhoeddus" yno.

Mae'n debyg eich bod chwithau wedi anfon eich beirniadaethau i mewn yn ol y gorchymyn. Nid oes gennyf amcan beth oedd eich dyfarniad terfynol gyda golwg ar gystadleuaeth y Goron. Dyma lythyr oddiwrth Gwili heddyw, yn dangos ei fod ef yn parhau yn sicr yn ei feddwl mai gwaith Alwyn Arab yw'r teilyngaf, a'i fod yn haeddu cael ei ddyfarnu yn deilwng o'r wobr. Yr wyf finnau yn parhau o'r un farn ag ef gyda golwg ar y tcilyngdod cymharol, er yn bell iawn o allu canmol y chwaeth yn y pethau gor-realistic. Yr oeddwn wedi gadael fy meirniadaeth heb ei chwbl gau, am na theimlwn yn sicr ar y pryd a allwn fod yn fodlon i edrych ar goroni awdur y bryddest.

Wrth ôl feddwl ac ystyried, yr wyf yn teimlo nad allaf wrthwynebu coroni'r awdur.

Dyna'n union lle 'rwyf fi'n sefyll. Ac nid gofid bach i mi yw peidio cael fy hun yn yr un cwch ag Eifion Wyn.

Fel y mae'n amlwg, 'roedd Alafon druan wedi ei adael mewn cyfyng-gyngor. 'Roedd ei ddau gyd-feirniad yn bendant eu barn—Gwili, ar y naill law, yn fodlon coroni "Alwyn Arab" ar sail gwychder ei iaith a'i awen, er nad oedd yn hoffi ei driniaeth o'i destun ; Eifion Wyn, ar y llaw arall, yn mynnu nad oedd y bardd, er cystal ei iaith a'i allu, yn deilwng o goron y brif Eisteddfod, oherwydd ei fod yn ymdrin yn llwyr ag "arweddau tristaf ac aflanaf bywyd." Rhaid oedd i Alafon ochri gyda'r naill neu'r llall, ac fel y gwelir oddi wrth ei lythyr, 'roedd hyn wedi achosi cryn boen meddwl iddo, a dim ond ar y funud olaf y penderfynodd gytuno, braidd yn anfodlon, â Gwili.

Bu cryn wahaniaeth barn ymysg y beirdd hefyd ynglŷn â beirniadaeth Eifion Wyn ; amryw o'r rhai hŷn yn cymeradwyo ei safiad dros lendid barddoniaeth Gymraeg ; ond y mwyafrif o'r to ieuanc yn condemnio ei ddyfarniad a'i gyhuddo o gulni piwritanaidd. Ond er gwaethaf pob anghymeradwyaeth a amlygwyd ar y pryd a chwedyn, gallaf sicrhau na fu iddo edifaru o gwbl am ei ddyfarniad. I brofi hyn, dyfynnaf o lythyr a anfonodd at ei gyfaill Mr. Evan Evans, cyn-Brifathro Ysgol Porthmadog, hynny ym Medi 1924 ar ôl coroni Prosser Rhys ym Mhontypŵl am ei bryddest "Atgof", pryddest a enynnodd lawer o anghymeradwyaeth ar sail ei hymdriniaeth ag anfoesoldeb, a'i diffyg chwaeth :

Y nefoedd a'r Awen a faddeuo i feirniaid Pontypwl ! Un o gerddi'r dom yw'r bryddest, ac ni ddylsid ei choroni ar un cyfrif. A'm cred i yw na buasid wedi ei choroni onibai bod y Tywysog yn yr Wyl !

Saif Gwili heddyw lle y safwn i yn 1915, ac yntau yn fy erbyn! Ond y mae ei brotest ddeng mlynedd yn rhy ddiweddar. Ofer cau drws yr ystabl ar ol gollwng y march nwydus yn rhydd. Erys y gair—"penderfynasom geryddu'r bardd a'i goroni" yn dystiolaeth oesol yn erbyn y tri beirniad.

I fod yn hollol deg, rhaid dweud bod amryw o lenorion amlwg yn credu iddo wneud camgymeriad mawr ym Mangor. Felly R. Williams Parry mewn arolwg ar ei waith adeg ei farw, yn *Y Genedl Gymreig*, 25 Hydref 1926, wrth ymdrin â chyfraniad Syr Owen M. Edwards ac Eifion Wyn i lenyddiaeth Cymru :

O holl feirdd Cymru yn yr ugeinfed ganrif y mae'n ddiameu mai Eifion Wyn a ganai fwyaf wrth fodd Syr Owen . . . Gellir ehangu'r gymhariaeth : ychydig a fu dyled y naill na'r llall i Brifysgol Cymru. Meddent yr un rhagfarnau hefyd fel y gellir casglu oddiwrth y feirniadaeth anffodus ar bryddest "Y Ddinas" yn 1915, ac oddiwrth y lleiaf boddhaol o lyfrau Syr Owen, "Tro yn Llydaw". Golygai Cymru'r unpeth i'r ddau,—

Cartre' salm ac emyn

Dau Biwritan,—mewn crefydd, mewn moes, mewn llên : dau Biwritan y buasai llenyddiaeth gwerin Cymru'n annrhaethadwy dlotach heb eu hymgysegriad iddi.

Ac fel hyn y barnodd J. T. Jones, Porthmadog yn ei gylch mewn erthygl yn y *Faner*, 13eg Ebrill 1967 :

Ym meysydd beirniadaeth ni ragorodd Eifion Wyn, er iddo feirniadu cryn lawer mewn eisteddfodau. Yr oedd yn feirniad go lym fel rheol—ond chware teg iddo, fe draethai'r caswir—nid am ei fod yn gas ond am ei fod yn wir. Ar un achlysur o leiaf, gan adael i'w ragfarn Biwritanaidd ei ddallu, bu'n euog o gulni rhyfedd. Yn Eisteddfod Bangor 1915, wrth drafod pryddest a ddyfernid yn fuddugol gan ei gyd-feirniaid, sef "Y Ddinas" (o waith T. H. Parry-Williams), mynnodd Eifion Wyn ei chondemnio'n chwerw gan ddywedyd :

"Ni thrig dim da yn ei Ddinas. Anobaith sydd yn ei phyrth ac anfoes yn ei phalasau. Chwiliais hi'n fanwl, a theml ni welais ynddi, na ffydd, na chariad, na hawddgarwch . . . Nid yw ei chynnwys yn llednais, na'i dysg yn ddiogel, na'i thôn yn ddyrchafedig ; ac am hynny ni fedraf fi ei dyfarnu yn deilwng o urddas Coron Eisteddfod Genedlaethol Cymru."

Darn cryf o ryddiaith Gymraeg, ond beirniadaeth unllyg-
eidiog. Gall bardd gwych fod yn feirniad gwachul. Ond rhaid
oedd i ragfarn Biwritanaidd Eifion Wyn gael mynegiant yn
rhywle,—ac ymddengys mai yn ei feirniadaeth lenyddol yn
bennaf y daeth i'r golwg. Sut bynnag am hynny, a barnu oddi
wrth y darn a ddyfynnwyd, gallasai'r sawl a'i hysgrifennodd, pe
mynasai, fod wedi gwneuthur lle iddo'i hun yn hawdd ymhlith
meistri rhyddiaith Gymraeg y cyfnod.

12

Ym mis Chwefror 1916 bu farw ei fam, ar ôl hir waeledd, wedi ei chaethiwo i'w gwely am fisoedd lawer, a heb allu symud o'i hystafell wely am agos i bedair blynedd. Fe'i rhoed i orffwys gyda'i dad a'i chwaer ym Mynwent Rydd Chwilog. Gwnaeth Gwylfa gyfeiriad fel hyn yn *Y Tyst* wedi'r amgylch- iad :

> Mewn penillion a welwn ger ein bron, y mae Eifion Wyn... yn cyfeirio at ei 'hen, hen fam' yn cau ei llygaid ac yn mynd trwodd heb ofni dim... Nis gwyddwn fod mam fy nghyfaill... wedi huno, er i mi dderbyn gair oddiwrtho tua'r Nadolig yn dweyd ei bod 'yn araf, araf wywo'. Bu... yn eithriadol ffydd- lon i'w fam. A oes yn yr holl fyd nodwedd ragorach na hon, a rhinwedd mwy ysblenydd? Pa mor alluog bynnag, mor enwog bynnag y bo dyn, ni raid i'w anwyldeb tuagat yr hon a'i hymddug fod yn guddiedig na phrin... Bu Eifion... yn garedig hyd y diwedd tuagat ei fam. Ar ei aelwyd ef y cafodd gysgod, megis ag y cadd yntau unwaith ar ei haelwyd hi.

Dyma'r penillion y cyfeiria Gwylfa atynt :

Gyda Christ

("Yn iach heb boen na braw")

Caeaist dy lygaid, fy hen, hen fam,
   Ac aethost trwodd heb ofni dim ;
Hunaist mor esmwyth, mor dlws, mor ber,
   Nes gwneuthur marw'n fwy annwyl im.

Nychlyd yr oedaist ar lan y dŵr
   Nes cynefino â swn y lli ;
Clywaist am YMCHWYDD yr afon ddofn,
   Ond DYFROEDD TAWEL a fu i ti.

Unig nid oeddit wrth rodio'r glyn,
   Pa fodd y byddit a'th Dduw gerllaw ?
Wedi it' ganlyn dy Fugail c'yd,
   Da yr adwaenit Ei lais a'i law.

Est i'th orffwysfa ar fore Sul,
　Y dydd a gerit oreu o'r saith ;
Ninnau'n dy ollwng o gariad pur,—
　Gwell oedd cael myned o'th ludded maith.

(Hawdd yw cymodi a marw'r hen,
　Fel aeddfed ffrwyth y cynhullir hwy ;
Ond wedi'r elont, mor wag, mor wag,
　Yw'r lle nad edwyn mohonynt mwy.)

UN o hen deulu yr aelwyd gynt
　A'th welai'n cychwyn, ac wylai'n lli ;
Wylai, er gwybod fod am y llen
　BEDWAR diwylo'n dy ddisgwyl di.

Pwy welaist gyntaf ?　Ai'r ddau fach hoff
　A gollaist gynt yn eu cynnar wawr ?
Ai'r ddau anwylach—fy nhad, a'm chwaer,
　A fu fel tithau'n y cystudd mawr ?

Mi'th welais drannoeth, fy hen, hen Fam,
　Ac ieuanc ydoedd dy wyneb hen ;
Ni wn beth welaist, a hi'n dyddhau,
　Ond byth nid anghofiaf dy olaf wên.

Atgof digon bratiog sydd gennyf am y cyfnod yma, er mai angladd fy nain oedd y cyntaf i mi ei gofio. 'Roedd fy nain a minnau wedi bod yn ffrindiau mawr yn more fy oes, ond yn y cyfnod ar ôl ei tharo'n wael, bu llai o gyfathrach cydrhyngom. Yn wir, ychydig iawn, iawn a welais i arni ym misoedd olaf ei hoes, ac o'r herwydd, gan ei bod wedi graddol gilio allan o'm bywyd, nid achosodd ei marw gymaint o deimlad o golled ar ei hôl, er cymaint fy meddwl ohoni.　Mae gennyf gof plentyn am ryw deimlad o ollyngdod pan laciwyd yr hualau distaw-rwydd a fuasai am fisoedd lawer yn ffrwyno fy afiaith naturiol. Mae'n sicr fod ei hymadawiad wedi bod yn rhyddhad iddi hi o gystudd blin, ond 'roeddwn i'n rhy ieuanc i sylweddoli y golygai hyn ofid a hiraeth i'm tad.

Daeth cyfle i gystadlu unwaith eto ar yr englyn yn Eisteddfod Genedlaethol Aberystwyth yn 1916, a'r testun a osodwyd oedd "Y Gerddinen".　Anfonodd bedwar o englynion i'r gystad-leuaeth ac enillodd y gamp am y pumed tro gyda'r cynnig hwn :

Onnen deg, a'i grawn yn do,—yr adar
A oedant lle byddo :
Wedi i haul Awst ei hulio,
Gwaedgoch ei brig—degwch bro.

Gallasech feddwl nad achosai hwn dramgwydd i unrhyw gritig—ond na, daeth llythyr i'r wasg oddi wrth "Glynor" yn egluro nad yr un peth mo Onnen â Cherddinen. Daeth llythyrau pellach oddi wrtho, erbyn hynny gyda chymorth Richard Morgan (awdur *Tro Trwy'r Wig*) a rhyw ysgolfeistr i gadarnhau ei ddatganiad. Ysgogodd y rhain ddigon ar fy nhad i anfon atebiad pur goeglyd i'r papur dan y pennawd :

Gloes Enaid uwch Glas-onnen

Clywais, ar sail dda, fod llythyrau Glynor yn gynnyrch amryw ddoniau. Tybiais, wrth ddarllen ei draethiad cyntaf, y gwyddai Glynor bopeth a'r oedd i'w wybod am brennau'r byd—o'r cedrwydd a dyf yn Libanus hyd yr isop a dyf allan o'r pared . . . Gwelaf yn awr mai wrthi'n dysgu y mae, ac nid yw ei holl ddiwylliant ond diwylliant ail-law.

Dyry i ni grynhodeb, yn eich rhifyn diwethaf, o'i ddysg fenthyg—diweddar ffrwyth ei gwrs o hyfforddiant "by post". Aeth rhyw ias o fraw drosof pan welais y triwyr disglair yn ymdaith yn eu rhwysg i'm herbyn—Glynor ar y blaen, a Richard Morgan a'r boneddwr arall yn gludwyr arfau iddo ! Pwy, meddwn, a ddichon sefyll ? Ond wedi ymbwyllo, a darllen ymlaen, daeth rhyw don o chwerthin aflywodraethus dros fy ysbryd. Ni'm magwyd gan lwch yr Encyclopaedias, ac ni'm dallwyd gan ddisgleirdeb y mawr amryw ddatguddiadau!

Fe dyb Glynor, yn ei ddiniweidrwydd, nad wn i mo'r gwahaniaeth rhwng onnen a cherddinen ; ac aiff i fawr drafferth i ddisgrifio nodweddau'r ddau bren er mwyn goleuo fy nygn anwybodaeth. Credaf mai'r un enw sydd gan Sais a Chymro ar yr uchder meddwl hwn—yr un enw, ond eu bod yn ei sillafu'n wahanol—"impiwdens" . . .

Ni fynnwn fychanu dim ar Richard Morgan fel awdurdod "ar y wig" a'i pherthynasau ; ond ni ddeallais i eto ei fod yn awdurdod ym myd barddoniaeth. A chydnebydd ef ei hun hynny pan ddwed na wyr "pa mor bell yr a braint a thrwydded bardd". Dyna ddigon i ddirymu ei holl awdurdod ar unwaith.

Ond gwrandewch ar ei eiriau : "Galwyd y Griafolen yn "Ash" gan y Saeson am fod ei dail yn debyg i eiddo'r olaf— dyna i gyd." Dymunwn ofyn, gyda phob gostyngeiddrwydd— paham y gwaherddir i Gymro wneud yr hyn a ganiateir i Sais ?

Defnyddiais innau enw "Onnen", nid i awgrymu fod unrhyw berthynas rhwng y ddau bren "botanically", eithr am fod y naill yn debyg i'r llall—dyna i gyd. A fu erioed bechod mor ddiniwed ? Gwna'r Sais hynny bob dydd, ond am i fardd o Gymro wneud hynny unwaith mewn oes, rhaid codi croch-waedd o Gaergybi i Gaerdydd !

Cyffelybiaethol yw iaith barddoniaeth ymhob oes. Engraifft o hynny yw enwau llafar gwlad. Oni chlybu Glynor a'i athrawon son am droed y golomen, tafod yr oen, clust yr arth, crafanc y fran, carn yr ebol, dant y llew, ffa'r gors, palf y gath, gwallt y forwyn, llygad yr ych, cynffon y llygoden, a'u bath ? Defnyddir yr holl enwau hyn, nid yn wyddonol, eithr yn gyffelybiaethol. Nid i awgrymu unrhyw berthynas deuluaidd, ond i awgrymu tebygrwydd—dyna i gyd !

Gwrandewch eto : "Ni ellir yn *briodol* alw'r Griafolen yn Onnen". Pwy, atolwg, a ddywedodd y gellid ? Fe wneir miloedd o bethau'n *farddonol* nad yw'n briodol eu gwneud yn ystyr fanylaf y gair. Tybed na wyr Richard Morgan gymaint a hynny am ansawdd barddoniaeth ?

Nid yw'n "briodol" galw'r Eira yn "galch", ond fe wna Dafydd ab Gwilym—yn nannedd Glynoriaid ei oes a'r oesau :

"Llen oergur uwch llwyn isgocd,
Llwyth o'r calch yn llethu'r coed."

Nid yw'n "briodol" galw gwallt merch yn "fanadl", ond fe wna Dafydd er nad oes berthynas yn y byd rhyngddynt "botanically" :

"Iarlles dan gnwd o eurllin,
Banadl aur o ben hyd lin."

Nid yw'n "briodol" galw'r wylan yn "lili" ond fe wna Bardd Llys Ifor, gan anwybyddu cynnwys yr holl encyclopaedias :

"Yngo'r aet, wrth yr angor
Lawlaw a mi, lili'r môr."

Hyderaf y maddeua'r deallus i mi am fanylu ar bethau mor elfennol. Nid deallus pawb.

Camsyniad sylfaenol Glynor yw tybied fod bardd a gwyddon-ydd yn defnyddio iaith yn yr un modd. Gellir, ysywaeth, ei alw'n "gamgymeriad gresynus" mewn un a faidd wisgo Urdd Gorsedd. Nid iaith gaeth y termau manwl mo iaith bardd, ond iaith rydd dychymyg a chyffelybiaeth . . . Fe ganiateir i fardd ryddid sydd uwchlaw deall y "pedant".

Cymrwch linell odidog Elfyn i'r Awen :

"Gyfaredd dwyfol, wallgofrwydd difyr"

a bwriwch fod gwr llythrennol fel Glynor yn eistedd mewn barn arni. Dyma fel yr ymsyniai : "Galw'r Awen yn wallgof-rwydd, aie ? Nid un o'r "mental diseases" mohoni o gwbl." Beth wedyn ? Fe ysgrifennai at y meddyg arall, i ofyn a oedd ffurf o "insanity" o'r enw Awen. Ac wedi deall nad oedd, fe ruthrai i'r papur lleol i dynnu ei fys rhyddiaethol drwy odid-owgrwydd y llinell—"wallgofrwydd difyr" !

Neu cymrwch gwpled tlws Ioan Madog i'r Cwmwl :

> "Llong y glaw yn nofiaw'r nen,
> A'i hwyliau'n cuddio'r heulwen."

Beth a ddywedai gwr y llythyren uwchben hon ? "Galw'r cwmwl yn llong, aie ? Nid llong mo'r cwmwl—nid yw o'r un siap, na lliw na deunydd." Fe ysgrifennai at ryw B.Sc. neu gilydd i ofyn a oedd rhyw berthynas rywogaethol rhwng cwmwl a llong. Ac wedi deall nad oedd, fe wnai yr un peth a chynt !

Ond i ba beth yr ymhelaethaf ? Gwr y llythyren nid yw'n amgyffred y pethau sydd o ysbryd yr awen. Ffolineb ydynt ganddo ef ; ac nis gall eu deall, oblegid yn farddonol y bernir hwynt.

Gwyped Glynor mai nid drwy "godi'n fore" y ceir "llygad i weled Anian". Gwn i am ambell un, er iddo fore-godi am oes gyfan, sydd heb allu i weled dim ! Ni all y bore-wlith, na glaw Mai, agoryd llygaid un a aned yn ddall.

Gwyped hefyd mai nid ierdydd coed, a llythyrau ysgolfeistri, yw ffynonellau ysbrydoliaeth bardd. Ffynonellau ysbryd-oliaeth crachfeirniaid yw pethau felly.

Un gair arall. Os myn ragori fel beirniad a bardd—gwerthed ei encyclopaedias, a phryned ramadeg.

Ar ôl dadl debyg i'r uchod pan fynnai rhai geisio ei ddifrïo fel englynwr, ymddangosodd a ganlyn yn *Y Darian* :

> A glywsoch chwi englyn Gwydderig, pen englynwr y De, i Eifion Wyn, pen englynwr y Gogledd ? Dyma fe :

> Eifion Wyn mae ofn hwnnw—ar y beirdd,
> Cura bawb yn ulw ;
> Heddyw'n wir gwell iddyn' nhw
> I gyd roi'r ffidl i gadw.

Dyna i chwi farn dyn a gwerth yn ei farn.

Nid peth anghyffredin oedd iddo gael cais am eiriau Cymraeg addas i'w canu mewn cyngerdd. O ganlyniad i gais felly, cafodd y syniad o drosi geiriau *Keep The Home Fires Burning.*' cân hynod boblogaidd trwy Brydain ar y pryd. Enw priodol y gân oedd *Till The Boys Come Home*, a dyna paham y galwodd ei

drosiad yn "Nes Daw'r Llanciau'n Ôl". Bu hon yn bur bob-
logaidd am gyfnod a bu llawer o ganu arni ar hyd a lled y wlad :

Nes Daw'r Llanciau'n Ôl

Galwyd hwy o gwm a llechwedd,
  Galwyd hwy o fwth a llys,
A phan dyrrai'r wlad eu dewrion,
  Parod oeddynt ar y wŷs ;
Na adewch i lif eich dagrau
  Wneuthur eu caledi'n fwy ;
Ac er bod eich bron ar dorri,
  Cenwch er eu llonni hwy.

Cytgan :   Cadwn dân i losgi
        Yn yr hen gartrefi ;
     Os yw'r llanciau mwyn ymhell
        Hwy ddônt yn ôl :
     Haul sydd yn tywynnu
     Uwch y cwmwl trymddu ;
     Trown y cwmwl du o chwith
     Nes daw'r llanciau'n ôl.

Daeth erfyniad dros y moroedd,—
  "Deuwch, cynorthwywch ni" ;
Ninnau roesom wŷr a meibion,
  Er mwyn cadw'n gair a'n bri ;
Byth ni phlyg yr un Prydeiniwr
  O dan iau 'run estron hy' ;
Byth ni saif yn llwfr o'r neilltu,
  Pan fo'r gwan dan droed y cry'.

Cytgan :

Credaf mai pwrpas arbennig y cyngerdd ym Mhorthmadog
lle canwyd hon gyntaf oedd sicrhau arian i anfon pecyn o
gysuron i filwyr y dref at y Nadolig a hwythau ymhell o'u
cartrefi. Ymhob parsel amgaewyd cerdyn bychan gyda'r
' Cyfarchiad ' yma arno o waith fy nhad :

Cofiwn amdanoch wrth fwrdd y wledd
  Yn swn y Nadolig a'r delyn ;
Chwi sydd yn cydio yn nwrn y cledd
  Gan sefyll cyd-rhyngom a'r gelyn.

A chwithau, cofiwch am bawb a'ch câr,
  Yn swn y magnelau'n tyrru ;
Byddwch yn wŷr, ie byddwch yn bur,
  Er clod i chwi'ch hunain a Chymru.

13

Er nad oedd fy nhad wedi bod yn mynychu'r Clwb Rhydd-frydol ers rhai blynyddoedd, 'roedd wedi cadw mewn cysylltiad agos â'i hen gyfeillion yno. Ymysg y criw, 'roedd gŵr o'r enw Gruffydd Owen, hen lanc rhadlon, yn ffarmio yn ardal Porth-madog. Gŵr bochgoch, sylweddol o gorff ydoedd, ac yn ymfalchïo bob amser yn ei ddiwyg, byth yn methu mynd yn ddyddiol i'w eillio i siop y barbwr, a thipyn o steil yn perthyn i'w ddillad. Tynnid ei goes yn anhrugarog yn y Clwb ynglŷn â hyn, ac ynghylch y cariadau y mynnent oedd yn ochneidio amdano, a chymerai yntau y cwbl yn yr ysbryd gorau. Wedi iddo symud i fyw i fferm Hafod Lwyfog ar lan Llyn Gwynant wrth droed Eryri, fe'i collwyd o'r Clwb, ac ni welwyd ef gan neb o'i hen gyfeillion am fisoedd lawer. Gofynnodd David Williams, Ivy House, un o'r hen griw, am benillion ar y pwnc gan fy nhad, fel y gallai eu hanfon i Hafod Lwyfog. Dyma'r gerdd a dderbyniodd :

Be' ddaeth o Gruffydd Owen ?

Wel, ie'n eno'r fendith,
  Ble mae y cono mwyn ?
A sut na ddelai heibio
  Ar dro yn wysg ei drwyn ?
Mae cylch yr etholedig,
  A phawb yn teimlo'n chwith,
Am golli un a dybid
  Yn golofn yn ein plith.

' Be ddaeth o Gruffydd Owen '
  Yw'r holiad glywn o hyd—
Mae er ys misoedd bellach
  Fel wedi newid byd :
A yw'n "interned" dywedwch
  Ac wedi colli'i go ?
Neu beidiodd rhyw hen sipsiwn
  Groenfelen fynd a fo ?

Pwy tybed yw ei farbwr ?
  A ydyw'r cyfaill cun
Fel Rhobat Wyn yr Hafod
  Yn awr yn shafio'i hun ?

Os yw yn Nazaread,
  Mi leiciwn weld ei wên
Drwy'r twf o bobtu'i wyneb
  A'r cudyn dan ei ên !

Myn rhai i haul y gwanwyn
  Ei doddi'n llymaid llwyr !
'Roedd llawer iawn ohono
  I'w doddi, byd a'i gŵyr !
Jim Chamberlain ac yntau—
  "Beloved of us all"—
Fe gred pob un a'u gwelodd
  Fod "gwagle" ar eu hol !

Wel, os na ddaw rhyw achlust
  Am Gruffydd cyn bo hir,
Fe yrrwn gwn Ynysfor
  I sgowtio drwy y sir !
Mae'r genod gynt a garai
  Bob un ag armlet ddu,
Ac Eifion wedi dechreu
  Ar gân "Er coffa Cu" !

Yn Chwefror 1917 caed cyfnod o rew mawr—mor fawr nes
rhewodd Llyn Gwynant drosto, ac ar ôl cawod o eira, edrychai'n
union fel dôl fawr wastad. Aeth gwartheg Hafod Lwyfog ar y
llyn, a brawychwyd Gruffydd Owen rhag ofn i'r rhew dorri o
danynt; ond llwyddodd y gwartheg i gyrraedd yr ochr draw yn
ddianaf. Daeth yr hanes i glustiau fy nhad, a'r wythnos
ddilynol cyhoeddwyd yr hanes a ganlyn dan y pennawd "Hen
Ffrind" yn *Yr Herald Cymraeg* ar y 27ain o'r mis :

Codwyd y gan hon ar y ffordd sydd yn arwain o'r Stesion Fawr
i Bensyflog, a chyhoeddir hi yma ar gyfrif ei direidi a'i hiwmor.

Gruffydd ab Owain
(With Apologies)

Wele'n cychwyn dair ar ddeg
O fuchod bras ar fore teg ;
Wele Gruffydd ddewr ei fron
Yn berchen ar y fuches hon ;
Mynd y maent i roi eu troed
Ar le nas troediodd buwch erioed .
Antur enbyd ydyw hon,
Ar lain heb dir, ar lyn heb don.

Rhew y nos a lluwch y dydd
O gwmpas oll yn grimpyn sydd ;
Ia ar daen ar chwith a de,
A dim un llidiart ar y lle !
Aeth y buchod ar eu hynt,
Ar draws y llyn hyd Fwlch y Gwynt !
Yntau, Gruffydd, ar y traeth,
A'i wedd yn goch, a'i frest yn gaeth.

Wele'n glanio dair ar ddeg
O fuchod bras ar fore teg ;
Llais Ab Owain glywn yn glir
Ar ol y daith yn bloeddio—Tir !
Brefant newydd fref ynghyd,
Ar lan y llyn yn wyn eu byd !
Wele'i bywyd i bob un,
A phawb yn diolch ynddo'i hun !

Ymddangosodd y newydd a ganlyn yn *Y Brython*, 8
Mawrth 1917 :

    Cleddid Mr. R(ichar)d Lloyd, Criccieth, ddydd Sadwrn
diweddaf, a'i fab-nawdd enwog, y Prif Weinidog, yn dod o
Lundain i'r cynhebrwng. Cyhoeddasom ei hanes eisys droeon ;
a thebyg na welwyd erioed enghraifft dlysach o serch a chym-
wynasgarwch nag oedd rhwng y ddau . . . wele wrogaeth
Awen Eifion Wyn a ddaeth yma ddoe :-

Annwyl J. H.—Dyma dri phennill o barch i Rhisiart Llwyd.
Dyna fel y byddai fy mam yn ei alw : un o Lanystumdwy
ydoedd hi. A Dafydd Llwyd oedd yr enw ar sein y gweithdy
yn nyddiau ei dad. Adwaenwn yr ' hen ewyrth' yn dda. Bu fy
llaw yn ei law lawer tro, a diolchaf i Dduw am y fraint. Erys
mwynder ei gyffyrddiad fyth. Fe bregethai dair wythnos i
heddyw, a'i destun oedd : "Ie, pe rhodiwn ar hyd glyn cysgod
angeu, nid ofnaf niwed ; canys yr wyt Ti gyda mi ; Dy wialen
a'th ffon a'm cysurant." Os na chyflawnwyd yr addewid i
Rhisiart Llwyd, ofer yw ffyrdd y saint . . .

RHISIART LLWYD

Dywysog syml y pentref gwledig,
   Gymro pur o foes a thras ;
Gwyddai'r hen frodorion dinod
   Am ei bwyll, ei serch, a'i ras ;
Fel bu'n nawdd i'w chwaer ddinodded,
   A'i thri tlws, mewn cyfyng awr—
Cofia'r byd ei aelwyd fechan,
   Cofia Duw ei galon fawr.

Heuai rawn y nef yn fore,
　　Ac fe'i heuodd hyd ei fedd ;
Hyder ffydd oedd yn ei enaid,
　　Urddas proffwyd yn ei wedd :
Ieuanc ydoedd yn ei henaint,
　　Ieuanc gan ysbrydol aidd ;
Carai Fugail mawr y defaid
　　Ac ni flinai borthi Ei braidd.

Fe roed iddo amlder dyddiau,
　　A phob dydd yn ddydd o waith ;
Casglodd lawer ysgub ddisglair
　　Cyn prynhawn ei einioes faith :
Ond ni welodd fwy na'r blaenffrwyth
　　O'r hyn heuodd ef cyhyd :
Aeth y grawn yn gyfoeth pobloedd,
　　A blaendarddodd ledled byd.

Ddydd ei angladd, Mawrth, 3ydd, 1917　　EIFION WYN

Ym mis Mai cyrhaeddodd fy nhad ei hanner cant oed, a chan fod y Rhyfel Mawr yn parhau, a'r wlad yn galw am ragor o filwyr penderfynwyd galw i fyny wŷr o'r oed yma er mwyn rhyddhau mwy o filwyr icuanc i'w hanfon i Ffrainc. Ac felly y bu iddo yntau, fel rhai cyfoed iddo, dderbyn gwŷs i fynd am archwiliad meddygol i Wrecsam. Buan iawn y canfu'r medd-ygon yno ei fod ymhell iawn o fod yn atebol i waith milwrol, ac nid oedd dim arall amdani felly ond dal ymlaen â'i waith arferol.

Yn ystod y misoedd cyn Eisteddfod Birkenhead 'roedd amryw o griticyddion fel "Dafydd y Crydd", "Glynor" ac "Eistedd-fodwr" *Y Geninen* wedi bod wrthi'n trafod hanfodion ac angenrheidiau englyn da, er nad oedd yr un ohonynt yn englynwr cydnabyddedig. Wfftiai fy nhad eu digywilydd-dra yn ceisio dysgu eraill heb yn gyntaf feistroli'r grefft eu hunain, a chredai mai gwrthun i'r eithaf a chwerthinllyd oedd eu syniadau am anhepgorion y grefft.

'Roedd wedi cyfansoddi chwe englyn ar y testun "Llygad y Dydd" ar gyfer yr Eisteddfod, ac wrth eu hanfon i mewn lluniodd un arall mewn ysbryd cellweirus. A dyma oedd gan J. T. Job i'w ddweud am y cynnig hwnnw :

Derbyniwyd 187—nifer eithriadol efallai . . . Ond cyn dechreu dosbarthu, efallai y dylem ddyfynnu'r englyn hwn o eiddo "*Têc ddy hynt*", sef (chwedl yntau)—"Y Desi : englyn yn ol gofynion y criticyddion diweddaraf"

Tyf o'r pridd. Coes sydd iddo, a thri lliw
    Llathr a llon, ond chwilio :
    Caua'n hynod cyn huno,
    Nid yw yn fawr. Dyna fo.

Dyna fo—ardderchog ! ! Rhaid iddo gael "dosbarth *special*" iddo'i hun."

Cyfeiria Berw ato yn ei feirniadaeth yntau :

"Dodaf englyn digrif *Têc ddy Hynt* yn y fan yma oblegid ei ddonioldeb, ac am yr awgrymir fod ym mryd y cellweiriwr roddi gwers i gystadleuwyr (a beirniaid yn arbennig) llai eu dawn".

Ond ni chafodd fuddugoliaeth gyda'i englynion "o ddifri" yn y gystadleuaeth er gosod un ohonynt yn ailorau yn ôl Job a dau arall yn ail a thrydydd gan Berw. Yr englyn hwn o eiddo Alfa a wobrwywyd :

    Llygad llon, gwyliwr bronnydd—y gwanwyn,
        Cwlwm gwenau'r wawrddydd ;
    Eiliw'r haul ei reolydd ;
    Ar lom ddol bwrlwm o ddydd.

Fel arfer daeth y ddau feirniad o dan chwip llawer o ohebwyr am eu dyfarniad, ac yn eu mysg Tryfanwy a Meuryn.

Ymdriniodd Tryfanwy â'r mater yn ei ffordd ddigyffelyb a chellweirus ei hun, yn *Y Brython*, 27 Medi :

. . . fe'n siomwyd yn dost gan hwnnw (yr englyn) eleni, er dywedyd o Job ei fod yn berffaith-gwbl. Ebr ef : "Nid oes ddadl yn fy meddwl i nad eiddo *Ymdeithydd* yw'r englyn glanaf a'r mwyaf barddonol yn y gystadleuaeth hon ; a chredaf nad oes ar y cyfan mo'i well wedi ei wobrwyo ers blynyddoedd yn yr Eisteddfod Genedlaethol." . . .

Yr oedd 187 yn y gystadleuaeth, ac nid chwarae bach oedd eu darllen i gyd, heb sôn am eu beirniadu, ond chwi a glywsoch am amynedd Job. Ac eto, y mae'n syn iawn gen i sut y medrodd hyd yn oed Job alw hwnyna "y glanaf a'r mwyaf barddonol yn y gystadleuaeth", ac yntau newydd ddyfynnu dwsin neu ragor o rai glanach a mwy barddonol nag ef.

Gadewch weld funud, Cawn y gynghanedd lusg (yr hen chwaer) i "ddechrau cychwyn". Ni chafodd hi mo'r safle yna erioed o'r blaen—un rheswm dros frol y beirniad, 'does dim dwywaith. Wedyn, dyna'r cyrch—"gwanwyn, gwenau"; y mae'r glec mor hen ac mor gynefin inni a chynghanedd ei hun. Sut felly y mae'r englyn "y glanaf yn y gystadleuaeth"? Ond y ddwy linell olaf sy'n rhyfedd ac ofnadwy ! Camp i neb ddarllen y drydedd yn ddeallus heb gromfachau fel hyn :

Eiliw'r haul (ei reolydd)

Y fath dlysni a glendid, onite? O ie, "barddonol"! A beth am gystrawen y llinell ? Tawn a sôn. Ond y llinell ddiweddaf piau hi :-

Ar lom ddol bwrlwm o ddydd.

Sylwch ar y bwrlwm barddonllyd yna . . . Gobeithio, meddaf fi, na ddaw'r goeg-farddoniaeth yma ddim ar arfer, na'r gystrawen hithau.
Ond i fwrlwm ymlaen, un rhyfedd yw Job yn ei holl ddyfarniadau. Sylwch ar linell olaf y tri englyn "cenedlaethol" a gawsom trwyddo :-
Ochenaid : Dros gloion drws calon drom !
Dail yr Hydref : Ar ingol ddor angladd haf !
Llygad y Dydd : Ar lom ddol bwrlwm o ddydd !
Onid ydynt mewn difrif yn ysmala o annhebyg i'r testun, a hynny bob cynnyg ? Ofnaf na ŵyr Job ddim oll am y gelf gain o wneud englyn. O'r hyn lleiaf, nid yw ei ddyfarniad yn profi hynny.
I mi, dyma'r tlysaf ar *Llygaid y Dydd* :-

Swyn cann dy dlysni cynnar—ddwg geinedd
Y gwanwyn i'n daear,
A'i obaith gwyn : pawb a'th gâr,
Lygad heulog y dalar.

Aeth fy nghalon ar ol "pawb a'th gâr"; ac onid â'r galon y bernir englyn ? Ond y mae'r pen a'r galon yn erbyn y buddugol. Dyma'r ail-oreu o'r 187 :-

Werinwr bach y bronnydd,—dlws gennad
O lys gwanwyn newydd ;
Serenna'i dras ar weunydd,
Heulog dorf, hyd lewyg dydd.

Ni fedraf i yn fy myw ddeall Job yn beirniadu englyn . . .

113

Dyma ddyfyniad byr o lythyr Meuryn :

> Fy marn onest i ydyw mai dyma'r englyn salaf a wobrwywyd
> erioed yn yr Eisteddfod Genedlaethol, ac nid wyf heb ystyried
> fod hynny'n ddywediad mawr iawn.   Mae'n salach nag
> englynion "Ochenaid" a "Hydref Ddail" hyd yn oed.   Yn y
> llinell olaf fe geir ymfflamychiad wrth fodd calon Job, canys
> mae'n amlwg ar hyd y blynyddoedd na wŷr ef mo'r gwahan-
> iaeth rhwng peth barddonllyd a thrawiad barddonol . . . Ni
> bydd beirniadaethau Berw byth yn ddim amgen nag amen i
> sylwadau ei gydfeirniad—"clochydd" ydyw, ond ei fod yn
> digwydd bod yn "berson" . . .   Mae celf yr englyn yn druenus
> i'r eithaf ; nid oes un gynghanedd afaelgar ynddo. O ran iaith,
> cystrawen, crefft a syniadau, dyma'r pennill tlotaf a wobrwywyd
> yn fy marn i.

Methodd fy nhad ymatal rhag rhoi ei farn yntau ar yr englyn,
gan redeg arno'n chwyrn, er y gwyddai y byddai llawer yn ei
gyhuddo o rawnwin surion. Cyhoeddodd ei feirniadaeth arno
mewn llythyr maith yn *Y Brython*, 18 Hydref, dan y pennawd
"Chwilio Gem a chael Gwmon", ac ymhen pythefnos daeth
ateb iddo oddi wrth Wyn Williams, Llanystumdwy, yn ceisio
achub cam yr englyn, a'i alw'n em. Gwnaeth hefyd ryw fath
o ymgais i'w ddehongli er y cyfaddefai na wyddai'n sicr mai
dyna oedd ym meddwl y bardd.   Ymhen pythefnos arall,
ar 15fed Tachwedd, rhoes fy nhad ateb hir a llawn iddo, a
dyfynnaf rannau ohono yma :

> Wynebed Wyn Williams bwynt syml y ddadl : *Ai'r englyn
> arobryn oedd y glanaf, y mwyaf penodol, a'r mwyaf awenyddol yng
> nghystadleuaeth y flwyddyn hon*? Myn Berw mai e. Mynnaf innau
> nad e . . . Crybwyllais y "pum ffugr" er mwyn cydnabod fod
> yr englyn "y llawnaf", yn ol gair Berw. Fy nadl yn eu herbyn
> oedd, nid eu bod yn llawer, ond eu bod yn amhenodol, a hynny
> mewn englyn a ystyrid "y mwyaf penodol o'r cyfan" . . .
> Hyd y gwelaf fi, nid yw o bwys sawl ffugr a fo mewn englyn,
> cyd ag y bont yn briodol i'r testun ac yn gywir i Natur. Can-
> iataf fod y ffugr "llygad llon" felly, ond beth am y lleill ?

> ### "Gwyliwr bronnydd"

> Ni thyb Wyn Williams mai *amddiffynnwr*, neu *warchodwr*, yw'r
> ystyr sydd i'r gair *gwyliwr*. Cred fel finnau fod y syniad yn un
> gwrthun, os mai e . . . Caniataer mai'r un ystyr (sef *syllu*)

sydd i *wyliwr* yr englyn. Yna, llygad-y-dydd yw'r blodeuyn hwnnw sydd, yn ol y gyfatebiaeth, yn *syllu ar y bronnydd*. Onid yw hyn hefyd yn drais ar Natur ? Ai nid syllu ar yr haul yw greddf pob blodeuyn ? . . .

Aiff Wyn Williams ymlaen i geisio dyfalu ystyr yr ymadrodd "cwlwm gwenau". Gellir casglu pa mor sicr ydyw o'r meddwl oddiwrth ei eiriau ef ei hun : "Ni allaf dddywedyd *yn bendant* ai dyna'r ystyr. *Feallai* fod y llinell yn ffordd bardd o ddywedyd yr hyn a ddywed gwyddonydd". "Am a wyr Eifion Wyn" gall feddwl hyn : ac am a wyr Wyn Williams gall feddwl rhywbeth arall ! "Beth bynnag am hynny," cred Wyn ei bod yn "wir farddonol" ! A beth yw hynny ond cyfiawnhau llinell trwy ffydd ? . . . Un peth a wn i—nid yw'n ddisgrifiad penodol o'r llygad-y-dydd.

"Eiliw'r haul"

Ni ddywed yr ymadrodd hwn, ebr Wyn Williams, fod y blodeuyn o'r un lliw a'r haul. Carwn wybod beth arall a ddywed? Ystyr gyntaf eiliw yw lliw. Dyna'r ystyr ym mhob geiriadur o bwys, a dyna'i ystyr ar lafar gwlad . . . Onid *o'r un lliw* yw ei ystyr yn y dyfyniadau hyn ?— . . .

> Ac eiliw gwin (am y grug) oedd ar hen glogwyni
> —o Awdl *Eryri* . . .

> Na fid rhyfedd gan Gymro
> Alw bun o'r eiliw y bo—*D. ab Gwilym*

Ystyr eiliw'r haul yw lliw'r haul ; a lliw'r haul, neu'r tês, yw melyn. Dyma "greadigaeth dychymyg" yn wir—llygad-y-dydd melyn !

"Bwrlwm o ddydd"

Gwrthyd fy synnwyr barddonol i yr ymadrodd hwn ar unwaith. Dywedaf eto mai ymadrodd *fantastic* ydyw, a'r ystyr a roddaf i'r ansoddair yw ysmala, neu benchwiban. Cred Wyn Williams ei fod yn tybied dychymyg. Ond y mae dau fath o ddychymyg, fel o bopeth,—y gwir a'r gau. Caffed dychymyg ei berffaith waith, ond ni ddylid aberthu synnwyr ar allor na dychymyg na chynghanedd . . . Cyflea'r gair bwrlwm y syniad o ymweithiad neu ddylifiad dwfr, ac weithiau o swn dyfrol. Sylwer ar y dyfyniadau a ganlyn :-

> Ni chaf mo'i hacen hen hi
> Heno 'mwrlwm ei hoerni—*J. J. Williams*

A bwrlwm aber i lamu heibio—*R. Williams Parry* . . .

Dyna swyddogaeth briodol y gair.   Ond pa gyffelybrwydd sydd rhwng . . . treigl aber a llygad-y-dydd yn ymagor ? Nid llifo allan y mae blodau . . . Nid wyf yn synnu dim fod Wyn Williams yn mawrhau gweledigaeth y bwrlwm oblegid gwelaf iddo gael yr un weledigaeth ei hun rhyw dro.   Wele ddyfyniad o'i Ganiadau :

> Torrir ennaint—flwch y rhosyn,
> A'i berarogl leinw'm gardd ;
> A'r gwyrddlesni sy'n bwrlymu
> O ffynhonau'r llwyni hardd.

Dyma weledigaeth ry ryfedd i mi—, cyffelybu llwyni i ffynhonau a'r gwyrddlesni i fwrlwm !   Os nad oes yma *false metaphor*, ni bu yr un erioed . . .

Ni ddywed fy nghyfaill yr un gair am saerniaeth yr englyn. Ni sonia am ei gynghanedd lac, nac am ei ieithwedd dram-gwyddus, nac am ei ddiffyg cydbwysedd . . .

Gwyped fy nghyfaill mai nid cywirdeb yw popeth cynghanedd nac englyn.   Cyn y gellir cyfrif englyn yn un gwych, fe ddylai fod yn *rhythmic* yn anad dim.   Unig ragoriaeth englyn y bwrlwm yw ei fod yn gywir.   Crynhodeb o wrthuni ydyw o ran ei syn-iadaeth : drych o gyffredinedd ydyw o ran ei gelf.   Dyweder a fynner amdano, nid ef oedd *y glanaf*, na'r *mwyaf penodol*, na'r *mwyaf awenyddol* yn y gystadleuaeth.   Ni chlywais i neb yn ei ganmol ond Wyn Williams ; a thybed y cred rhywun heblaw Job "na wobrwywyd mo'i well ers blynyddoedd" ?

Fel diweddglo, cyhoeddaf innau fy nghyfres, rhag ofn na chaf gyfle arall i ddangos fy hun am yr hawg :-

> Yswynfri tlws y wenfron !—a'r eirwynt
>   Hyd yr erwau crinion,
> Ei lun a'i liw a'i wên lon,
> Lygad gwyl, gwyd y galon.

> O'r wyneb oer ei wan ben—a gyfyd
>   Wrth gofio am heulwen ;
> A thry ei lathr heol wen
> Liw'r dalar fel rhawd Olwen.

> Werinwr bach y bronnydd,—dlws gennad
>   O lys gwanwyn newydd,
> Serenna'i dras ar weunydd,
> Heulog dorf, hyd lewyg dydd.

> Yn nhymor ôd, am yr haf—y dywed,
>   Flodeuyn a garaf ;
> A'i lygad, gennad gwynnaf,
> Sy lawn aur clws lonna'r claf.

116

Swyn cann dy dlysni cynnar—ddwg geinedd
   Y gwanwyn i'n daear,
A'i obaith gwyn : pawb a'th gar,
Lygad heulog y dalar.

Car hun ymhlith carennydd,—hiliogaeth
   Aur lygad y meysydd ;
O wynder hwn Duw a rydd
Dres gynnar dros y gweunydd.

Gwelir nad oes yr un ohonynt yn cychwyn gyda chynghanedd
lusg, na'r un ohonynt yn diweddu mewn "bwrlwm".

Hwyrach y teimla rhai mai mater cymharol ddibwys oedd
dadl yr englyn, er mor ddiddorol ydoedd i feirdd a llenorion,
o'i gyferbynnu â'r digwyddiad prudd ac anarferol a wnaeth yr
Eisteddfod hon yn nodedig. Fel y cofia rhai ohonoch, 'roedd
Hedd Wyn wedi ei ladd yn y Rhyfel Mawr cyn iddo wybod bod
ei awdl wedi ennill y Gadair, a ddaeth wedyn i'w hadnabod
fel y Gadair Ddu. Cynhaliwyd cyfarfod coffa i Hedd Wyn yn
Nhrawsfynydd yn fuan wedi'r Eisteddfod, a threfnwyd i'r
Gadair Ddu fod ar y llwyfan. Ymysg y siaradwyr a'r cantorion
yn talu eu teyrnged yno, 'roedd Tim Evans, yr arlunydd enwog,
ac 'roedd ef yn ddigon cyfeillgar â'm tad i ddod ar ei ofyn am
eiriau addas i'w canu. Dyma, yn ôl *Y Darian*, 20 Medi
1917, y gerdd a ganodd yno :

   Yn hedd y mynydd, clybu gorn y gâd,
     Pan yn bugeilio praidd ei dad ;
   Gwelodd hen faner Cymru yn y gwynt,
     "Draw ei gymrodyr aent yn gynt,"
   Cefnodd yntau ar y moelydd mawr,
     Ac yng ngwisg ei frenin y daeth i lawr :
   Canodd ffarwel hir i'w dir a'i dref,—
     Cofia Cymru fach am ei ffarwel ef.

   Carai awelon bro y grug a'r brwyn,
     Hwythau'r aberoedd melys, mwyn ;
   Carai yr awen yn ei gyff a gaed—
     Onid oedd canu yn ei waed ?
   Fel ei enaid yr anwylai hwy,
     Ond anwylai ryddid ei wlad yn fwy ;
   Fab y mynydd â'r athrylith gref—
     Cofia Cymru fach am ei aberth ef !

Gwag yw'r corlannau—nefoedd ei fwynhad,
  Gwacach yw aelwyd ty ei dad ;
Gwag yw'r cadeiriau, lle bu'n eiste'n llon—
  Cadair y marw ydyw hon !
Heddwch iddo ! Beth os marw yw ?
  Ceidw ei arwriaeth ei gân yn fyw :
Heddwch iddo, o dan arall nef—
  Cofia Cymru fach fel bu farw ef.

Mae'n rhyfedd meddwl na fu i'r ddau fardd Eifion Wyn a Hedd Wyn erioed gyfarfod â'i gilydd er eu bod yn byw o fewn rhyw bymtheng milltir prin ar wahân. Gwn fod gan fy nhad feddwl uchel o Hedd Wyn fel bardd ieuanc eithriadol o addawol, a'r syndod yw na fu unrhyw gyfathrach cydrhyngddynt, hyd yn oed trwy lythyr. Mewn llythyr un tro at ei hen gyfaill J. W. Jones, y chwarelwr a'r llenor mwyn o Flaenau Ffestiniog, soniodd fy nhad fel y gofidiai nad oedd ganddo lythyr oddi wrth Hedd Wyn yn ei feddiant. 'Roedd J. W. wedi derbyn amryw o lythyrau oddi wrtho, ac anfonodd un ohonynt i'm tad, fel y byddai ganddo lawysgrif y bardd o'r Ysgwrn ymysg ei bapurau.

Mae'n sicr mai englynion coffa R. Williams Parry i Hedd Wyn yw'r rhai mwyaf adnabyddus a phoblogaidd, ond credaf fod y rhain o waith fy nhad yn haeddu eu lle hefyd :

O dangnef dy dref, i'r drin—y'th yrrwyd,
  O'th erwau cynefin—
Yr hen odre anhydrin,
A'r tir hoff a gerit drin.

Aed a thi, ar dw'th awen,—i dwrf gwyllt
  Eirf y gad anorffen ;
A rhad hen gartre'r Eden,
A rhad y beirdd ar dy ben.

Aed a thi drwy waed a thân,—i farwol
  Ferw y gyflafan ;
A'th fro yn cofio'r cyfan—
Hud dy gelf, a nwyd dy gân.

Erom, bu drwm y taro—a'r hirnych
  Yn yr ornest honno ;
A'th wyneb dithau yno,
A'th ddewr waed ar y poeth ro !

Heddyw, prudd yw y preiddiau,—a'r hendy
    Ar randir dy dadau ;
   Ai'r trallod fel cysgod cau
   Creulonedd trwy'r corlannau.

A siom einioes mwy inni—ydyw fod
    Dy fin wedi oeri ;
   A'th awen wedi'i thewi
   Ym mraw brwydr, ym more'i bri.

Hun o'r twrf, dan ddefni'r tân,—wedi drud
    Glod y drom gyflafan :
   Mae dy fro'n cofio'r cyfan—
   Rhedli'th gur, a diliau'th gân.

14

Wrth ddarllen un o'i lythyrau i'w hen ffrind, Tryfanwy, deuthum ar draws tri englyn ysgafn o'i eiddo sydd i'm tyb i yn werth eu cofnodi yn unig er mwyn dangos yr ochr ddireidus i'w gymeriad. Ond cyn eu croniclo, teimlaf y dylwn roi gair o eglurhad er mwyn esbonio'r cefndir i'r darllenydd.

Byddai ef a Thryfanwy, yn eu llencyndod, yn bur gyfeillgar efo'r teulu Cadwaladr ym Mhorthmadog. Byddent yn ymwelwyr cyson â'u cartref, a thynnid coes Tryfanwy mai un o'r merched, Maggie, oedd ei gariad. Erbyn hyn, fodd bynnag, 'roedd hi wedi priodi ers blynyddoedd ac yn byw yn Llundain gyda'i theulu.

Dyma'n awr fel y terfyna'r llythyr i Dryfanwy :

Y TRIP I'R LLAN
(Cyflwynedig i hen ffrind ag sydd wedi cyflawni'r gorchymyn i "ffrwytho ac amlhau" yn well na llawer—nid amgen "Magi Cadwaladr" gynt. Seiliedig ar ffaith.)

Hefo'i llwyth i dref y Llan—i roi tro
    Gyda'r tren daeth Began ;
    A'i beichiau a'i chriw bychan,
    Od o fyw yn llond y van !

Mi wn hyn, er cael mwynhad,—da yw rhoi
    Ambell drip i'r henwlad ;
    Ond i Beg gyda'i bagad,
    Nid oes dren na relwe'n rhad !

Os deil heb laesu dwylaw—ymhen talm
    (Onid teg proffwydaw ?)
    Hi a geir "yn ymguraw
    A'i thylwyth yn wyth neu naw" !

Credaf fod ganddi "saith" yn barod. Aethost yn lwcus i'w cholli !

Mae cryn lawer o'r hanes sydd wedi ei ysgrifennu eisoes wedi ei seilio ar bethau y clywais fy rhieni'n sôn amdanynt, ac ar yr hyn a ddysgais oddi wrth ei lythyrau, a'r toriadau o'r papurau newyddion a gadwyd ganddo. Ond erbyn yr adeg yma, 'roeddwn wedi dod yn ddigon hen i ddeall ac i gymryd didd-ordeb yn yr hyn a ddigwyddai o'm cwmpas, a bydd yr hanes felly o hyn ymlaen yn dibynnu bron yn llwyr ar fy nghof, er y bydd y cyfryngau a nodais yn ganllawiau sylweddol i'm hatgofion.

'Roeddwn wedi tyfu i fyny gyda'r ffaith fod fy nhad yn gyfrifydd yn y Swyddfa Lechi, a'i fod yn fardd. Ar y dechrau, nid oedd y naill ffaith na'r llall yn destun syndod imi. Gwyddwn yr âi i'r "offis", chwedl yntau, bob dydd ; gwyddwn hefyd fod pedair o gadeiriau mawr, digon anghyfforddus i eistedd arnynt, yn fy nghartref, heb sôn am goron arian a thair neu bedair o fedalau, y cwbl yn tystio ei fod yn fardd. Deuthum i ddeall beth oedd arwyddocâd y cadeiriau drwy fy mam, oblegid ni chlywais fy nhad yn sôn dim amdanynt erioed, heblaw edmygu cadernid un ohonynt, a'r gwaith cerfio crefftus ar un arall. 'Roedd mor ddiymhongar ei natur fel na chlywais ef yn fy mywyd yn ymffrostio ei fod wedi cyflawni hyn, neu wedi ennill arall. Digon anfodlon y byddai'n sôn am rai o'i orchestion, a hynny, fel arfer, dim ond mewn ateb i gwestiwn gennyf i. Am a wn i mai'r peth agosaf i ymffrost oedd mynnu fframio'r chwe thystysgrif a dderbyniodd am chwe gwobr gyntaf yn Eisteddfod Genedlaethol Caernarfon, 1906, a'u hongian ar fur un ystafell. Gan fod hon yn orchest na chyflawnodd yr un bardd cynt na chwedyn hyd y gwn i, ni thybiaf y gwêl neb fai ynddo am ymfalchïo peth yn hynny. Felly, nid rhywbeth a ddaeth i mi mewn fflach o weledigaeth oedd y ffaith ei fod yn fardd, ond rhywbeth wedi tyfu'n raddol yn fy ymwybyddiaeth. Byddwn yn teimlo rhyw ias o foddhad pan genid un o'i emynau yn y capel , neu pan welwn un o'i delynegion mewn llyfr ysgol ; ar yr un pryd teimlwn don o swildod yn chwalu drosof, ynghyd â'r teimlad fod y plant eraill yn edrych arnaf fel pe bai gennyf gyrn ar fy mhen. Credaf fod yr athrawon yn gwybod sut y teimlwn, a chwarae teg iddynt, ni fyddent yn gwneud unrhyw gyfeiriad personol i dynnu mwy o sylw ataf, ond yn hytrach ymdrechu i dalu'r un sylw i mi ag i weddill y dosbarth. Mewn amser, deuthum i gynefino â hyn, a chollais beth o'm swildod cynhenid, gan ddod i ymfalchïo fy mod yn fab i fardd mor alluog. Ond 'roedd fy nghyd-ddisgyblion weithiau'n llai meddylgar na'r athrawon, heb falio dim botwm am fy nheimladau i. Cofiaf un tro arbennig, ryw ddwy flynedd yn ddiweddarach na hyn, pan oedd y dosbarth yn talu sylw i'r delyneg "Gadael Cymru" :

> Gadewais wlad fy nhad a'm mam
>   O hiraeth pur yn wysg fy nghefn ;
> Edrychais ar ei glannau'n hir
>   Rhag ofn na welwn hi drachefn :
> Pan aeth o'm golwg, yr oedd un
>   Yn glaf o galon ar y bwrdd ;
> Ble mae y gŵr nas câr ei wlad
>   Pan fo ei long yn mynd i ffwrdd ?
>
> O'm hôl yr oedd yr Ynys Wen,
>   A'r môr o'i chylch yn gân i gyd ;
> O'm blaen yr oedd yr Eidal deg,
>   Lle mae yr haf yn haf o hyd—
> O'm hôl yr oedd cyfandir byw,
>   Cyfandir bywyd newydd dyn ;
> O'm blaen yr oedd yr Aifft—mor hen
>   Nas gŵyr yn iawn ei hoed ei hun !
>
> Ond beth i mi a'r galon glaf
>   Oedd tesni'r Aifft a'r Eidal dlos ?
> Nid arnynt hwy yr oedd fy mryd
>   Yng ngoleu dydd na breuddwyd nos :
> Fel Cawrdaf a Goronwy Môn,
>   Am Gymru yr hiraethwn i ;
> Tan wybyr las a haul y de,
>   Ni cheisiwn decach bro na hi !
>
> Cyrhaeddais lannau Cymru'n ôl,
>   O'r tiroedd hud, tros erwau llaith ;
> Yn ôl heb golli dim o'm serch,
>   Na cholli sill o'm hen, hen iaith :
> Mae'n werth troi'n alltud ambell dro,
>   A mynd o Gymru fach ymhell,
> Er mwyn cael dod i Gymru'n ôl,
>   A medru caru Cymru'n well.

Ar ôl y wers, bu amryw ohonynt yn fy mhen eisiau gwybod ym mha wlad dramor yr oedd fy nhad wedi bod, a minnau'n gorfod addef mai Sir Fôn oedd yr unig le y buasai dros y môr erioed ! Fel y gellwch dybio, 'roedd llawer ohonynt yn barod i'w gyhuddo o ysgrifennu celwydd yn y gerdd ! Sut oedd yn bosibl argyhoeddi dyrnaid o anghredinwyr haerllug fod cryn wahaniaeth cyd-rhwng celwydd a dychymyg, a bod gan fardd drwydded i dynnu ar ei ddychymyg yn ei ganeuon ? Hollol anobeithiol ! ac nid oedd dim i'w wneud ond tewi â sôn.

Ond i mi, tad oedd yn gyntaf ac yn flaenaf, a'r ffaith ei fod hefyd yn fardd yn ddim rhagor na thipyn o fonws. Gŵr tawel oedd yn ei ymddygiad a'i ffordd o fyw, yn troi mewn cylch syml, a'i gartref yn ganolbwynt ei fywyd. Ac yr oedd i bob dydd gwaith ei batrwm unffurf. Câi ei frecwast bob bore gyda mam a minnau, ac wedi i mi gychwyn i'r ysgol, byddai yntau yn gadael am yr offis. Âi allan bron yn ddieithriad drwy'r cefn, a cherddai hyd gefnau New Street, er y buasai cerdded ar hyd y stryd ei hun beth yn nes iddo. Deuthum i ddeall nad ei natur anghyfeillgar ac anghymdeithasol oedd i gyfrif am hyn, ond bod nifer o bobl yn disgwyl am gyfle i'w weld i geisio rhyw ffafr neu'i gilydd ganddo—hwn yn awyddus i gael awgrym am enw Cymraeg i'w dŷ neu i'w fabi; arall â chais am englyn neu gwpled i'w roi ar garreg fedd ; ac un arall eto yn gofyn tybed a fuasai'n taflu golwg dros benillion o'i waith neu hwyrach gan ei fab, a rhoi ei farn arnynt. Yn wir, dyma'r adeg y deuthum i sylweddoli gymaint o alwadau oedd arno, nid yn unig gan ei gymdogion a'i gydnabod ym Mhorthmadog, ond hefyd yn y llythyrau a ddôi iddo o bob cwr o'r wlad. Byddai'n barod ei gymwynas bob amser, a'r cwbl yn rhad ac am ddim. Atebai'r llythyrwyr yn ddiwahân, er ei bod yn syndod iddo, ac yn achos cwyno, fod cynifer ohonynt yn ceisio ffafr heb hyd yn oed anfon amlen wedi ei stampio am ei ateb. Byddai ar brydiau yn derbyn anrhegion am ei waith. Cofiaf yn dda am un a ddaeth yn fuan ar ôl diwedd y Rhyfel—cyrraedd trwy gyfrwng y rheilffordd, ac yn focs pren sylweddol a chryn bwysau iddo. Cyrhaeddodd yn ystod y bore, ac yr oedd fy mam yn bur amheus ohono, yn enwedig wrth fod iaith estron ar y bocs, ac yr oedd yn teimlo cryn ollyngdod pan gyrhaeddodd fy nhad a minnau i ginio. Daethpwyd i'r casgliad mai tarddiad y bocs oedd De Amerig, ond nid oedd hyn yn gymorth i ddatrys y dirgelwch. 'Doedd dim i'w wneud ond ei agor i weld ei gynnwys, a rhaid oedd wrth gŷn a morthwyl i lacio gafael yr hoelion a ddaliai un ystyllen. Pan godwyd hon, gwelwyd mai'i gynnwys oedd tuniau o dafod ych, chwech ohonynt, ac ar ôl codi un allan, gwelwyd eu bod yn dod o Ariannin. Nid oedd unrhyw nodyn na chyfeiriad wedi ei amgau yn y bocs, ond ar ôl pendroni ychydig, cofiodd fy nhad iddo anfon englyn coffa gryn flwyddyn yng nghynt i ŵr o Buenos Aires mewn ateb i gais ganddo, a daethpwyd i'r casgliad mai y bocs hwn oedd y gydnabyddiaeth. 'Roedd derbyn chwe thun deubwys o dafod ych o'r math gorau mewn cyfnod o ddogni a phrinder bwyd, bron fel manna o'r nefoedd, a buom yn gwledda ar y dant-eithfwyd hwn am gyfnod, a thalu teyrnged i feddylgarwch a charedigrwydd y gŵr hwnnw o wlad bell a wnaeth ei gyfraniad i ysgafnhau unrhywiaeth ein lluniaeth. Ni dderbyniwyd unrhyw air wedyn oddi wrth y gŵr o Ariannin, a chan nad oedd fy nhad wedi cadw ei gyfeiriad, ni allai yntau anfon gair o werthfawrogiad i'n cymwynaswr. Cofiaf dderbyn bocs cyn hyn, ond nid oedd dirgelwch ynghylch hwn gan ei fod wedi ei addo. Daeth yn llawn o afalau melys o erddi H. Haydn Jones, Tywyn, Aelod Seneddol Sir Feirionnydd, fel arwydd o'i ddiolchgarwch am yr emynau a dderbyniodd ar gyfer y llyfr hymnau a gasglwyd ac a gyhoeddwyd ganddo.

Trefnai fy nhad ei awr ginio i gyfateb â f'un i o'r ysgol, er mwyn cael cyd-fwyta. Gorffennai ei waith am y dydd erbyn pump o'r gloch, a chaem de gyda'n gilydd bryd hynny. Ar ôl te byddai ef, bron yn ddieithriad, yn mynd am dro—tro byr yn y gaeaf pan fyddai'r hin yn oer neu'n wlyb, ond cerddai filltiroedd ar dywydd teg, fel rheol ar ei ben ei hun ond weithiau gyda mam neu fi. Trefnai bob amser i wneud tro crwn, fel na fyddai'n troedio'r llwybr y cychwynnodd arno ar ei ffordd yn ôl. 'Roedd digon o ddewis o'r rhain o gwmpas Porthmadog, rhai'n fyr a rhai'n hir, a chan nad oedd llawer o foduron yn y fro bryd hynny 'roedd bron cymaint o dawelwch i'w fwynhau ar y priffyrdd ag ar y ffyrdd gwlad. Os na fyddai ei ambarél yn ei law rhag ofn cawod, byddai ei hoff ffon ganddo, un ddiaddurn, a'i bagl wedi ei naddu ar lun bawd. Wrth ddychwelyd o'i dro, byddai'n aml yn galw yn yr offis i deipio llythyr neu feirniad-aeth, neu hwyrach ddarn o farddoniaeth.

Dro arall, yn ystod y gwanwyn a'r haf, hoffai wneud mân orchwylion yn yr ardd. 'Roedd hyn, gyda llaw, yn ddiddordeb hollol newydd iddo, ond yn ystod y Rhyfel, pan argymhellwyd pawb i dyfu llysiau ac i wneud defnydd o bob darn o dir heb ei drin, penderfynodd yntau wneud ei ran, a chefais innau fy rhwydo i mewn i roi help llaw iddo. Brwydr galed fu hi rhyngom ein dau a malwod a theulu'r jac-do, a phan ofynnwyd i'm tad unwaith am gyfres o benillion telyn ysgafn, canodd un pennill o'i brofiad fel garddwr :

> Mi rois ffa i lawr un diwrnod,
> A gwnes fwgan gwych i'w gwarchod.
> Beth a welais pan es allan
> Ond y "jac" yn pigo'r bwgan !

Llwyddwyd yn y diwedd i gadw'r difrod o fewn terfynau, a mawr oedd ein boddhad yn y cnwd a fu'n gymaint cymorth mewn adeg o brinder.

Ar y tywyllnos goleuid y lamp olew yn y gegin, a setlai fy nhad wrth y tân i ddarllen nes amser gwely. Byddai'n aml ar ôl swper yn darllen storïau yn uchel er mwyn ein diddori, rhyw bennod neu ddwy ar y tro. Fel hyn y darllenwyd nofelau Daniel Owen i gyd, ynghyd â'r Mabinogion a llawer llyfr arall. Cawn innau gyfle i ddarllen yn uchel ambell waith, yn enwedig pan oedd straeon *Hunangofiant Tomi* a'u tebyg o dan sylw. Byddai yntau yn cywiro unrhyw gamgymeriad a wnawn, a than ei hyfforddiant deuthum yn fuan i fedru darllen gyda'r pwyslais priodol i wneud y stori yn ddifyrrach i wrando arni. Dyna batrwm dyddiau'r wythnos fel arfer ac anaml y byddai'r drefn yn newid. Mae'n wir y byddai fy nhad yn y gaeaf yn mynd i wrando ar ambell ddarlith neu bregeth gan ŵr enwog, ond newid achlysurol oedd hynny.

Beth am y Sul ? Bu am rai blynyddoedd heb fynychu'r capel os na fyddai rhywun fel Pedrog neu Elfed yn digwydd bod yn pregethu, ac anaml y byddai hynny. Cofiaf yn dda yr âi yn ddi-feth i'r capel Saesneg bob tro y deuai Puleston Jones yno—'roedd ganddo feddwl uchel o'r gŵr dall a galluog hwnnw. Ond erbyn yr adeg yma 'roedd wedi ailddechrau mynd i oedfa'r bore, a hynny yn ddiamau er fy mwyn i. Aem ein dau yn bur reolaidd ar fore Sul, tra arhosai fy mam gartref i baratoi cinio. Byddem adre'n ôl yn fuan ar ôl un ar ddeg, a phan fyddai'r tywydd yn caniatáu, aem ein dau am dro hyd nes deuai cinio'n barod. Âi fy mam a minnau i'r Ysgol Sul yn y prynhawn, ac i oedfa'r nos, tra treuliai ef y prynhawn yn darllen, neu'n cerdded. Pan fyddai'r tywydd yn braf byddwn yn llwyddo o bryd i'w gilydd i osgoi mynd i oedfa'r nos, a chael cerdded allan ymhell i'r wlad yn ei gwmni. Pleser di-ben-draw ar y teithiau hyn oedd dod i adnabod adar, a choed, a blodau, o dan ei gyfarwyddyd.

Sut ddyn oedd o ran ei olwg ? Gŵr tal, tenau, a chanddo wyneb gweddol fychan ; gwallt tywyll gyda rhes wen union fel saeth ar yr ochr dde—dewisodd yr ochr hon o'i ddyddiau cynnar am fod tröell yn ei wallt yn ei gwneud yn haws i'w drin felly ; llygaid llwydwyrdd addfwyn, ond gyda fflach ddireidus ynddynt ar brydiau, o dan aeliau ysgaifn. Erbyn hyn gwisgai sbectol o'r teip a elwid yn *pince-nez*—un ymyl aur, ac ysbring rhwng y ddwy ochr yn gwasgu dau dolyn, un o bobtu i'r trwyn. 'Roedd ei fwstas gryn dipyn yn oleuach na'i wallt—cofiaf ef yn dweud yn gellweirus un tro na allai esbonio hyn, ar wahân i'r ffaith y byddai ei dad yn "iro ei ben ag olew" bob bore Sul er mwyn sicrhau ciw-pi teilwng i fynd i'r capel, a bod hyn wedi achosi i'w wallt dywyllu mewn amser! Siwt lwyd a wisgai bob amser—yr un ar Sul, gŵyl a gwaith—ac yr oedd mor ofalus ohoni fel y byddai'n para am flynyddoedd iddo. Yn ôl arferiad yr oes honno, gwisgai goler galed yn gyson, ac yr oedd yn ddigon henffasiwn i fynnu esgidiau cefn-uchel am ei draed, a'r un mor ofalus ohonynt ag o'i ddillad. Os na fyddai'r tywydd yn eithriadol o boeth, gwisgai gôt uchaf lwyd i fynd allan, ond pur anaml y byddai'n cau'r botymau. 'Roedd yn ŵr darbodus a difalch, ac ychydig a wariai arno'i hun. Âi i siop y barbwr i'w eillio bob dydd, a'r unig arian arall a dreuliai oedd ar lyfrau ac ychydig o daclau pysgota. Nid âi allan, ychwaith, heb het am ei ben, a'r unig fath y cofiaf ei gweld ganddo, oedd un feddal lwyd, a'i chantal yn troi ar i fyny a'r ymyl wedi ei rwymo,—hyn heblaw yn anterth haf, pan wisgai het wellt galed.

Yr oeddwn wedi dod yn ddigon mawr erbyn hyn i gael mynd gydag ef i bysgota i Afon Dwyfor, ac edrychwn ymlaen yn eiddgar at y diwrnod mawr. Wele ni'n cychwyn gyda'r trên un o'r gloch ddydd Sadwrn i Gricieth, a cherdded oddi yno

i Lanystumdwy. Ar ôl croesi'r bont a dringo'r gât i'r cae, dyna
fi'n cael ei fasged bysgota i'w chario ar fy ysgwydd. Gynted ag
y byddai yntau wedi rhoi ei enwair wrth ei gilydd, a rhedeg y
lein drwy'r dolennau ar ei hyd, cawn wers sut i glymu'r
blaenllinyn yn ddiogel, a sut i roi'r bachyn yn sownd, pa faint
o haels oedd eisiau, a sut i roi'r pry genwair ar y bach. Dysgwn
wedyn i gadw o'r golwg rhag tarfu'r brithyll, ac yn anad dim,
i beidio â syrthio i'r demtasiwn o luchio cerrig i'r dŵr—dyna
bechod anfaddeuol. Wrth fynd dow-dow i fyny'r afon, cawn
wers yn dangos ymhle yr oedd y pysgod yn debyg o fod yn
gorwedd, ymhle i daflu'r abwyd i'w dal a sut i ddadfachu'r
brithyll a'i roi i orwedd ar wely o frwyn yng ngwaelod y fasged.
Ar ein taith i fyny'r afon—ei hoff afon, cymerai bleser i ddangos
i mi fannau diddorol yr aem heibio iddynt, fel godre tir
Tyddynmabcoch, lle buasai teulu ei fam yn byw ond heb neb
ohonynt ar ôl erbyn hyn ; ac ambell lyn enwog am bysgod fel
Llyn y Maen Mawr. Ac yna ymlaen at Allt y Widdon yr
ysgrifennodd y delyneg hud a lledrith hon iddi :

Uwchben yr afon Ddwyfor,
  Tan rwyllog fwa'r coed,
Ymgûdd hen ogof wgus
  Na ŵyr yr hyna'i hoed ;
Ac yn yr ogof honno
  Y nythai gwiddon gynt,
Pan oedd y derw mawr yn fes
  Melynlliw yn y gwynt.

Ei gwallt oedd fel y muchudd,
  Uwch cernau fel y cŵyr ;
A thân ym myw ei llygaid
  Fel dreigiau yn yr hwyr :
Nid oedd mo'i bath am adrodd
  Cyfrinion melys, mud ;
Hi wyddai am ofergoel serch,
  Ac am obrwyon brud.

Ac ati dôi cariadau
  Liw nos, o lech i lwyn,
I brynu ei daroganau
  A gwrando'i thesni mwyn ;
O fwth a llys y deuent
  Ag arian yn eu llaw ;
Er ofni'r allt a rhithion nos,
  Ni allent gadw draw.

A hithau'r widdon gyfrwys
    Â throell ei thafod ffraeth,
A nyddai wrth ei mympwy
    Eu ffawd, er gwell a gwaeth :
Hi welai ' wŷr ' yn dyfod
    O bob rhyw liw ac oed ;
A llawer ' morwyn ' wisgi, wen
    Na aned moni erioed.

Ni wn am ba sawl blwyddyn,
    Na pha sawl oes y bu
Yn dweud ei chelwydd golau
    Yng ngwyll ei hogof ddu ;
Ond hysbys oedd ei henw
    Ar lafar gwlad a thref ;
Ac ofnai'r gwan ei melltith hi
    Yn fwy na barnau'r nef.

Beth ddaeth o'r wrach felynddu
    Ni ddywaid coel na llên ;
Ond darfu'r sôn am dani,
    Ac am ei gwg a'i gwên :
Ni wybu neb ei marw,
    Ni chlybu neb ei chri ;
Ond weithiau cwyd drychiolaeth hen
    O'r llynclyn yn y lli.

Ond, wrth gwrs, ni soniodd air am y gân hon wrthyf i ar y
pryd—yn wir, nid wyf yn siwr a oedd wedi ei chyfansoddi bryd
hynny. Ymlaen â ni heibio i Lyn Meibion ac i Ddôl Dynana—
ei hoff fan am wyniedyn pan ddôi lli Awst—a thros yr allt hyd
at Lyn Gro Mân. 'Roeddwn yn dechrau llusgo fy nhraed erbyn
hyn, ac ar ôl llwyddo i deithio rhyw hanner milltir ymhellach
nes cyrraedd godre Llyn y Felin, yr oeddwn yn falch o'i weld
yn tynnu'r blaenllinyn ac yn datgymalu'r enwair. Ac yna, ar
ôl dringo'n llesg i fyny'r allt serth a thrwy ardd hen gartre'r
teulu ym Mhensingrig, dyna ni'n cyrraedd y ffordd fawr, a
minnau'n adfywio wrth deimlo wyneb gwastad a chaled o dan
fy nhraed. Ffwrdd â ni heibio i'r Felin a thros bont Rhydyben-
llig, a chyn bo hir yn troi hyd ffordd drol yn arwain i fferm
Tyddyn Morthwyl. Yno 'roedd Nell, wyres i hen deulu Pen-
singrig, yn ffermio gyda'i gŵr Owen Roberts. Er i ni gyrraedd
yno'n hollol annisgwyl, mawr oedd ein croeso, a'r cyfle i
eistedd i lawr yno bron mor amheuthun â'r te fferm ardderchog
a ddarperid inni. Ar ôl diwallu ein newyn a dadflino yn ystod

y sgwrs 'roeddem yn barod wedyn i gychwyn cerdded i Gric-
ieth i ddal y trên olaf a gyrhaeddai Borthmadog am naw o'r
gloch. Ar ôl diwrnod fel hyn nid oedd unrhyw drafferth mynd
i gysgu'r noson honno.

Ar ôl bod ddwywaith neu dair ar yr un ymgyrch, 'roedd fy
niddordeb yn dechrau pallu ; ond wedi'r wefr o gael teimlo
plwc brithyll ar enwair fy nhad, a chael dal un bychan,
teimlwn fy mod wedi dysgu digon i haeddu genwair fy hun.
Bûm yn swnian cymaint nes iddo o'r diwedd holi ym mysg ei
gyfeillion am hen enwair a wnâi y tro i mi. Bu'n ddigon ffodus
i gael un fach, ysgafn, ond bod ei blaen wedi torri, a bu wrthi'n
ddiwyd yn ei spleisio a'i gliwio, ac yna'n cawio'r trwsiad gydag
edau fain, a rhoi farnais drosti nes iddi edrych fel newydd. Er
cael yr enwair am ddim, costiodd hyn gryn dipyn iddo mewn
amser ac arian wedi hyn, gan y byddwn yn bachu gwaelod yr
afon yn amlach na physgod, ac yn colli mwy o fachau mewn
prynhawn nag a wnâi ef mewn tymor.

Tua'r adeg yma derbyniodd lythyr oddi wrth W. Prys
Owen yn amgau tri englyn o'i waith gan ymddiheuro am
iddo wneud mor hy ar ei enw. Dyma'r englynion :

Wrth dramwy brithdir emyn,—   Y bywydol abwydyn—a fwria,
     y lawnaf   Dry'n farwol 'mhen tipyn ;
Delyneg a'r englyn,   Ar ôl teg riliaw tyn
Gwiw fwynhad ga Eifion Wyn   Basgeda aml bysgodyn.
Hyd lannau gyda'i linyn.

> Eithriad fu cael un athro—o'i hafal
>   Yn nefion genweirio ;
>   Ei blu mân o ble mynno
>   Deifl i bwll, boed fel y bo.

Cafodd ateb fel hyn ar unwaith :

> Ni roist ddim tramgwydd imi,—hawdd maddeu
>   Meddaf, dy ddireidi ;
>   Ias o hwyl a brofais i
>   Uwch dy awgrym bach digri.

> Gŵyr y pysg awr y pesgi,—mai y gwir
>   Heb ddim gwall a draethi ;
>   Deunaw ugen eleni
>   Sy' a'u gwaed ar fy masged i.

15

Yn fuan ar ôl diwedd y Rhyfel Byd yn 1918, derbyniodd y llythyr a ganlyn :

PRIFYSGOL CYMRU   UNIVERSITY OF WALES

VICE-CHANCELLOR   University College,
Sir Harry R. Reichel, M.A., LL.D.   Bangor.
                             4 December 1918.

My dear Sir,

    I have the pleasure to inform you that the University Court at its last meeting unanimously resolved to confer on you the Degree of Magister in Artibus, honoris causa, on the ground of your distinction as a Welsh lyric poet, and I am to ask if you are prepared to accept the proposed Degree, which, in that case, would be conferred at the annual Congregation of the University next July.

Yours faithfully,
Harry R. Reichel.

Elizeus Williams Esq.,
   (Eifion Wyn).

Ei adwaith cyntaf ar ôl derbyn y llythyr hwn ydoedd gwrthod yr anrhydedd yn ddiymdroi, am fwy nag un rheswm. Yn y lle cyntaf, nid oedd yn hoffi o gwbl y syniad o weld llythrennau ar ôl ei enw, gan y teimlai mai rhywbeth rhodresgar a rhwysgfawr ydoedd, a pheth hollol groes i'w natur. Heblaw hynny, 'roedd y syniad o fynd i'w urddo o flaen tyrfa fawr o fyfyrwyr yng Ngholeg Aberystwyth yn codi ias o ofn arno. Ond wedi ail-ystyried, a chael gair gyda rhai o'i gyfeillion, daeth i sylweddoli na allai'n hawdd wrthod heb greu'r argraff ei fod yn ddibris o'r anrhydedd a osodwyd arno gan Brifysgol Cymru. Ac felly, braidd yn betrusgar ac yn wylaidd, ar ôl oedi bron dair wythnos, yr ysgrifennodd i'r Coleg i ddatgan ei barodrwydd i dderbyn y radd.

Drannoeth ar ôl ysgrifennu cyrhaeddodd yr anrheg Nadolig

arferol oddi wrth ei hen gyfaill David Williams, Ivy House, ac
eto'n ôl yr arfer, anfonodd yntau bill o ddiolch iddo am y dei
las a dderbyniodd :

"Cwlwm hi am dy Wddf"

Nid oedd genny' dei Nadolig
  Weddus i M.A.,
Ac ni wyddwn ymhle cawn un
  Hanner digon da :
Mi a'i ces ! un las fonheddig
  Lefn fel gwisg y wadd ;
Diolch i chwi am fy nghofio—
  Gwell yw tei na gradd !

Mi a'i clymaf am fy ngwddw
  Heb betruso dim ;
Ar y Sul ac ar y Gwyliau,
  Hon fydd addurn im :
A phan af i dref y Coleg
  Sonnir am fy nhei
Fel am "golar" Tomos Bartli—
  Diolch eto, Dei.

Yn nechrau 1919 pan wnaed yn hysbys yn y wasg ei fod i
dderbyn gradd anrhydeddus Prifysgol Cymru, derbyniodd
lythyr swyddogol oddi wrth Gyngor Tref Porthmadog yn ei
longyfarch, ynghyd â llawcroedd o lythyrau a chardiau post
oddi wrth edmygwyr o bob cwr o'r wlad. Ymddangosodd
ysgrif gan J. J. Williams yn *Tywysydd y Plant*, Awst 1919, a
chredaf ei bod yn ddigon pwrpasol i godi rhan ohoni yma :

Ryw fore, cyn bo hir, fe wel plant bach y *Tywysydd* i Brif-
ysgol Cymru roddi'r radd o M.A. i Eifion Wyn. Y bore hwnnw
yr wyf am i bob plentyn bach yng Nghymru daflu ei gap i'r
awyr deirgwaith, a gweiddi "Hwre" bob tro . . . Nid am
eistedd mewn ystafell yn y coleg, a phasio arholiad, y caiff
Eifion Wyn ei M.A., ond am ganu caneuon wrth fodd calon ei
wlad,—caneuon a bair iddi wylo a chwerthin bob yn ail ; a
hithau heb wybod yn iawn paham y gwna un o'r ddau . . .
A welsoch chi Eifion Wyn erioed ? Naddo, mi wn. Efe yw'r
dyn anhawddaf ei weled yng Nghymru. Nid yw yn hoffi
dangos ei hun. Chwi wyddoch fod yr eos yn canu yn y nos, pan
mae'n hawdd ei chlywed, ac yn anodd ei gweled. Dyna Eifion
Wyn i'r dim. Rhyw eos bêr yw yntau, yn canu mewn rhyw

dewlwyn cudd ymhell i mewn yn y coed, ac os ewch yn rhy agos i'r llwyn fe dderfydd y gân. Bum i am flynyddoedd yn gwrando'r gân, ond yn methu'n lan a darganfod y llwyn, na gweled yr aderyn. Cofiaf yn dda pan euthum o'r diwedd dan y llwyn, ac y cyfeiriodd rhywun ei fys at yr aderyn gan sibrwd : "Dacw fo". Ni chefais gymaint o siom yn fy mywyd. Disgwyl-iaswn weled dyn rhyfedd—gwallt hir, annhrefnus, heb lwybr trwyddo yn unman ; dau lygad serennog, gwyllt, a dim ond eu gwyn yn y golwg yn awr ac eilwaith ; coler fel oedd gan 'nhadcu, a dim ond un pen iddi yn ei le ; cadach am ei wddf wedi myned i'w le ar ddamwain ! Ond wyddoch chwi sut ddyn oedd Eifion Wyn ? Y tebycaf a welsoch erioed i glerc mewn banc. Yr oedd fel pin mewn papur, yn ffasiynol ei wisg, yn drwsiadus a gofalus ymhob dim . . . Yr oedd Eifion Wyn yn lwcus iawn i mi ddarllen ei waith cyn gweled ei wedd, neu ni chredwn byth y gellid bardd ohono. Ond y mae'n fardd, yn wir fardd, ac nid oes ei well yng Nghymru. A gynhyrchir rhywbeth yng Nghymru heddyw sydd mor sicr o fyw'n hir a thelynegion Eifion Wyn ? . . .

Pan ddaw'r newydd am yr M.A. yn y papurau, carwn i blant bach y *Tywysydd* brynu *post-card* a'i hanfon ato i'w lon-gyfarch . . .

Aeth yr ysgrif yn hwy na'm bwriad. Cofied Cymru ei dyled i Eifion Wyn, a chofied Eifion Wyn ei ddyled i Gymru,—sef cyfrol arall ar fyrder.

Pan gafodd fy nhad ar ddeall y byddai'n ofynnol iddo brynu cap a gŵn bwrpasol ar gyfer y seremoni, a'r rheini'n costio rhai punnoedd, teimlai fod hyn yn wâst ar arian, gan na fyddai unrhyw debyg y defnyddiai hwynt ar ôl dydd yr arwisgo. Ond 'roedd rhai o'i gyfeillion wedi meddwl am hyn, a chyn iddo gael cyfle i ailfeddwl, 'roeddynt wedi llunio pwyllgor i drefnu ffordd i'w anrhegu ag urddwisg y radd newydd ac wedi dosbarthu cylchlythyr yn cynnwys y neges a ganlyn :

Chwefror 20fed 1919

Annwyl Syr,

Diameu gennym ddarfod clywed am fwriad Prifysgol Cymru i anrhydeddu Eifion Wyn â'r radd o M.A., beri mawr foddhad, nid yn unig i'w gydnabod, ond i garedigion awen a chân yn gyffredinol. Llawenydd nid bychan ydoedd gweled ein prif lys athrofaol yn amlygu gwerthfawrogiad o'i weithiau fel na ddigwydd iddo ef, fel y bu i lawer, fyned heb anrhydedd yn ei

132

wlad ei hun . . . Ar y 7fed cyfisol cyfarfu nifer o edmygwyr Eifion Wyn i ystyried pa beth allesid ei wneud er dathlu yr amgylchiad hapus, ac i arddangos yn sylweddol ein teimladau da tuag ato, a'n dyled iddo. Yn rhwydd a chalonnog addawyd dros ddeg punt ar y pryd a threfnwyd pwyllgor i ddarparu cylchlythyr i wahodd tanysgrifiadau yn Eifionydd a'r cyffiniau. Bwriedir yn flaenaf oll wneud rhodd iddo o'r "cap and gown" angenrheidiol gogyfer a seremoni cyflwyniad y radd. Llwyr greda y pwyllgor y bydd yn dda gan lawer uno yn y mudiad i roddi bri ar un sydd wedi cyfoethogi llenyddiaeth Gymreig â'i athrylith, ac wedi swyno y wlad â'i awen hudolus. Bydd y drysorfa yn agored hyd Mai 1af, ond fe ddiolcha y Pwyllgor am roddion prydlawn, boent fychain neu fawr, y rhai ydynt i'w talu i'r trysorydd.

Ydym, dros y pwyllgor,
  Henry Roberts, Pensyflog, Cadeirydd
  Evan Evans, Central School, Trysorydd
  Robert Williams, Britannia Foundry, Ysgrifennydd

Wedi cau o'r gronfa, ac ar ôl pwrcasu'r urddwisg, trefnodd y pwyllgor gyfarfod anrhegu yng Ngwesty Arfonia, a chefais innau wahoddiad i fynd yno gydag ef. Hyd y cofiaf, rhyw ugain o wahoddedigion oedd yno, ac y mae'n sicr na wnaeth unrhyw un ohonynt fwy o gyfiawnder â'r bwyd a baratowyd na mi. Wedi'r wledd, bu'r mwyafrif o'r cwmni yn talu teyrnged iddo mewn araith a chân, ac yna cyflwynwyd iddo'r wisg gan Henry Roberts, Pensyflog, Llywydd y cwrdd, ynghyd â siec am weddill y tanysgrifiadau, sef y swm sylweddol o £50. Mynnodd David Williams, Ivy House, er creu dipyn o hwyl, ei arwisgo yn y fan a'r lle, er y gwn mai yn ddigon anfodlon y goddefodd iddo wneud hynny. Wedi'r miri hwn, cododd fy nhad i ddiolch iddynt am bopeth, a gwnaeth hynny'n fyr ac i bwrpas, er ei fod yn amlwg o dan deimlad dwys. Dyna'r unig dro i mi ei weld a'i glywed yn siarad yn gyhoeddus.

Dyma'r gerdd a gyfansoddodd T. J. Cynfi a'i hadrodd yn y cyfarfod anrhegu :

  Croesaw dy henfro estynnwn heno,
    Cyn rhoi o'th wlad ar dy ganu fri ;
  Dy ben eneiniwn, dy wisgo fynnwn,
    Cyn dyfod dwthwn dy urddo di.

Ysgafn y troediaist lannau'r afonydd,
  Cynnil y cenaist eu mwynder hwy ;
Dy gwmni gerddynt i wrando arnynt
  Wrth gofio amdanynt yn wynfyd mwy.

Hoffach i'r llygad, a'i carai'n barod
  Yn swn dy gân ydyw gwisg yr haf ;
Porffor y mynydd, ac aur y gweunydd,
  A glas y dolydd yn newydd gaf.

Cyflwynaist delor na fedd ysgubor,
  Trwy law ein Tad, at ein briwfwyd ni ;
Llinos siriolach yw'r benddu, bellach,
  A'i nyth yn sicrach, o'th "Gyfarch" di.

Bu pob rhyw dant ar delyn bywyd
  Yn fyw i gyffro dy awen bur ;
Santeiddio'n hawddfyd wna cerddi'th wynfyd,—
  I leddfu'n hadfyd cawn gathlau'th gur.

Canwyd hefyd y gân ddoniol hon o waith ei hen gyfaill,
Tryfanwy :

Mae cofio Tipyrêri yn codi cur i'm pen,
'Run fath â Betsan Pari yn Stesion Afon Wen !
Ond peidiwch chwi â chwerthin, nes canaf beth o'i le,—
Nid ydyw'r dyn galluog ond AROS ei "M.A." !—
  'Rwy'n siwr o hynny toc, 'rwy'n siwr o hynny toc,
  Mae llawer *peth* 'blaw pwysau yn sifftio bys y cloc !

Mae'n wir na feddaf heno ond siwtan ddigon sâl,—
Mi gollais fwy na Homer yn Rhyfel Mawr Transfâl ;—
Ond waeth am hynny 'rwan,—ces freuddwyd efo 'nhe,
Am Gap a Mantell Newydd pan fyddaf yn "M.A."—
  'Rwy'n siwr o hynny toc, 'rwy'n siwr o hynny toc,
  Mae'r "glass" yn dal i godi a dal i fynd mae'r cloc !

Mi wn Gymraeg rhagorol, a Sysnag "ffwrdd â hi",
Mi gefais innau ysgol, tae hynny ots i chi !—
A gwn beth yw Cenfigen, fel pawb o hogiau'r dre,
Ond byddaf ar fy nigon pan fyddaf yn"M.A." !
  'Rwy'n siwr o hynny toc, 'rwy'n siwr o hynny toc,
  Ar ôl y tywydd garw mae'r siawns i gasglu'r broc !

Llwyddodd y rhoddion hyn gan ei gyfeillion ym Mhorth-
madog i chwalu ei ofnau ariannol, a buont yn gymorth hefyd
iddo brynu'n ddibryder rai dilladau newyddion i'r tri ohonom.
Un bwgan arall oedd yn aros. Byddai'n ofynnol i ni letya dwy
noson yn Aberystwyth ddiwrnod yr urddo, ac 'roedd yn gas

ganddo feddwl am fynd i aros i westy dieithr. Ond daeth gwaredigaeth pan dderbyniodd wahoddiad cynnes oddi wrth hen gyfaill o Borthmadog, John Charles McLean, a oedd yn organydd yn un o eglwysi'r dref, i ni fel teulu fynd i aros atynt hwy dros yr amgylchiad. Ni fu fy nhad yn barotach i dderbyn gwahoddiad erioed, ac yn llai pryderus na'r disgwyl y cychwynnodd gyda fy mam a minnau efo'r trên i Aberystwyth ar y 14eg o Orffennaf 1919. Ac ar yr orsaf yno i'n derbyn yn llawen yr oedd John Charles McLean, ac yna ein hebrwng i groeso ei deulu yn ei gartref cysurus. Ni allai fy nhad fod wedi cael cyfrwng gwell i dawelu ei nerfau na chael sgwrs dawel gyda'i hen gyfaill, a gwnaeth hyn fwy na dim i'w baratoi ar gyfer prawf llym y seremoni drannoeth. 'Roedd y gwaith o anrhydeddu agos i 200 o fyfyrwyr o golegau Aberystwyth, Bangor a Chaerdydd yn dechrau yn neuadd y Coleg am dri o'r gloch y prynhawn, a chyn gynted ag yr oedd yr olaf ohonynt wedi ei dderbyn, aethpwyd ymlaen i gyflwyno fesul un ac un, yr wyth a ddewiswyd i dderbyn gradd "er anrhydedd". Yr Athro John Morris-Jones oedd yn cyflwyno fy nhad, hynny yn y geiriau a ganlyn :

Da gennyf Mr. Is-Ganghellor, gael y fraint o gyflwyno i chwi fardd y gellir yn ddibetrus ddywedyd am dano ei fod yn berchen y wir awen—Eifion Wyn. Fe ymgydnabu'n ieuanc â miwsig yr iaith Gymraeg, ac fe'i doniwyd yn helaethach ond odid na neb er Ceiriog â'r reddf a'r athrylith i ganu telynegion cain a hyfryd ynddi. Ac y mae ganddo nid yn unig glust i glywed, ond llygad i weled a chalon i deimlo. Llawer portread prydferth a llawer tant tyner sydd yn ei awdl i'r "Bugail" a'i "Delynegion Maes a Mor". Fe all gyffwrdd calon gwerin, megis trwy ddelweddau teimlad mam yn "Hwiangerdd Sul y Blodau" ; ac fe all swyno clust y cywrain â thlysni ei gynghanedd. Am lunio gemau barddoniaeth nid oes nemor i'w cystadlu ag ef ; y mae yn ei englynion ryw loywder a dichlynder na welir yn fynych eu cyffelyb, megis yr englyn enwog i "Flodau'r Grug"

"Crog glychau'r creigle uchel,
Fflur y main, ffiolau'r mêl."

I un a ddeallodd gymaint o gyfrinach yr iaith, a gasglodd ei mêl, ac a'i huliodd i'r genedl, y mae anrhydedd yn deilwng ; ac ni all y Brifysgol lai na chydnabod ei ddawn a'i wasanaeth trwy estyn iddo radd anrhydeddus Athro yn y Celfyddydau.

'Roedd ef a'r graddedigion anrhydeddus eraill wedi derbyn gwahoddiad gan yr Is-Ganghellor i giniawa yng Ngwesty'r Queens y noson honno, ond ar ôl miri'r dydd, gwell oedd ganddo dreulio'r gyda'r nos yn dawel yng nghwmni caredig ei westeiwr a'i deulu. A thrannoeth llwyddwyd i'w berswadio i fynd i dynnu ei lun yn ei urddwisg, cyn mynd am y trên yn ôl i Borthmadog. A dyna'r tro olaf y bu'r wisg amdano, ac wedi ei phlygu'n ofalus yn ei bocs y bu hyd nes yr anfonwyd hi gan fy mam i'r Amgueddfa Genedlaethol yng Nghaerdydd rai blynyddoedd ar ôl ei farw yn 1943.

Ym mysg yr holl longyfarchion a dderbyniodd ar achlysur ei radd, credaf mai un o'r rhai a'i cyffyrddodd fwyaf oedd y penderfyniad hwn gan weithwyr un o giniawdai mwyaf chwarel yr Oakley, Ffestiniog, lle 'roedd yn ffefryn mawr :
' Ein bod fel gweithwyr yn anfon ein llongyfarchiadau i Eifion Wyn, prif fardd ein cenedl, ar yr anrhydedd a roddodd Prifysgol Cymru iddo, sef y teitl o M.A. Caffed oes hir i wasanaethu ei wlad gyda'i delynegion campus. '

Gan mai ei amcan wrth ganu ei delynegion oedd diddori gwerin ei wlad, 'roedd derbyn neges fel hyn oddi wrth weithwyr cyffredin a diwylliedig y chwarel yn galondid mawr iddo.

Ym Medi 1919 agorwyd ysbyty yn y dref, Ysbyty Madog, a'r noson honno cynhaliwyd cyngerdd i ddathlu'r amgylchiad yn Neuadd y Dref. Y wraig wadd yno oedd Mrs. Margaret Lloyd George, fel yr oedd hi bryd hynny, a chyfarchwyd hi gan yr arweinydd, David Williams, Ivy House, gyda'r penillion hyn a ysgrifennwyd iddo gan fy nhad :

Cewch yma Wrones y Bryniau,
Ac Esther ein cenedl ni ;
Am burdeb ei moes a'i gwladgarwch,
Câr oesoedd ei henw hi.

O'r aelwyd fach wledig yng Nghymru,
Hi ddringodd i lys Nymbar Ten,
Heb newid un iod nac un tipyn,
Heb ffoli mewn calon na phen.

Gall siarad Cymraeg, ac fe'i sieryd
Heb swildod lle bynnag y bo ;
Cymraeg heb na llwydni na llediaith,
Cymraeg glan a gloew ei bro.

Ei chrefydd yw llewyrch ei llwybr,
　Ei symledd yw coron ei bri ;
Mae'n enwog ym Mharis a Llundain,
　Ond "Hogan o Griccieth" yw hi.

　Derbyniai gais, o dro i dro, am englynion neu benillion addas
i'w cyhoeddi mewn rhyw gylchgrawn neu'i gilydd, a chredaf
mai mewn ateb i gais felly, ar gyfer rhifyn Nadolig, yr ysgrif-
ennodd y llythyr a ganlyn wrth amgau ei gyfraniad—er, yn
anffodus, nad oes gennyf y syniad lleiaf at bwy yr oedd wedi ei
gyfeirio :

　　Cefais eich cais a'ch cysur, yn eu hiawn bryd ; diolch i
　chwi am y ddau.

　　Mwyn yw gwybod fod i'm telynegion le mor sicr yn eich
　serch.　Dyna wynfyd bardd ymhob oes,—caffael ei gân yng
　nghalon arall.

　　"And the song from beginning to end
　　I found again in the heart of a friend."

　Hoffwn gael copi o'r Cylchgrawn yn rhodd Nadolig . . .

Nadolig Llawen

I

Os mynni gadw'r Ŵyl
　Fel carai Duw a dyn,
Na chadw'r oll o'th dda
　O fewn dy lys dy hun.

Rho bryd i'r sawl nas medd,
　Er prinned fo dy râd ;
Ca'r hwn a ranno'i wledd
　Ddau cymaint o fwynhad.

II

Cadwn yr Ŵyl bob un,
　Yn swn y tant a'r engyl ;
Cofiwn am Fab y Dyn,
　A'i frawd sydd yn ein hymyl.

137

III

Gŵyl lawen fo iti
  Boed heulwen boed law ;
Rho ran, os y medri,
  I wyth ac i naw,—
Dedwyddaf y galon
  Po haelaf y llaw.

IV

Cenwch y clychau
  Ar fore'r Nadolig,—
Bu Duw yn drugarog
  Boed dyn yn garedig.

V

Gŵyl y Nadolig
  Sydd eto'n dod ;
Boed ysgafn dy galon
  A throm dy gôd.

Ond yn dy lawenydd,
  Myn gofio siom
Y gŵr a'r gôd ysgafn,
  A'r galon drom !

Defnyddiwyd amryw o'r cyfarchion hyn ar gardiau Nadolig, a chyfansoddodd hefyd benillion arbennig ar gyfer cardiau'r Flwyddyn Newydd :

Hed fy meddwl atat
Ar adenydd cariad,
Fore Calan Ionor,
Gyda'r hen ddymuniad :
Goreu byd a bywyd
Fo dy ran eleni ;
Goreu dyn, a'th oreu'th hun
"Duw, a phob daioni".

Er mwyn yr amser gynt,
Ni allaf lai nag anfon
Un gair i'm dwyn i gof,
A dweud beth ddwed fy nghalon :

138

Os yw yr hin yn oer,
Mae serch yn ddeufwy cynnes ;
Mae cofio pell gyfeillion pur
Fel marwor yn y fynwes.

Canu mae y clych, ffrynd,
Groesaw'r Flwyddyn Newydd.
Ninnau yn rhy bell, ffrynd,
I siglo llaw â'n gilydd :
Boed dy fyd yn wyn, ffrynd,
Boed dy nef yn oleu ;
Boed y Flwyddyn iti'n well
Na'm dymuniad goreu.

16

Pan glywai am ryw anghyfiawnder neu am fwriad a ym-
ddangosai iddo ef yn wrthun, byddai'n barod iawn i dynnu
sylw at y mater yn y wasg. Felly y bu pan arfaethwyd sefydlu
Ffatri Gaws ym Mhlas Bryncir, ac fel hyn yr ysgogwyd ef yn
Nhachwedd 1919 i ysgrifennu'n ddigon gwawdlyd i'r *Herald
Cymraeg* :

FFATRI GAWS BRYNCIR. PRISIAU RHYFEDD

Y mae Mr. R. M. Greaves, y Wern, ac amaethwyr y Pennant,
Cwmystradllyn, Bethel a Dolbenmaen, yn paratoi i gychwyn
Ffatri Gaws ym Mhlas Bryncir. Addewir 2/11d y galwyn i'r
ffarmwyr am y llefrith, ac anfonir motor i'w gyrchu'n ddyddiol.
Gwerthir y caws i'r Llywodraeth am 2/2d y pwys ym Mryncir.
Anfonir ef i Lerpwl, neu ryw ganolfan arall. Yna gwertha'r
Llywodraeth ef am 1/3½d i fyned yn ôl i siopwyr Porthmadog
i'w werthu drachefn am 1/6d y pwys i'r ffermwyr y talwyd
2/2d iddynt am dano. Dyma ddoethineb rhy ryfedd i mi ;
uchel yw, nis gallaf oddiwrthi . . . Mae hyn yn destun gwawd
i'r gwirionaf ! Wel, wel ! Dyma fel y canodd un o'n poetau yn
wyneb y sefyllfa. Cenir y gerdd gan "Ddafydd y Dre" yn Ffair
Penmorfa nesaf :

CERDD NEWYDD : FFATRI BRYNCIR

Dowch â'ch llaeth i ffatri Bryncir,
  Chwi amaethwyr bach a mawr ;
Cewch am dano dri ond ceiniog,
  Gras llywodraeth Prydain Fawr :
    Tri ond ceiniog !
  Dyna elw gwerth ei gael.

Dowch a fo i "ddyn y motor",
  Ac na faliwch am y tlawd ;
Rhowch y noeau dan y crochon,
  Rhowch y plant ar ddŵr a blawd ;
    Tri ond ceiniog !
  Ni bydd angen corddi mwy.

Dowch a fo, waeth pwy fo'i eisio,
  Dowch, ar air y bobl fawr ;

Hwn yw'r amser cymeradwy,
   Daeth y dydd, a daeth yr awr :
   Tri ond ceiniog !
Digon byth o reswm yw.

Beth os rhaid i'ch hen gwsmeriaid
   Fyw ar saim a menyn rhad ?
Caws yw sylwedd sydd yn talu
   Caws yw iachawdwriaeth gwlad :
   Tri ond ceiniog !
Dyna fyrdwn newydd fawl.

MYN CAWS

   Pris tair ceiniog, ond gwerthir ym Mhenmorfa ddiwrnod y
ffair am ddimai !

Mae gennyf gof da amdano'n ysgrifennu'r gerdd, ond er
pob holi ynghylch y ffatri ni chefais sicrwydd ei bod wedi ei
sefydlu yn ôl y bwriad, a barnaf mai i'r gwellt yr aeth y
cynllun.

Cafodd y gerdd ei chynnwys yn y gyfrol *Cerddi Eryri* a gasg-
lwyd gan Garneddog, ond, yn anffodus, priodolir hi yno mewn
camgymeriad i Dryfanwy.

Cefais, ymysg ei lythyrau, ei ateb i ofyniad yn Saesneg
ynghylch y gair "Deffrobani" a ddefnyddiodd yn ei delyneg
"Cartre'r Haf yw Deffrobani".   Yn anffodus, nid oedd y
llythyr cais wedi ei gadw, ond mae'r ateb yn awgrymu mai ar
ran cwmni o fyfyrwyr barddoniaeth Gymraeg y gwnaed yr
ymholiad.   Teimlaf fod ei ateb yn ddigon diddorol i ddyfynnu
ohono :

   Every singer likes to hear that his songs are being read and
   enjoyed, and I thank you for giving me this sweet assurance.   It
   inspires one anew.
   What I know and remember about Deffrobani can be told in
   a few words.   It is not a word born of my fancy, as you seem to
   think, but the traditional name of the ancient Summer Land.
   One of the old Welsh triads has it that "Hu Gadarn a ddaeth
   a chenedl y Cymry gyntaf i Ynys Prydain, ac o Wlad yr Haf, a
   elwir Deffrobani, y daethant, sef y lle y mae Constantinoblys".
   And the word is used in a like sense in the lyric, only that
   there the land is spoken of as an island.

"Cartre'r haf yw Deffrobani,
Wennaf *ynys* wen."

Yr Ynys Wen proper is Britain. Y wennaf ynys wen is the Isle of Bliss—the Eldorado of youthful love.

It was in Dewi Wyn's "Molawd Ynys Prydain" that I first saw the word, and I fell in love with it for its haunting sweetness.

Should you meet any other mystifying word or phrase, do not hesitate to let me know. I may some day add a glossary to the book.

Mawr lwydd ichwi yn y gwaith da yr ydych yn ei wneuthur . . .

—In the Awdl "Hu Gadarn" is referred to as "ffraw bennaeth Dyffrobani"—the fair chief of Deffrobani.

Derbyniodd wahoddiad i feirniadu yn Eisteddfod Genedlaethol y Barri yn 1920,—ef a'r Athro T. Gwynn Jones yn gydfeirniaid ar y Cywydd. Cytunai'r ddau fod un cystadleuydd ar y blaen, ond man y barnai Gwynn Jones ei fod yn haeddu'r wobr, teimlai fy nhad i'r gwrthwyneb nad oedd yn deilwng. Dyfynnaf yma ran o feirniadaeth y ddau ar y cywydd gorau i ddangos y gwahaniaeth rhyngddynt. Dyma farn T. Gwynn Jones :

Puror y Gell—Cywydd i'r "Crwsadwr". O ran meddwl, dyma'r goreu yn ddiameu . . . Y mae ei gynghanedd . . . yn gywir, hyd y sylwais i, er nad yw bob amser yn "gywrain". Bu hefyd yn ddigon dewr—os o fwriad y gwnaed—i ollwng un llinell ddigynghanedd i mewn ("Yna a threm o dosturi"), peth gwell, wrth bob safon resymol, nag ymgyrraedd am ryw reoleidd-dra dieithriad. Eto, rhaid i mi gydnabod nad wyf yn cwbl hoffi ei arddull. Gwnaeth ormod o ymdrech i arfer hen eiriau . . . Yr unig gŵyn y gellid yn rhesymol ei dwyn yn ei erbyn yw bod ei eirfa yn dra ansathredig. I ddarllenwyr cynefin a llenyddiaeth Gymraeg rhyw gyfnod heblaw traean olaf y ganrif ddiweddaf, ni byddai'r eirfa hon yn dramgwydd hollol . . . Gwelir fod y mater yn cyfodi pwnc y dylid ei setlo. Pwnc o chwaeth yw, mewn gwirionedd. O'm rhan fy hun, ni allaf i farnu fel pe na ddarllenswn ond rhan o lenyddiaeth y ganrif ddiweddaf . . . Cydnabûm fy mod yn meddwl y gallasai'r ymgeisydd hwn ddywedyd ei feddwl mewn iaith fwy sathredig. Credaf hynny, ac yr wyf yn deall mai felly y barn fy nghyd-feirniad hefyd. Hoffwn roi pwys ar fy nghred fy hun mai nid geirfa sydd yn gwneuthur barddoniaeth, mwy na gwleidyddiaeth, o ran hynny;

ac nid anfuddiol fyddai dywedyd y gwir yn blaen mai un o brif wendidau llenyddol Cymru erioed fu rhoi gormod o bwys ar y gair—y gair hen gynt, a'r gair gwneud wedyn. Yn rhywle rhyngddynt y mae'r llwybr rhesymol. Eto, o ran ei gynnwys, ac hyd yn oed ei grefft, ar wahan i'r ystyriaethau a nodais, ni theimlwn i ar fy nghalon fy mod yn gwneuthur chware teg pe gwrthodwn y wobr i'r ymgeisydd hwn.

A dyma farn fy nhad :

Am *Puror y Gell*, ni allaf yn fy myw ddygymod â'i ieithwedd oer, beiriannol, lafurus. Ni welaf i fod canu yn y dull afrwydd hwn yn fwy o orchest na chanu mewn Cymraeg syml, cain a seinber. Un o berffeithterau'r gelf yw perseinedd : ac y mae diffyg perseinedd yn fai o bwys. Hynny o ddyfais sydd yn y cywydd, dyfais fenthyg ydyw. Ymrithia rhyw "weddau" ger bron meddwl y bardd, a baldordda'r rheiny yn ol ei chwiw. Ni ddengys . . . unrhyw fedr arbennig i gynganeddu—praw o hynny yw lluosowgrwydd ei gynganeddion llusg. Cymer arno ganu i'r Crwsadwr : ond ychydig, os dim, o'r Crwsadwr sydd yn ei ddau gan llinell. Caeir ef allan gan ledrithion y bardd. Gwaeth na'r cwbl, fe wna gam dybryd â'i destun, yn ol fy marn i. Caiff ei Grwsadwr le i edifeirwch. Cyferfydd a Mab Mair ar y ffordd i "Gerusalem", a thry yn heddychwr masw tan ein dwylo—syniad cwbl anhymig, a chwbl groes i nwyd lywodraethol y Crwsadwr ! Wele'r dystiolaeth, a siampl o ieithwedd y bardd yr un pryd : . . .

> Heiniau dreng, Newyn o draw
> Droi weithion i'm dadrithiaw :
> Ond pan at rif Olifer—
> Siwrnai wrdd—i aswy'r Ner
> Trafaelwn trwy fy alaeth,
> Wele Mab Mair ddiwair ddaeth !
>
> Gwr mor addwyn ei wyneb,
> Dien oedd yn anad neb :
> Yna a threm o dosturi
> Erfawr ei fraint at f'eirf i
> Y dywawd ef : ' Dod i wain
> Dydd aur hedd y ddur rhuddain ' ! . . .

Yr wyf yn barod i addef fod yng ngwaith *Puror y Gell* rhyw lun o undod. Ond nid ar undod yn unig y bydd byw cerdd, eithr ar synnwyr, symledd a swyn. Cred Mr. Gwynn Jones y dylid ei wobrwyo : credaf innau na ddylid. O'm hanfodd yr wyf yn gosod fy marn yn erbyn ei farn brofedig ef, ond ni fedraf wneuthur yn amgen, beied a feio. Os amhwyllo yr ydwyf, i'r Eisteddfod yr wyf yn amhwyllo. Ar air a chydwybod.

Oherwydd yr anghytundeb cyd-rhwng y ddau feirniad, etholwyd Syr John Morris-Jones yn ganolwr. Dyfarnodd yntau o blaid fy nhad, ac ni wobrwywyd.

Yng nghystadleuaeth y Delyneg, ei gyd-feirniad oedd yr Athro W. J. Gruffydd. Ar ôl darllen drwy'r cyfansoddiadau fe'u hanfonodd i'm tad, gan nodi mai gwaith "Menai" oedd ar y blaen yn ei farn ef. Ar ôl mynd trwyddynt teimlai fy nhad nad oedd cerdd "Menai" ond efelychiad, yn rhannol, o un o'i delynegion ef ac un arall o waith Wil Ifan. O'r herwydd, ni allai ei lleoli ond yn y dosbarth isaf. Ei ymateb ef i'r cynhyrchion ar y darlleniad cyntaf oedd bod gan "RAMC" syniad da ond crefft wael, a'i fod yn tueddu tuag at gerdd "Maes yr Hedydd", er nad oedd mewn cariad â hon chwaith. Derbyniodd y llythyr a ganlyn oddi wrth ei gyd-feirniad :

> Rhwng y telynegion a'r pryddestau, yr wyf bron â marw. Diolch yn fawr am eich llythyr. Gwelaf ein bod yn cydweled yn gyffredinol—ond ar "RAMC".
>
> Yr wyf wedi eu darllen yn ofalus eto—ac yn fy myw einioes ni allaf weled bod "Maes yr Hedydd" yn haeddu'r wobr. Ychydig o unoliaeth sydd ynddi ; ac y mae ei hapêl yn ei sentiment ac nid yn ei barddoniaeth. Pe baech chwi wedi cael strôc, ac yna wedi meddwi'n gorn, a mynd i'r stad honno pan fo dyn yn sôn am ei deulu, gallaswn ddychmygu am danoch yn ysgrifennu hon, ond yn ganmil gwell ! Yr wyf yn fodlon peidio gwobrwyo "Menai" am ei bod, fel y dywedwch, yn efelychiad. Bydd yn rhaid dywedyd hynny yn y feirniadaeth.
>
> Dyna ni'n awr wedi gwrthod bob un oreu'n gilydd. Dyma fy awgrym—rhoi'r wobr i "Owain Ddu" am ei fod wedi meiddio dyfod â rhywbeth newydd i mewn. Y mae ei gân yn llawn "atmosphere", a dyna gamp uchaf telyneg, fel y gŵyr awdur "Mawrth" yn dda. Ni fedraf oddef "RAMC". A gytunwch chwi ar "Owain Ddu" ?

Yn anffodus nid oes copi o'i ateb i'r llythyr hwn, ond gwyddys na welai ef unrhyw ragoriaeth yng ngherdd "Owain Ddu", ac na fedrai felly gytuno â W. J. Gruffydd. O'r diwedd, er mwyn datrys y broblem, gwnaed cyfaddawd i rannu'r wobr cydrhwng dewis W. J. Gruffydd a'i ddewis yntau. Gwnaeth un gohebydd y sylw yn y wasg mai dyfarniad anghyffredin iawn oedd rhannu'r wobr rhwng dwy delyneg, y naill heb gyrraedd y dosbarth cyntaf yn ôl barn Eifion Wyn, a'r llall heb ennill ei lle yn nosbarth cyntaf W. J. Gruffydd ! Daeth ef i'r casgliad nad oedd unrhyw feirniad yn anffaeledig a bod y dyfarniad yn aml yn dibynnu ar chwaeth bersonol y beirniad.

I ddangos pa mor gydwybodol oedd nhad fel beirniad, cyn gynted ag y sylweddolodd nad oedd cytundeb yn debygol cyd-rhwng W. J. Gruffydd ac yntau, aeth i'r drafferth o wneud copi o'r mwyafrif o'r telynegion er mwyn gallu eu darllen drosodd a thro, a'u tafoli wrth ei bwysau. Unwaith y penderfynodd ar ei ddyfarniad 'roedd ganddo ddigon o hyder yn ei reddf fel bardd, a'i chwaeth naturiol, i sefyll yn gadarn dros ei ddewis hyd yn oed os golygai hynny anghytuno â'i gyd-feirniad. Nid oedd yn barod i ymostwng i farn neb, boed Athro Coleg neu beidio. Ar ôl anfon ei feirniadaeth i mewn, fel mater o ddiddordeb, dangosodd y copïau a wnaethai i'w hen gyfaill Tryfanwy er mwyn gwybod ei farn ef arnynt. Gan fod ei feirniadaeth erbyn hyn yn llaw ysgrifennydd yr Eisteddfod, ni allai ymateb ei hen ffrind wneud dim gwahaniaeth i'r gystad-leuaeth, ond cafodd y boddhad o wybod bod Tryfanwy'n synio'n union yr un fath ag yntau.

Ychydig wythnosau ar ôl yr Eisteddfod, ysgrifennodd y llythyr hwn at J. W. Jones, y llenor a'r chwarelwr o Flaenau Ffestiniog :

> Nid wyf yn cael dim hamdden i mi fy hun : ateb y cais yma a'r cais arall yr wyf o ddydd i ddydd. Bob bore y deuant o'r newydd. Ces dri heddyw a dau ddoe, a buasech yn meddwl oddiwrth eu cynnwys fy mod yn awdurdod ar bob dim! Mi ddylwn gael cydnabyddiaeth genedlaethol am wneud cymaint am ddim.
>
> Ni fum i ar gyfyl y 'Steddfod. Ond bu ei baich fel hunllef ar fy meddwl am dros bum wythnos. Mi gytunais a dau o'm cyd-feirniaid yn burion, ond ni allwn yn fy myw gydweled a W. J. a Gwynn Jones. Ac mi sefais dros fy marn yn ddisyfl. Am wob-rwyo un o'r beirdd tywyll yr oedd Gwynn, a minnau yn erbyn. Ond fe allsech feddwl ar y "Genedl" mai fel arall yn union yr oedd. Ni welais erioed well siampl o "bartiol farn".
>
> Ar ol llafur y 'Steddfod mi euthum i deimlo'n bur ddirym— praw nad yw gormod o waith ymennydd ddim yn dygymod â mi. Ac felly y bum ar hyd mis Awst. Ond yn nechreu Medi mi euthum am saib i odre Carn Bentyrch, a bu'r newid yn foddion i adnewyddu fy nerth. Mi basiais Cybi droeon, ond ni wneu-thum y sylw lleiaf ohono !

Mi fum innau'n gwrando ar Gwynn, ond nid ar "Dwm o'r Nant". Ar "Forgan Llwyd" yr oedd yn traethu yma. A darlith ddiflas dros ben oedd hi. Cafodd pawb eu siomi. Acw y bu i swper, ond er iddo aros tan ddau o'r gloch y bore, ni soniodd air am fater y cywydd. Gwn yn burion pam.

Ni allai Syr John daro o blaid Gwynn heb ei wrthddywedyd ei hun. A da iawn oedd hynny. Gyda llaw, bu yntau yma'n darlithio y nos o'r blaen ar "Bantycelyn". O'r braidd yr oedd yn fy niddori na'm hargyhoeddi i. Ond yr oedd yn llawer mwy buddiol na Gwynn. Nid oedd yn medru adrodd emynau'r Perganiedydd gyda'r un hyotledd a naws â "Brynsiencyn". Ac ni roes cystal syniad i mi am "Williams" ag a roes Tecwyn am "Ann Griffiths".

Mi fu Carneddog yma'r dydd o'r blaen. Ac yn ei ffwdan fe anghofiodd ei ffon, sef y ffon a gawsai i gofio am "Richard Parry'r Cofrestrydd". Yr oedd yn bryder i gyd yn ei chylch pan wybu. Ond ei lyfr (Cerddi Eryri) yw ei bryder mwyaf ar hyn o bryd. Caiff lawer mwy o sylw ganddo na mater ei enaid ! Y mae'n ei gymell i bawb, o'r Prif Weinidog i lawr ! Yr oedd Syr Henry Jones yn uchel iawn yn ei olwg—"wedi cymryd copi, ac wedi brolio'r cynnwys". A minnau'n taeru na wyddai Syr Henry ddim mwy am gynghanedd nag yntau ! Yr hen Garn hoff. Y mae mor bur a difalais â dyn bach . . .

Ychydig dros fis yn ddiweddarach anfonodd air pellach ato:

Hanner gair tra bo cyfle. Pa ben wythnos y dowch i lawr i aros dros y Sul ? Casglaf oddiwrth yr hyn a ddywed H. eich bod yn meddwl o ddifrif am ddod. Ar hyn o bryd yr wyf heb fawr ddim i'w wneud—yn Eisteddfodol felly. Ond gyrrwch air o'ch blaen, er mwyn i ni baratoi ar eich cyfer.

"Wrth fy Modd" oedd penawd Seymor Rees yn y "Darian" ac yr oedd cynnwys ei ysgrif "wrth fy modd" innau. Nid yw'r hyn a ddywed amdanoch ond y gwir syml, ac y mae tinc calon yn ei eirda. Gŵyr y wlad bellach pwy oedd gwir gyfaill Elfyn yn ei adfyd hir. Coeliaf na welsoch mo f'ateb i englyn y seiat :-

Y Newydd Da

Ar hen aeaf oer o newyn—cefnais
   Mae'r cafnau'n fy nychryn :
   Am haf mi af i 'mofyn
   I dŷ fy Nhad, Eifion Wyn.

                     Elfyn

146

Y Llawenydd Mawr

Fel llu y nef llawen wy'—o dy weld
   Yn dy ' wisg ' a'th ' fodrwy ' :
A'm henaid a lam ynwy'—
Welcome home, a phob lwc mwy.

Ofered fu d'afrad fywyd,—dy Dad
   A ŵyr, ond ni'th wrthyd :
Eto fe roes i ti fryd
A chalon i ddychwelyd.

O hirbell rhed i'th dderbyn—i'w dy'n ôl,
   Cred, ni wad Ei blentyn
Cei o'r wledd, ac ar ôl hyn
Cei wynfyd eilfyd, Elfyn.

Eifion Wyn

'Roedd gan ei gyfaill Meuryn golofn i'r beirdd yn *Yr Herald*, yn cynnwys cystadleuaeth englyn ar destun o'i ddewis ef ei hun. Un wythnos y testun gosod oedd "Yr Hebog". Teimlai fy nhad fod rhyw apêl a sialens yn hwn, ac aeth ati i lunio englyn iddo, o ran ymyrraeth. Credai ei fod wedi cael hwyl bur dda arno hefyd, a dyma'r englyn a adroddodd i mi :

Hed hebog fel dart heibio—a'i wgus
   Lygaid yn tanbeidio ;
Drwy y drain y dyry dro—
Nid oes gân lle disgynno.

Ac yna meddai "'Rydw i am anfon hwn i mewn i gystadleuaeth *Yr Herald* o ran hwyl, i weld a wneith Meuryn 'nabod englyn da pan wêl o un."

Gwelodd Meuryn ragoriaeth yr englyn ar unwaith, wrth gwrs, a rhoes ganmoliaeth uchel iddo, gan erfyn ar y buddugol i anfon ei enw i hawlio'i wobr o bum swllt. Bu raid i'm tad ysgrifennu at Meuryn a chyfaddef wrtho mai ef oedd piau'r englyn, ac egluro iddo paham yr oedd wedi ei anfon i mewn. Ar yr un pryd erfyniodd arno i roi'r wobr i'r englyn nesaf ato. Rhyfedd meddwl fod yr englyn i'r "Hebog", a gyfrifir yn un o'r goreuon yn yr iaith, wedi ei gyfansoddi ar gyfer pum swllt o wobr, ac mewn ysbryd o ddireidi.

17

Credaf i mi sôn fod yn llawer gwell gan fy nhad yr unigeddau na'r cynulliadau poblog. Ond hoffwn bwysleisio nad dyn meudwyaidd mohono chwaith. Mae'n wir ei fod yn hollol ddedwydd yn crwydro llwybrau'r fro ar ei ben ei hun—hoffai gael tawelwch i fyfyrio, a dyma'r adeg y byddai'n cyfansoddi ei farddoniaeth, ond nid oedd ganddo unrhyw atgasedd tuag at ei gyd-ddyn,—i'r gwrthwyneb, 'roedd wrth ei fodd mewn cwmni bychan o'r un duedd ag ef ei hun, a chyfrifid ef yn sgwrsiwr diddan. Ei gasbeth oedd bod yng nghanol tyrfa fawr.

Gwnâi ymdrech bob amser i fynd i wrando ar rai o enwogion Cymru pan ddigwyddent ddod i Borthmadog i ddarlithio ; yr un modd pan ddôi pregethwr neilltuol i un o'r capeli. Câi gryn bleser hefyd yn edrych a gwrando ar ddrama dda, ac un o'r pethau a roddai fwynhad di-ben-draw iddo oedd gwrando ar blant yn cystadlu. Byddai'n selog bob blwyddyn yng nghyfarfod y plant o Eisteddfod y Tabernacl ar y Nadolig. Nid rhyfedd felly, pan arfaethwyd sefydlu Eisteddfod Ieuenctid Dyffryn Madog, iddo fod yn frwd ei gefnogaeth i'r bwriad, gan addo unrhyw help a fedrai i'w hyrwyddo, ar yr amod na ddisgwylid iddo wasanaethu ar unrhyw bwyllgor. Byddid, serch hynny, yn ymgynghori ag ef bob amser ynghylch testunau barddoniaeth a llên, ac ynghylch adroddiadau addas.

Nid oedd ganddo unrhyw gariad tuag at bwyllgora, gan y dymunai ryddid i wneud fel y mynnai yn ei oriau hamdden, heb ei gaethiwo gan amser penodol. Er yr addefai fod yn rhaid wrth bwyllgor i drafod ac i drefnu, gwyddai y byddai'r trafodaethau hirwyntog, a'r dadlau ynghylch materion cymharol ddibwys, yn ormod o dreth ar ei amynedd, ac yn flinder iddo. Yr oedd cyflwr ei nerfau y cyfryw fel bod cyfnodau o dawelwch yn angenrheidiol iddo, a byddai'n cael ei flino gan ysbeidiau o boen *neuralgia*. Ni fyddai byth yn cymryd unrhyw gyffuriau at ei anhwyldeb gan na chredai fod unrhyw feddyginiaeth iddo, ond 'roedd ganddo ffydd gref fod cadw sleisen denau o lemon yng nghil ei geg yn gystal â dim i leddfu tipyn ar y boen. Ond er na fu ar gyfyl yr un pwyllgor, gwnâi gymaint o waith trefnu yn y dirgel, fel y mynnodd aelodau'r pwyllgor gynnwys ei enw ar y rhaglen. Ar gyfer seremoni'r cadeirio yn Eisteddfod yr Ieuenctid byddai ef a Llew Buckingham, yr ysgrifennydd, yn trefnu cael rhwng deg a dwsin o blant i fod yn "feirdd" ar y llwyfan, ac ysgrifennai yntau bennill neu englyn ar gyfer pob un i gyfarch y bardd buddugol. Trefnai gyfarfod y "beirdd" er mwyn gofalu y byddai pob un yn adrodd ei gyfarchion yn eglur a chyda'r pwyslais cywir. Dyma enghraifft o'r cyfarchion yn 1920 ynghyd ag enwau llenyddol y "beirdd". Geneth o Ffestiniog a enillodd y gadair am yr ail flwyddyn yn olynol, a'i ffugenw oedd "Gwladus Ddu" :

> Cafwyd a barnwyd hi'n ben—am y peth
>   Y mae pawb yn llawen :
> Croesaw i ferch yr Awen—
> Ein Gwladus ffodus ei phen.
>
>   *Mair o'r Llys*

> Ie, clywch ! hi biau'r clod,—a'r hwre,
>   Ar air a chydwybod :
> O hyd yn uwch boed ei nod—
> "Amen" medd plant y Manod.
>
>   *Llwyd ap Ifan*

> Curo egin beirdd ein bro
>   Wna'r eneth o Feirionydd :
> Nid fel hyn y dylai fod—
>   Nid clod yw bod yn llonydd ;
> Geilw'r beirdd, yn Wyn a Du,
>   "I fyny" blant Eifionydd.
>
>   *Dilys o'r Gelli*

> Morwynig wen, eleni,—yma gaed
>   Am gerdd yn rhagori :
> Canodd a llwyr drechodd dri—
> O'r annwyl ! pwy oedd rheini ?
>
>   *Cynan ap Iwan*

> Gwnaeth yn wir beth digon call,
>   Ceisio Cadair at y llall :
> Onid oes gan Gwladus Ddu
>   Gynllun da i ddodrefnu ty ?
>
>   *Mwynwen Ben Aur*

149

Canu yn null y cain a wnest—canu
  Ac ennill yn onest :
Haeddu'r dorch am dy orchest,
Derw gwyn Cadair y Gest.
  Peredur ap Eifion

Mae gan Kathleen ddwy gadair
  A chaiff rai eto'n siŵr :
Ni allaf beidio meddwl
  Mor lwcus fydd ei gŵr.
  Eira'r Dyffryn

O'i bro iach ar ben y bryn,—i ganu
  Disgynnodd i'r dyffryn :
A'u curo wnaeth bob coryn,
Â'i llon gerdd ar y Llun Gwyn.
  Herbert ap Tomos

Ni chynigiais i'r tro yma,
  Er fod amryw yn fy meio ;
Bydd gwell siawns y flwyddyn nesa',
  Ond i Gwladus beidio treio.
  Llinos y Gest

"'Steddfod, wir ! gwell peidio'i henwi",
  Medda'r tri sydd wedi colli ;
"Dyma'r 'Steddfod oreu fu,"
  Meddai'r ddawnus Wladus Ddu.
  Gwilym ap Huw

Gofaled prif feirdd Cymru
  Am edrych ati'n awr ;
Mae Eisteddfodau'n amlhau,
  A'r plant yn mynd yn fawr :
Cewch yma un ohonynt
  A'r snoden ar ei bron :
A chenedl sydd yn gofyn—
  "Beth fydd yr eneth hon ?"
  Sian o Walia

Yn gynnar yn 1921 derbyniodd gais oddi wrth E. Towyn Jones, Prifathro Ysgol Ganolraddol Ffestiniog, i ddadorchuddio llun o Syr Owen M. Edwards yn yr Ysgol. Atebodd fel hyn :

Un o'r bobl "emotional" ydwyf, ac y mae'n rhaid i mi ymgadw oddiwrth bob cyflawniad cyhoeddus : pe amgen, buaswn yn cydsynio a'ch cais o ewyllys calon, ac yn mawrhau fy mraint.

Wedi'r cwbl, pwy mor gymwys i ddadorchuddio'r llun ag un o'r gwŷr da a enwch ? Adwaenent hwy Syr Owen trwy gyfathrach bersonol hir ac agos. Unwaith erioed y gwelais i y gŵr annwyl, ac ni feiddiais siarad ag ef y tro hwnnw, er fy mod yn ei ddyled gymaint a neb. Collais gyfle oes.

Mwyn yw meddwl fod i mi le mor sicr yn eich serch, yn athrawon a phlant. Hoffwn eich gweled i gyd, a phwy a ŵyr na chaf fy nymuniad o hyn i ddiwedd yr haf ? . . .

A daeth gair yn ôl fel hyn :

Diolch yn fawr am eich llythyr caredig. Mae'n wir ddrwg gennym nas cawn y fraint o'ch croesawu yma; ond 'does mo'r help o dan yr amgylchiadau.

Gwelais ddau bennill diddorol dros ben ar y testun "Yr Hen Drugareddau" y Sul diweddaf. Mae'n debyg y cofiwch pwy yw'r awdur ! . . .

I ddilyn yr hyn a grybwyllwyd yn llythyr y Prifathro hwyrach y dylid ymhelaethu, ac egluro achlysur cyfansoddi'r gerdd. Mewn cyfarfod cystadleuol i'w gynnal yn un o gapeli'r dref 'roedd y dôn "Triumphant" wedi ei gosod yn ddarn i barti neu wythawd (nid wyf yn cofio'n iawn), ond gresynai un o'r aelodau fod y pwyllgor yn fyr o weledigaeth newydd ac yn dal i rygnu'r un hen emynau o hyd ac o hyd. Aeth ymlaen i ddweud fod y dôn yn iawn, a rhyw led-awgrymu tybed a fyddai'n bosibl cael rhyw ddau bennill newydd er mwyn gwneud y gystadleuaeth yn fwy diddorol. Teimlai fy nhad fod hyn yn dipyn o sialens ac mewn ychydig ddyddiau cyflwynodd y gerdd a ganlyn i'r sawl a fuasai'n achwyn ei gŵyn wrtho :

YR HEN DRUGAREDDAU
(Tôn : Triumphant)

(Fe rydd yr emyn syniad da i bobl yr oes hon am y seigiau a'r meddyginiaethau cartrefol a ddefnyddid yn oes ein tadau a'n teidiau, a chewri oedd ar y ddaear y dyddiau hynny.)

Ymrown i gyd i garu
   Hen fwydydd annwyl Cymru,—
Y bara ceirch, a'r bara haidd,
   Yr uwd, y maidd, a'r llymru ;
Beth sydd yn fwy amheuthun,
   Neu'n well i fagu gewyn
Na sucan gwyn, a brywas da,
   A bicws mali melyn ?

151

O, credwn fel ein teidiau,
  Mai'r ffisigwriaeth orau
Yw camomeil, a wermod lwyd,
  O flaen ein bwyd bob borau ;
A da yw te rhosmari,
  A thrwyth o ryw-y-gerddi,
Er estyn oes mewn tref a gwlad,
  Mae rhinwedd rhad yn rheini.

Bu cryn flas ar ganu'r geiriau newydd a phawb yn canmol.
Teg fyddai dweud iddo flasu pob un o'r bwydydd a enwyd yn
ei amser, a chofiaf y byddai ganddo wreiddyn o wermod lwyd
a rhyw-y-gerddi yn yr ardd, fel y gallai ferwi trwyth ohonynt
yn ôl yr angen.

Daeth y llythyr doniol a chellweirus hwn iddo oddi wrth ei
hen gyfaill Tryfanwy, o Ben-y-groes, lle 'roedd yn treulio
ychydig wyliau :

> Clywais ddywedyd gan y rhai gynt, ni bydd heddwch i'r
> annuwiol, a dyma lythyr yn profi hynny i ti. Blin gennyf dy
> hysbysu, a blin fydd gennyt tithau glywed, fy mod ychydig bach
> yn well nag y bum ! Fy ngolwg sydd yn fy mhoeni fwyaf—mae
> yma ddigon o waith darllen, ond rhaid cael rhywun amgenach
> na mi at hynny. Wrth drugaredd, mae Mrs. Thomas ne
> rhywun arall yn fy arwain i'r caeau gleision bob dydd, ac yn
> ysgrifennu llawer iawn drosof. Bydd cystal a dywedyd hyn yna
> wrth fy modryb yn dy ffordd dy hun. Ni wn pa bryd y caf ddod
> yn ol, ac ni'm dawr. Dos gan hynny i'm parlwr i edrych a oes
> llythyrau i mi, ac anfon hwy yma wedyn, da chdithau. Gad y
> papurau ond y Darian ; anfon honno, a phob un a ddaw.
>   Addawodd cyfaill lyfr i mi,—os yw wedi dod, anfon ef. At
> hynny dyro bwt o lythyr dy hun—a chymer lasiad o ice-cream !
> Clywaist fy hanes yn y Borth, dasa hynny rhyw ods.

Derbyniodd ateb yn yr un cywair :

> Cryn ysgafnhad i'th fodryb a minnau yw gwybod dy fod
> yn fyw. Ofnem dy fod wedi colli dy wynt, neu dy gof—neu
> wedi mynd i ga'lyn y sipsiwns. Gwyddom yn awr "ym mha
> ardal mae dy lety", a'th fod mewn dwylo tirion a da.
>   Gelwais yn dy "stafell ddirgel" ddoe, a chefais hi yn ben-
> draphen—fel cyflwr cyntefig y ddaear—
>
>   cyn ysgwyd
>   Y cwsg a roddwyd i'r caos gwreiddiol.

Ar ol hir chwilota, cefais yr hyn a geisiwn, ac ymadewais gan ddiolch nad oeddwn fel y mae dynion eraill, nac fel y bardd hwn chwaith. Gyda llaw, os digwydd i mi farw'n ddisyfyd, cofia am alw efo Men i geisio yr eiddot dy hun. Ganddi hi y mae dy eiriadur "Bodfan" : mae'n ei ddysgu ar dafod leferydd rhwng ysbeidiau "llnau" !

Do, mi welais dy enw ymysg arwyr Môn—Bryfdir a thithau. Bydd son am dy awdlau di a'i ddagrau yntau tra rhedo dwr. Gwyn eich byd eich dau. Nid pawb sy'n medru "gwneud arian" mor rugl, ac osgoi treth yr incwm mor ddeheig ! Onid yw'n dda bod yr hen Gapten Morgan yn ei fedd ; cawsem "Ryfelgyrch" arall pe bai'n fyw.

Cofiais yn awr fy mod yn brysur a'm hamser yn brin. Mae gennyf i briddo'r tatws, rhaffu'r ffa, pricio'r pys, gwyngalchu'r cefn, a nithio pryddestwyr Eisteddfod Towyn cyn y Sul ! ! Tri bardd sy'n "Ceisio Gwlad" yn Nhowyn a dau yn canu cywydd.

Aros i ffwrdd cyd ag y mynnot o'm rhan i. Ar fin rhyw "ddwr gloewlas araf" yr hoffwn innau fod yr hirddyddiau tesog hyn. Bendith arnat, ac ar bawb o deulu'r ty. Gydag aml gofion atoch "bod yg un" . . .

O.N. Dyma dy lythyrau a'r Darian am yr wythnos hon. Ni ddaeth y llyfr hyd yma. Arbed dy lygaid, rhag ofn i ti fyw'n hir.

Credaf y dengys y ddau lythyr y cellwair direidus fyddai rhwng dau hen gyfaill.

Bu Meuryn a'm tad yn llythyru â'i gilydd am flynyddoedd lawer o dro i dro, a llwyddodd hyn i sefydlu cyfeillgarwch agos cyd-rhwng dau o'r un anian. Derbyniodd lythyr oddi wrth Meuryn ychydig cyn Eisteddfod Genedlaethol Caernarfon, 1921, yn dweud bod si o gwmpas y dref mai fy nhad oedd i ennill y gadair. Dyma'r ateb :

Nid oes dim sail i'r si a glywsoch. Oni ddarogenid yr un peth cyn Eisteddfod 1906.

Gwrthodais weithredu fel beirniad, a dichon i ryw bwyll-gorwyr dynnu camgasgliad oddiwrth hynny, ac yna lunio'r chwedl.

Ni ddaeth yr ias gystadlu drosof o gwbl. A goeliwch chwi mai ar ol y "diwrnod cau" y gwelais i Restr y Testynau am y tro cyntaf ? Coelio neu beidio, dyna'r gwir.

Oni chawsoch chwi ryw wybodaeth bendant yn ystod yr wythnos ? Cofiwch fy mod yn disgwyl "newydd da" bob dydd.

Ni fedraf yn fy myw gredu fod awdl well na'r eiddoch chwi i mewn. Os oes, y mae'n rhaid ei bod yn orchestwaith.

Sonnir yn Lleyn mai Emyr sydd i gael y Gadair a Chynan y Goron. Ni all y dyfaliad cyntaf fod yn gywir : ni wn beth am yr ail. Gwn fod y bardd o Benmaenmawr yn cynnyg. Clywais ei dad yn adrodd rhannau o'i bryddest, a dygent i'm cof rannau o'r "Ddinas Ddu". Cerdd ar "Fab y Bwthyn" sy ganddo.

Galwodd Williams-Parry nos Fercher, ond nid oeddwn o gwmpas ar y pryd. Gresyn.

Os deuaf i'r Eisteddfod o gwbl, mae'n fwy na thebig mai rhyw ddiwrnod tawel a ddewisaf—dydd Mawrth neu ddydd Gwener. Nid af o'r dref heb eich ceisio, ac os yn bosibl, eich cael.

'Steddfod lawen i chwi a phob lwc . . .

Gwelir ei fod yn darogan yn ffyddiog iawn mai awdl Meuryn fyddai'n cipio Cadair Caernarfon, a phan wireddwyd ei farn, mawr oedd ei lawenydd, oblegid credai'n gydwybodol fod ei gyfaill yn ei llwyr haeddu.

Drannoeth neu drennydd y llythyr, daeth gair oddi wrth f'ewyrth, brawd mam, yntau ar ei wyliau yn Sir Fôn, yn awgrymu i ni ei gyfarfod ef a'i wraig am ddiwrnod yn yr Eisteddfod. Atebodd fy nhad yn cytuno, ac yn trefnu eu cwrdd wrth y fynedfa i'r Pafiliwn fore dydd Gwener. Ar yr un pryd anfonodd bwt i Feuryn i ddweud y byddai ef a minnau'n dod i Gaernarfon efo'r trên y bore hwnnw. A phwy oedd ar y stesion i gyfarfod y trên ond Meuryn a'i ferch fach, Morfudd. Ar ôl i bawb ysgwyd llaw â'i gilydd, cychwynnodd fy nhad a Meuryn i gyfeiriad y dre yn ymgolli yn eu sgwrs, gan adael i Forfudd a minnau i ddilyn fel dwy gynffon o'u hôl, a dod ymlaen orau gallem. Dyna'r unig dro i mi gyfarfod y bardd o Gaernarfon a'i ferch, ond mae'r amgylchiad yn dal yn fyw yn fy nghof.

Daethom o hyd i f'ewyrth a'm modryb heb unrhyw drafferth, ac i mewn â ni i'r Pafiliwn. Dyma'r tro cyntaf erioed i mi fod yn yr Eisteddfod Genedlaethol, a'r tro cyntaf hefyd i mi gofio fy nhad yn mynd ar ei chyfyl. 'Roedd dydd Gwener wedi ei ddewis ganddo am ei fod yn ddiwrnod cymharol rydd o seremonïau'r Orsedd. 'Roedd ganddo hefyd hoffedd o wrando ar Gorau Meibion, ac ni siomwyd ef, gan fod yno dri ar ddeg yn cystadlu. Rheswm arall dros ei ddewis oedd bod ei eilun Lloyd George yno'n croesawu'r Cymry Oddicartref. Dyna'r tro cyntaf i mi glywed y gŵr mawr hwnnw'n gwefreiddio'r dorf gyda chyfaredd llais a gair. Yn wir, bu'n ddiwrnod i'w gofio i mi, a chafodd fy nhad yntau fwynhad di-ben-draw,—cael llongyfarch Meuryn yn bersonol ar ei fuddugoliaeth, cael gwrando ar gynifer o gorau meibion ardderchog yn cystadlu, a chloi'r diwrnod trwy wrando ar areithydd dihafal yn mynd trwy ei waith mor ddidrafferth a hwyliog.

Derbyniodd gais ar gerdyn post oddi wrth ysgrifennydd Eisteddfod Nadolig Llanrwst fel hyn :

> Ar ran y pwyllgor 'rwyf yn anfon i ofyn a ydych yn rhydd i ddod yn Arweinydd ac yn Feirniad yr Adroddiadau. Hoffwn gael eich telerau gyda brys.

Cais byr ac i bwrpas. Fe'i atebwyd yr un mor fyr, a chyda dyrnod yn ei sgîl ynghylch un peth a'i poenai bob amser. Dyma'r ateb :

> Cyrhaeddodd eich cais ddoe. Gyda llaw, dyma'r degfed a'm cyrhaeddodd yr wythnos hon heb amgau "stamp" !
> Un o blant yr encilion wyf i, ac nid yw ymddangos ar lwyfannau yn gydnaws a'm natur . . .

'Roedd wedi bod yn beirniadu'r farddoniaeth yn Eisteddfod Tywyn amryw weithiau, ond pan dderbyniodd gais oddi wrth yr ysgrifennydd, Wil Bryan, iddo ymgymryd â'r gwaith eto ar gyfer yr Eisteddfod ar y 19eg o Fai 1922, bu raid iddo yrru'r ateb hwn yn ôl, 5ed Tachwedd 1921 :

> O'm hanfodd yr wyf yn eich nacau, ond beth arall a wnaf dan yr amgylchiadau ? Yr wyf wedi addaw beirniadu mewn tair Eisteddfod bwysig yn barod, sef :
> Eisteddfod y Ddraig Goch—Ebrill 7fed a 8fed.
> Eisteddfod y Dalaith (Ffestiniog)—Mehefin 5ed.
> Eisteddfod y Bala—Gorffennaf 5ed.

> Cynhelir eich Eisteddfod chwi rhwng y ddwy flaenaf, ac yn rhy agos i'r ddwy i mi gael dim seibiant rhyngddynt. Ni wnawn ond beichio fy hun a gwaith ped addawn. Cryn straen yw beirniadu mewn un Eisteddfod, heb son am bedair, yn enwedig i'r sawl a wnelo'r gwaith yn weddol fanwl a chydwybodol.
> Mawr ddiolch i chwi fel pwyllgor am eich cynnyg caredig a thaer. Hwyrach y caf gynnyg eto gennych ymhen blwyddyn neu ddwy . . .

Fel y gellir tybio, byddai llawer o ddieithriaid yn dyfod i'r dref i'w geisio, yn aml heb wybod ei gyfeiriad, ac o'r herwydd yn gorfod holi sut i ddod o hyd i'w gartref. Fel y digwyddai, 'roedd *bay window* gan bob tŷ ar ein hochr ni i New Street heblaw dau—ein tŷ ni, Rhif 28, a drws nesaf ond un, Rhif 32,— ffenestri fflat oedd iddynt hwy. Hawdd iawn fyddai gan y person a gyfeiriai'r dieithryn ddweud wrtho mai'r tŷ â ffenestr fflat oedd cartref Eifion Wyn, ond gwaetha'r modd, byddai llawer yn curo ar ddrws Rhif 32 mewn camgymeriad gan achosi tipyn o niwsans i'r teulu yno. Bu fy nhad yn ystyried rhoi enw ar ein tŷ ni i wahaniaethu cyd-rhwng y ddau ond yn rhyfedd iawn, er iddo awgrymu enwau ar laweroedd o dai y fro, ni fedrai yn ei fyw daro ar enw wrth ei fodd i'w roi ar ei gartref ei hun. Er mwyn hwyluso ffordd y sawl a fynnai ei weld, cafodd y syniad o osod nod cyfrin yr Eisteddfod, sef /I\, yn eglur uwchben y ffigurau 28, a chan mai beirdd a llenorion fyddai'n chwilio amdano fel arfer, credai y byddai'r arwydd hwn yn sicr o dynnu eu sylw. Yn sicr, bu'n fendith fawr i'n cymdogion yn Rhif 32, ac os digwydd i'r darllenydd gerdded hyd New Street gall weled yr arwydd hwn ar y gwydr uwchben y drws hyd y dydd heddiw, gan i berchen presennol y tŷ benderfynu ei gadw'n union fel yr oedd.

18

Er ei swildod cynhenid 'roedd fy nhad yn ŵr o natur hynaws a chyfeillgar, ac ychydig iawn oedd y rhai nad oedd ef ar delerau da â hwy. Ymysg y rhai a gyfrifai yn ei "gylch cyfrin" 'roedd Tryfanwy a Charneddog, dau a ddôi ar ei ofyn bob amser mewn unrhyw achos o gyfyngder.

Ysgrifennodd Carneddog rai o'i atgofion ohono, a dyfynnaf ddarn o'i lith :

Yr oeddwn yn un o'i gyfeillion agosaf a chywiraf ar hyd y maith flynyddoedd. Ni allaf gyfrif faint o weithiau y bum yn ei gwmni, nac atgofio a chyhoeddi yr hyfrydwch cyfeillgar a chartrefol a gawsom gyda'n gilydd.

Bu'n "gownsler", cynghorydd a noddydd i mi gyda'm gwaith llenyddol gan ddal yn ffyddlon ar hyd y daith. Bu'n fy nanfon adref o'r Port ugeiniau lawer o weithiau at Bont y Traeth ger Prenteg, ac yr oedd yn hoff-arferiad ganddo (mewn gwedd hollol gyfrinachol rhyngom) adrodd ei delynegion, englynion ac yn y blaen wrthyf, fel y cyfansoddai hwynt o'r newydd. Yr oedd ei oslef yn un swynol odiaeth, ac ni byddai byth yn anghofio na methu'r un gair wrth eu hadrodd.

Cashâi Eifion ragrith, ffug, rhodres a bombast, ac ni charai dynnu ei het, bowio, syrio a mamio i neb. Gwerinwr syml a di-lol ydoedd. Siaradai a chwarddai'n llawen gyda'i hoff gyfeillion cyffredin. Cred llawer mai dyn sur, chwerw ei ysbryd, na charai ddireidi ac ysmaldod ydoedd. Dim o'r fath beth. Ysmaliai fwy na neb gyda mi, ac yr oedd yn brofociwr di-ail.

Pan oedd y llyfr "Tannau Tegfelyn" yn cael ei argraffu yn Swyddfa Gee a'i Fab, Dinbych, llithrodd gwall cas ar y funud olaf, a rhaid oedd teliffonio yno. Euthum i'r Port at Eifion, ac wedi cael y ffôn yn barod yn yr offis, dechreuais ddweud fy neges, ond gwaeddwn yn ddychrynllyd (heb arfer). Methwyd a'm deall yn Ninbych, ac erfyniwyd arnaf siarad yn ddistawach ond gweiddi a wnawn wedyn. Neidiodd Eifion i'm lle, gan ddweud dan chwerthin, "Dos ona i weiddi, da chdi. 'Rwyt yn gweiddi fel tasat ti yn hel defaid yn Mynydd Namor yn union. Fe ddychryni bobol Dinbach i gyd" ! a siaradodd yn fyr a chlir fy neges, a deallwyd ef.

Fel y dengys yr hanes hwn, yn syth i'r offis y byddai Carneddog yn mynd mewn unrhyw achos o helbul. Fel arfer, ni fyddai fy nhad yn hoffi i bobl alw i'w weld i'r swyddfa, ond goddefai i Garneddog ddod gan mai anaml y gwelid ef ym Mhorthmadog. Disgwylid iddo daflu ei waith o'r neilltu, a rhoi ei amser i wrando'n astud ar helyntion Carneddog, ond teimlai yntau fod hyn yn gwbl annheg â'i gyflogwyr, o gofio ei fod yn weithiwr arbennig o gydwybodol, a hwythau'n rhoi cymaint o ryddid iddo, ac felly pan ddechreuai stori Carneddog fynd yn hirwyntog, nid oedd yn ôl o ddweud wrtho, a'i droi allan i gwblhau ei fusnes yn y dref, ac yna i alw yn New Street erbyn pump o'r gloch i gael te gydag ef, ac i ddweud ei gŵyn bryd hynny.

'Roedd Carneddog yn greadur diniwed a di-feddwl-ddrwg, a byddai rhai bechgyn dichellgar yn dweud pethau mawr wrtho, ac yntau yn ei ddiniweidrwydd yn eu coelio. Byddai ambell beth wedi ei wylltio'n gandryll, a dôi i lawr i'r Port a'i wynt yn ei ddwrn, a mellt yn ei lygaid, i adrodd yr hanes wrth fy nhad. Byddai'r mater wedi bod yn corddi ei feddwl am ddiwrnod neu ddau, ac yntau wedi penderfynu gwneud cyfeiriad brathog at y peth yn ei golofn wythnosol yn y wasg. Dywedai'r cwbl wrth fy nhad gan ddisgwyl iddo yntau gymeradwyo yr hyn y bwriadai ei ddweud. Ond barnai yntau'n aml fod Carn yn rhy wyllt a byrbwyll, yn neidio dros ei ben a'i glustiau i fagl ei boenydwyr, ac ar hyd ffordd y Traeth wrth ei ddanfon tuag adref ceisiai ei dawelu drwy ymresymu'n gall ag ef. Ond yn aml, cymaint oedd ystyfnigrwydd Carn fel na fynnai wrando ar ei gyngor. Wrth ymadael â'i gilydd ar y Bont, hwyrach y byddai Carn yn hanner addo, yn bur anfodlon, na wnâi ddim byd ffrwcslyd, ond ar y ffordd yn ôl tua'r Post teimlai fy nhad mai ofer wedi'r cwbl fuasai ei ymdrech i'w ddarbwyllo, ac mai'r unig obaith i'w gadw rhag gwneud ffŵl ohono'i hun oedd troi i mewn i'r offis a theipio llythyr yn rhestru'r trwbl fyddai'n dilyn yr hyn y bwriadai Carneddog ei ddweud, ac yn ei rhoi hi'n bur chwyrn iddo am fod mor bengaled. Fel arfer, llwyddai'r llythyr cas lle byddai'r ymresymiad call wedi methu. Wedi i'r helynt fynd heibio byddai Carneddog yn barod iawn i gyfaddef mai fy nhad oedd yn iawn, a'm tad yntau'n teimlo felly fod ei gasineb wedi ei gyfiawnhau.

Bu Tryfanwy am gyfnod yn lletya o fewn tafliad carreg i'r

offis, a phryd hynny byddai'n hawdd iawn ganddo yntau ymbalfalu i'r oruwchystafell lle gweithiai fy nhad i ddweud ei gŵyn. Os digwyddai pethau fod yn brysur ar y pryd, câi yntau ei anfon yn ôl i'w lety i aros nes galwai fy nhad ar ei ffordd i'w de i wrando'i stori.

Cyfaill arall a alwai yno yn ei dro am sgwrs oedd Bob Owen, Croesor, ac er bod gan fy nhad feddwl uchel ohono fel llyfryddwr, ac fel sgwrsiwr llawn arabedd, bu'n rhaid iddo ei argyhoeddi yntau'n fonheddig mai lle busnes oedd yr offis, a bod ganddo ef waith yn disgwyl wrtho. Er bod llaweroedd yn galw i'w weld yn bersonol yno ar fyr-neges, credaf mai'r tri a enwais oedd yn tresmasu fwyaf ar ei oriau gwaith.

Oherwydd ei swildod nid hawdd ganddo wneud ffrindiau â newydd-ddyfodiaid i'r dre, a chyn belled ag y cofiaf, â dau yn unig y lluniodd gyfathrach agos. Y cyntaf ohonynt oedd John Lloyd Humphreys, brodor o fro Ffestiniog a ddaeth i'r dref i gymryd gofal swyddfa Cwmni Llechi'r Oakley. Credaf mai trwy fusnes y daeth y ddau i gyffyrddiad yn gyntaf. Fel y mwyafrif o fro Ffestiniog, coleddai yntau feddwl uchel o gyfraniad Eifion Wyn i farddoniaeth gwerin Cymru, ac nid oedd yn ôl o ddatgan ei edmygedd ohono. Mewn amser tyfodd cyfeillgarwch agos cydrhyngddynt, a chafodd "Lloyd Humphreys", chwedl yntau, yn sgwrsiwr difyr a gwybodus, ac yn ffrind triw. Er nad oedd ganddo fawr o olwg ar gar modur, bu ar deithiau pleserus droeon, a minnau'n ei gysgod, o gwmpas Eryri yng ngherbyd Lloyd Humphreys. A phan gefnodd ei gyfaill ar y dref daliodd y ddau i lythyru â'i gilydd.

Yr ail gyfaill oedd Harri Edwards, Prifathro'r Ysgol Elfennol yn Stryd Wesla. Hyd y gallaf gofio, tua'r adeg y collodd fy nhad gwmni Lloyd Humphreys y daeth hefyd i adnabod Harri Edwards. 'Roedd Harri Edwards yn llenor ac yn ieithydd praff, ac yn naturiol daeth y ddau yn fuan yn gyfeillion agos. Gwelid hwy yn cydgerdded am dro yn weddol aml, ac er bod cryn wahaniaeth corff rhwng y ddau,—fy nhad yn dal ac yn eiddil, a Harri Edwards yr un mor dal ac yn llond ei groen—'roedd cyfathrach agos rhyngddynt o ran diddordebau,—y ddau â chariad angerddol tuag at yr iaith Gymraeg a llenyddiaeth Cymru, ac yn cael pleser mawr yn trafod beirniadaeth lenyddol.

'Roeddwn i erbyn hyn wedi mynd i'r Ysgol Ganolraddol, ac mae'n siwr fod fy nhad yn teimlo peth siomedigaeth nad oeddwn i wedi dangos rhyw lawer o awydd barddoni—'roeddwn i wedi colli 'mhen ar chwaraeon o bob math—ac wedi sylweddoli'n gynnar mai siawns wael oedd gennyf i gyrraedd ei safon uchel ef. Ni fu erioed yn fy annog i dreio, gan y gwyddai'n dda os nad oedd y reddf ynof, mai ofer pob cymell. Ar y llaw arall, byddai'n barod bob amser i roi cymorth i mi os digwyddwn geisio llunio pennill. Bu'n amyneddgar iawn yn esbonio odl a mydr i mi, ac unrhyw beth arall yr ymholwn yn ei gylch, ond gofalai na wnâi byth wthio barddoniaeth arnaf. 'Roeddwn, wrth gwrs, wedi dysgu llawer o'i delynegion ef, allan o'i gyfrol *Telynegion Maes a Môr*, ond er bod dewis da o lyfrau barddoniaeth ar y silffoedd yn ein tŷ ni, ychydig o foddhad a gawn i ynddynt bryd yna, ar wahân i ddwy gyfrol o weithiau Ceiriog. Rhaid cofio fy mod i a'm cyfoedion yn derbyn ein haddysg yn gyfan gwbl yn yr iaith Saesneg, ac i fyny i'r adeg yna ychydig o weithiau'r poëtau Saesneg yr oeddem wedi eu clywed, heblaw darnau cyffrous fel *The Wreck of the Hesperus* a'r *Inchcape Bell*. Ar ôl newid ysgol, daethom i ymdrin â gwaith beirdd eraill o'r *Golden Treasury*, a chofiaf gwyno wrth fy nhad mai rhyw ddarnau sychion gan Milton, Wordsworth a Shelley a fyddai'n derbyn y sylw mwyaf—darnau nad oedd yn ennyn dim diddordeb ynom. Ei ateb oedd estyn llyfr o weithiau Longfellow a darllen allan *The Song of Hiawatha* er mawr bleser i mi, a hefyd *The Courtship of Miles Standish* a'r *Tales of a Wayside Inn*, darnau a edmygai ef yn fawr.

Deuthum adref o'r ysgol un diwrnod wedi cael benthyg tri neu bedwar o bapurau wythnosol i fechgyn, fel er enghraifft *Rover, Magnet* a *Gem*. Pan welodd fy nhad y rhain dywedodd mai pethau wedi eu hysgrifennu mewn iaith druenus o wael oeddynt, a phe bawn i'n addo peidio â darllen sbwriel o'r fath y prynai ef lyfrau imi wedi eu sgwennu mewn Saesneg graenus, yn cynnwys storïau gwerth eu darllen. Ac yn wir, ar ddiwedd yr wythnos honno, tynnodd o'i boced lyfr newydd sbon. 'Roeddwn, wrth gwrs, wedi darllen y llyfrau plant arferol yn y ddwy iaith, ond dyma'r llyfr oedolion cyntaf i mi ei gael. Enw'r llyfr oedd *The Adventures of Sherlock Holmes*, ac yr oeddwn i'n dân gwyllt am gael dechrau arno'r munud hwnnw. Ond nid oeddwn i gael ei ddarllen fel y mynnwn. Credaf i mi sôn eisoes fod fy nhad yn gredwr cryf mewn darllen yn uchel, ac er mwyn sicrhau na fyddwn i wedi gorffen y llyfr mewn diwrnod neu ddau, gwnaeth reol mai un stori'n unig a ddarllenwn bob nos, a hynny wedi swper ar ôl gorffen fy ngwaith cartref. Mae'n sicr fod y dogni hwn yn llesol, er mwyn gofalu fy mod yn talu'r sylw dyledus, nid yn unig i'r stori ei hun ond hefyd i'w saernïaeth, yn lle rhuthro ymlaen heb feddwl am ddim heblaw ei diwedd. 'Roedd y drefn hon yn help mawr i mi i ddysgu sut i ynganu geiriau Saesneg allan o'r cyffredin, ac yr oeddwn hefyd i ofyn iddo ystyr y geiriau a oedd yn ddieithr i mi. Byddwn wedyn yn cael fy nysgu i chwilio'r ystyron yn y geiriadur, a bu hyn yn gymorth i chwyddo fy ngeirfa. Dilynwyd y llyfr hwn gan dri arall o storïau'r ditectif enwog, a rhes wedyn o lyfrau eraill gan yr un awdur, Arthur Conan Doyle. Byddai pob llyfr newydd o storïau Cymraeg yn dod yn ei dro, gan ddilyn yr un drefn—byddwn i yn cael siawns i ddarllen ambell noson, a byddai hyn yn help i mi ennill hyder yn y ddwy iaith. Credai fy nhad ei bod yn bwysig iawn i fagu'r un rhwyddineb yn Gymraeg a Saesneg.

'Rwyf wedi sôn ychydig ynghylch diddordeb fy nhad mewn pysgota, ac wedi dweud mai ei hoff gyrchfan oedd afon Dwyfor o Lanystumdwy i Rydybenllig. Ond ambell dro cerddai cyn belled â Chwm Pennant i fwrw ei blu i ddŵr crisial yr afon yno, dro arall i bysgota pry' genwair yn y ffrwd fechan ym Mhentrefelin ; ac yn ystod ei wyliau yng Nghapel Helyg, câi ei bleser yn y ffrydiau o gwmpas Melin Plas Du. Ond ni fyddai byth yn pysgota yn afon Glaslyn. Cofiaf iddo fynd iddi un waith gyda'i enwair—ond nid i geisio hudo brithyll. 'Roedd cyfaill iddo wedi bod yn canmol peth mor flasus oedd cig yslywen os gellid ei dal hi mewn afon â gwely glân tywodlyd fel y Glaslyn. Ffwrdd ag ef un gyda'r nos at Bont y Traeth yng nghysgod yr Ynys Gron, ac heb fawr drafferth, daliodd yno hanner dwsin o yslywennod. Ar ôl y profiad cas o'u blingo, ac i mam eu coginio, cafwyd pryd eithaf blasus ohonynt, ond y ddedfryd oedd nad oeddynt hanner cystal i'w bwyta â brithyll, a chan eu bod yn llawer mwy trafferthus i'w paratoi, a'u siâp nadreddog yn tramgwyddo mam, nid aeth ef ar eu hôl byth wedyn.

Byddai'n edrych ymlaen yn eiddgar bob blwyddyn at lifogydd Awst i gael cyfle i ddal ambell wyniedyn. Pan gredai fod lli yn yr afon trefnai i orffen yn fuan yn yr offis, ac ar ôl te cynnar daliai'r trên pump i Gricieth, a cherdded oddi yno i Lanystumdwy. Yna pysgota i fyny'r afon ymhob twll lle troellai'r dŵr yn weddol araf ger y lan, hyd nes cyrraedd at Ddôl Dynana. Anaml iawn y dôi adref heb o leiaf un gwyniedyn sylweddol o bedwar i chwe phwys yn ei fasged, ac nid elw gwael oedd hynny am brin ddwyawr o bysgota. Pan ddigwyddai llif ar y Sadwrn, câi ddigon o amser i weithio'i ffordd cyn belled â Rhydybenllig, ac un tro 'roedd wedi pysgota'n galed i fyny'r afon hyd at Lyn y Felin heb gael yr un cynnig. Ac yno cafodd y profiad chwerw sy'n digwydd i bob pysgotwr o'r iawn ryw, sef colli "un mawr" ! Ond daeth peth daioni o'r siom, canys gweodd gerdd ysgafn am y profiad. Hwyrach y dylwn grybwyll yma y credai mai pry' genwair gwyn o'r tir oedd fwyaf effeithiol ar ddŵr llwyd, ond pry' cylchog o'r domen dail ar ddŵr clir, ac os na fyddai felly'n sicr sut ddŵr oedd yn yr afon, cariai'r ddau fath gydag ef fel y sonia yn y gân. Bu cryn adrodd ar y darn yn y cyfnod hwnnw:

Anlwc Rhys

Gwelais o'n mynd
  Hefo'i enwair hir ;
Ac yn ei fasged
  Gryn bwys o bryfed,
  O'r tail ac o'r tir.

'Ddaliodd o ddim,
  Er bod wrthi bum awr !
Ond mi gollodd UN,
  A hwnnw'n un mawr !

A dyma fel bu—
  Pan fwriodd ei bry
Wrth geg ffos y felin,
  Dan fôn draenen ddu ;

Dyna blwc ! dyna ddau !
  A'r lein yn tynhau :
Ahai ! dyna lafn o bysgodyn gwyn
Ar flaen yr edefyn yn llamu o'r llyn !

Medd Rhys, "Dyma fo !
 Deunydd tri phryd" !
A daliai arno
 Dan grynu, a theimlo
 Yn chwŷs i gyd !

Ond clywsoch, mi wn,
Fod anlwc weithiau o'r llaw i'r genau ;
 Ac felly'r tro hwn.

Crynhodd y gwyniedyn
 Ei nerth yn sydyn ;
Rhoes naid, a thro,
 Ac i ffwrdd ag o,
Hefo'r abwyd a'r gêr
Ac medd Rhys, "Dyna dro" !

Wedi'r holl drafferth,
 A'r chwennych, a'r chwŷs,
Dim ond basged wâg—
 Wel, druan o Rhys !

Pan ddangosodd y darn i mi, gofynnais iddo pam yr oedd
wedi rhoi'r enw "Rhys" i'r pysgotwr, a'i ateb oedd, "Hwyrach
fod a wnelo'r odl rywbeth â'r dewis"—ac ar ôl meddwl am
funud neu ddau, aeth ymlaen yn gellweirus a fflach yn ei lygaid,
"A dyna ydy enw cynta Thorpe—(gan enwi un o'i hen gyfeillion
yn y Clwb Rhyddfrydol, a physgotwr eiddgar yn y Glaslyn) a
mi fydd llawer o bobl yn meddwl mai amdano fo y mae'r gân,
a bydd yn siwr o gael tynnu'i goes ynghylch yr helynt" ! Yn
wir, bu cymaint o blagio arno nes credodd llaweroedd mai Rhys
Thorpe oedd y pysgotwr anffodus a gollodd "un mawr".
Dioddefodd yntau y profocio yn yr ysbryd iawn.

Yn y llythyr at Wil Bryan i Dywyn a ddyfynnais yn y bennod
gynt, sonia ei fod i feirniadu mewn tair eisteddfod—un ohonynt
yn y Bala. Yno, ataliodd y cwbl o'r gwobrwyon, gan na chredai
fod yr un o'r cyfansoddiadau yn cyrraedd y safon a ddisgwylid.
Yn fuan wedi hyn derbyniodd y llythyr a ganlyn oddi wrth
J. R. Morris, ysgrifennydd Eisteddfod y Ddraig Goch, lle bu'n
cydfeirniadu â Phedrog :

Pasiwyd yn y pwyllgor nos Fercher diwethaf i anfon Tri
Gini yr un i chwi a Phedrog yn gydnabyddiaeth am eich gwaith.

Gobeithiaf na siomir chwi. Yr ydym yn dra diolchgar i chwi am eich gwaith, a'r modd y cyflawnasoch ef.

Bwriedais anfon Pryddest i'r Bala ar Y Ddraig Goch, ond ni chefais hamdden i wneuthur un . . .

Atebodd yntau fel hyn :

Mawr ddiolch i'ch pwyllgor am fy nghydnabod mor anrhydeddus.

Da gennyf ddeall bod yr Eisteddfod wedi cadw ei phen, a bod gweddill yn y gôd.

Coll'soch gadair y Bala drwy beidio cynnyg amdani. Hwyrach y clywsoch i mi atal yr holl wobrwyon—peth na wneuthum erioed o'r blaen, ac na wnaeth yr un beirniad arall hyd y gwn. Ond beth arall a allwn ei wneuthur gan nad oedd teilyngdod ?

Cyfeiriodd un gohebydd at Eisteddfod y Bala yn y geiriau hyn :

Digwyddodd peth eithriadol iawn yn Eisteddfod y Bala eleni, sef atal pob gwobr am farddoniaeth ! Ni allwn, o'r tu allan, farnu pa un ai safon y beirniad oedd yn rhy uchel, neu ynte safon y cystadleuydd yn rhy isel ! Mae Eifion Wyn yn un o feirdd melusa'r genedl ; bu'n gystadleuydd peryglus a llwyddiannus ; a bellach codwyd ef i sedd yr ynad barddol. Diau y teimlai'r Pwyllgor oll, a phob un a anfonodd waith i'w feirniadu ganddo, yn berffaith ddiogel yn ei law ; a theimla'r naill a'r llall yr un modd eto, ond odid, ar ol y dyfarniadau. Nid esmwyth i'r cnawd yw cyhoeddi cynyrchion yn anheilwng o'r wobr gynygiedig ; haws o'r ddau yw cymryd ein trechu gan gynnyrch rhyw fardd arall. Ond rhaid mai eiddigedd dros enw da barddas, a gofal am uchter safon ein Heisteddfod, a barodd i'r beirniad gymryd y cwrs hwn y tro yma. Bellach, ni ellir ond penderfynu na ddigwydd yr un peth eto. Erfyniwn am i'n beirdd, profedig neu amhrofedig, hen neu newydd, dderbyn yr her fel na chaffo'r un beirniad y gorchwyl annymunol hwn mwyach.

'Roedd angen tipyn o wroldeb i weithredu fel y gwnaeth, oblegid gwyddai'n dda y byddai llaweroedd yn gweld bai arno ; ond ni fu erioed yn brin o ddewrder i amddiffyn ei egwyddorion.

Ddechrau mis Rhagfyr 1922 derbyniodd y llythyr hwn wedi ei gyfeirio o Lys Meddyg, Dinbych :

Cymerwch drugaredd arnaf, yn y gwaith o gyflawni eich addewid. Os medraf, yr wyf am roddi'r tudalen blaenaf oll i bob rhifyn o'r "Winllan" y flwyddyn nesaf i ddarn o farddoniaeth, fel mai dyna'r peth a dyn sylw'r plentyn gyntaf. Am hynny, y mae i fod yn ddarn teilwng i ddiwyllio ei chwaeth. Ac am hynny eto, da chwi, cynorthwywch fi.

Ni wn a yw'r amgauedig gennych. Os ydyw, rhowch y copi sydd gennych i rywun, a chadwch hwn fel arwydd fach o'r parch sydd gennyf i chwi o'r adeg pan oeddwn yn hogyn gartref yn darllen eich gwaith yn "Ieuenctid y Dydd", hyd heddyw. Canys yr wyf lawer iawn yn ieuengach na chwi—agos i bymtheg mlynedd ! Os ydych chwi'n dal i edrych yn ieuanc a minnau'n edrych yn hen, cofiwch i mi fod yn ddisgybl i chwi pan oeddwn yn dechrau dysgu beth oedd barddoniaeth.

Cofion cynnes
E. Tegla Davies

"Yr amgauedig" y sonia am dano oedd copi o'i lyfr *Tir y Dyneddon*, ac wedi ei ysgrifennu arno :

I Eifion Wyn M.A.
fel arwydd fach o edmygedd pur ohono am ei waith dros Gymru a'r dymuniadau goreu am ei ddyfodol,
6.12.22.   Yr Awdur

Nid oes unrhyw gopi o'i ateb i hwn, oblegid yn ystod y dyddiau hyn, cafodd ei daro'n wael â gwaedlin arall yn ei frest, a bu rhaid iddo orwedd yn llonydd yn ei wely am rai wythnosau. Bu'n ddifrifol wael am rai dyddiau i ddechrau, a mam yn ddiflin ei gofal ohono. Pan drodd yn araf ar wella, lluniodd y gân hon o deyrnged iddi :

Yn yr Ing

Gerllaw yr oeddit, Men,
    Yn nes na'r un carennydd ;
A'th law o dan fy mhen
    Fel manblu fy ngobennydd.

Gwell oedd dy dirion wên
    Na balm y meddyg yno ;
A'th air, iachâi y boen
    Na wyddai ef am dano.

A gwell na'r newydd win
    Yng nghariad-wledd ieuenctid
Oedd hen, hen win dy serch
    Yng nghyfyng oriau 'ngofid.

Na ad fi mwy, fy Men,
    Ond boed dy lygaid arnaf
Fel sêr sefydlog serch,
    Pan fo fy nos dywyllaf.

165

Ac aros di, fy Men,
  Rhwng deufyd yn fy ymyl ;
A'th law o dan fy mhen
  Yn nes na dwylo'r engyl.

Ni soniodd air wrth na mam na minnau ei fod wedi cyfan-
soddi'r delyneg, a bu rhai misoedd cyn i'r un ohonom ei gweld.
Ni allai fod wedi cael neb i weinyddu arno yn fwy gofalus a
thyner nag y gwnaeth fy mam yn ei ffordd dawel a dirwgnach
ei hun. 'Roedd yn galondid mawr iddi i wybod fod ei gyfeillion
a'i gydnabod yn cydbryderu â ni, ac yr oedd llawer yn galw i
ofyn amdano. Bu J. R. Owen a John Lewis, partneriaid y
Swyddfa Lechi, yn galw'n rheolaidd a llawer un arall, a
Thryfanwy ymysg y ffyddlonaf. Pan oedd fy nhad beth yn
well, daeth Tryfanwy â'r llythyr hwn i'r drws :

> Mae sôn amdanat ers dyddiau bellach, fel gŵr sy'n gwella.
> Dywedodd Peredur hynny wrthyf yn dy ddrws y Sul, a bu
> J. R. Owen yma'r bore yn talu fy mhensiwn imi, ac yn
> dywedyd dy fod yn well o lawer.
>   Am hynny, yr wyf innau'n gyrru hyn o nodyn iti, i'th annog
> i ddal ati i ymgryfhau. Paid a bod yn rhy brysur chwaith ; ni
> buost yn sâl ers tro o'r blaen . . .
>   Bum i'n brysur iawn rhwng popeth. Ac wrth fod y dydd yn
> fyr, a'm parlwr yn dywyll, bu fy hen lygad tlawd dan dreth go
> drom. Ond 'rwyf yn weddol dda arnaf 'rwan—newydd bostio
> fy Llith Nadolig i'r Herald.
>   Onid wyt yn rhy wan, darllen ymlaen. Mi gefais air oddi-
> wrth Elldeyrn am yrru at fab Elis Wyn parth y Gadair Ddu.
> Crefais innau arno ef wneuthur hynny drosof. Felly fu. A
> daeth yr ateb ! Oedd, yr oedd Elis Wyn ar y maes, ac ef oedd y
> buddugwr, ac fe dynnodd ei awdl yn ol yn ffafr gweddw ac
> amddifad bach tlawd Taliesin ! Ond ni ŵyr y mab hwn sut y
> llwyddodd i wneuthur hynny, ac fe yrrodd lythyr Elldeyrn yn
> ei flaen i "William fy mrawd hynaf, am y dichon y gŵyr ef fwy
> o'r manylion". Mae Elldeyrn yn gorfoleddu. Yr oedd ef yn
> ysgolfeistr dan Elis Wyn yn y flwyddyn honno, ac o dan yr
> argraff bod ganddo awdl yng Ngwrecsam. Yr oedd Bleddyn yn
> llygad ei le—nid chwedl oedd ganddo.
>   A dyma fi'n cofio brawddeg o "Wen Tomos" Daniel Owen,
> sef yw honno :- "Brysia fendio 'ngwas i ; mi fydd yn ddigon o
> siou iti glywed Elin yn deud yr hanes !''
>   Ta ta, ffrind bach ! A chymer galon ; yr wyt fyw ar fy ôl i
> eto ! . . .

19

Ychydig wythnosau cyn ei waeledd derbyniodd lythyr oddi wrth gyfaill o ganwr, yn gofyn a oedd ganddo gopi o eiriau rhyw unawd neu'i gilydd yn ei feddiant, ac os felly, a allai eu cyfieithu a'u hanfon iddo cyn y Sul—yn union fel petai trosi cân Saesneg i Gymraeg, ac at hynny ei hodli a'i chyfatebu i'r miwsig, y peth hawsaf yn y byd ! Dyma'r ateb a gafodd :

Nac oes, nac amser i'w cyfieithu cyn y Sul pe baent gennyf. Yr wyf dan benyd ar hyd y mis—ceisiadau o bob math yn ym-dywallt ar fy mhen.

Cyfieithais eiriau'r unawd "Thanks be to God" i ryw ŵr o Lundain y dydd o'r blaen, i'w canu mewn rhyw gapel neu eglwys yno. A wyddoch chwi am y gân honno ? Os gwyddoch, dyma'r cyfieithiad :

Mawl Rof I'm Duw

Mawl rof i'm Duw am heulwen fwyn,
Am flodau'r maes a lleisiau'r llwyn ;
Am fyd mor lawn o serch a swyn
    Mawl rof i'm Duw.

Mawl rof i'm Duw am loer a ser,
Am feusydd nos a'u llwybrau ter ;
Am oriau cwsg a'u gwynfyd per,
    Mawl rof i'm Duw.

Mawl rof i'm Duw am obaith f'oes,
Am bob llawenydd im' a roes ;
Ac am y marw ar y Groes
    Mawl rof i'm Duw.

Yr ym ein tri yn iach, a gobeithiwn eich bod chwithau. Bu Men a Pheredur yn y De ar eu gwyliau ; bum innau'n aros yn y wlad, yn Nhyddyn Morthwyl, gerllaw Pont Rhydybenllig. Hen deulu iawn sydd yno, awyr bura'r broydd, a difyrrwch di-oferedd . . .

Dyma'r tro cyntaf iddo newid ei gyrchfan gwyliau,—o Gapel Helyg, lle 'roedd y ferch wedi priodi erbyn hyn a chanddi deulu bach i'w magu yno, i fferm Tyddyn Morthwyl, lle trigai ŵyres i hen deulu Pensingrig, a mwy o le yno i dderbyn ymwelydd. Câi yr un croeso caredig yno ag yng Nghapel Helyg, ac heblaw hynny 'roedd ei hoff afon Dwyfor yn rhedeg trwy odre'r tir.

Erbyn dechrau'r flwyddyn 1923 'roedd yn araf wella o'i salwch, ac yn cael codi a dod i lawr y grisiau. Teimlai'n ddigon gwantan, ac fe'i rhybuddiwyd gan y meddyg y byddai ddeufis neu dri cyn gallu mynd allan a dechrau gweithio. Gan fod ganddo ddigonedd o amser ar ei ddwylo, aeth ati i hel at ei gilydd y telynegion hynny oedd heb eu hargraffu, gyda'r bwriad o'u cyhoeddi'n gyfrol. Fe'u hysgrifennodd i gyd mewn pensil ar lyfryn i ddechrau, ac wedi penderfynu trefn y cynnwys aeth ati i'w copïo yn ei lawysgrifen glir ar bapur ffwlsgap. Ym mis Chwefror, ac yntau wedi ysgrifennu rhyw dri chwarter o'r cynnwys, dechreuodd ohebu â chyhoeddwyr am eu prisiau. 'Roedd eu hatebion yn ei ddychryn braidd, a theimlai nad oedd mewn sefyllfa i fentro cymaint o gost. Ac fel yr oedd tywydd y Gwanwyn yn ei hudo allan ac yntau'n ymgryfhau, yr oedd ei awydd i gwblhau'r llyfr yn gwanio, ac megis mewn digalondid, gadawodd y gwaith ysgrifennu heb ei orffen.

'Roedd pwyllgor Eisteddfod Ieuenctid Dyffryn Madog wedi bod ar ei ofyn fel arfer am ddarn i'w adrodd ar gyfer eisteddfod Gŵyl Ddewi. Awgrymodd yntau ddarn cymharol newydd o'i waith sef :

Y Llif

Y llif ! y llif !
  Ar ruthr y daw
O glogwyn i glogwyn,
  Ymchwydd y glaw.

Cronna, ymdroella, ewynna. Clywch
Ei dwrf yn dyfod ! Gwelwch ei luwch !

"Uchelgadr raeadr, dwr ewyn—hydrwyllt,
  Edrych arno'n disgyn ;
Crochwaedd y rhedlif crychwyn,—
Synnu, pensyfrdanu dyn."

Ciliwch o'i lwybr !
 Ni saif o'i flaen
Na phont na phentan,
 Na mur, na maen !

A pheth i hwn
 Yw'r brenhinbren mawr
Sydd ar y geulan ?
 Â thrwst fel taran
 Fe'i teifl i lawr.

A ffodd y defaid ?
 Na, dacw un,
Beth wan ac ofnus,
Ar rimyn o ynys,
 Wedi ei gadael wrthi ei hun !

Ond nid yw ond dafad. A phwy a faidd
Rydio hyd ati i'w dwyn at y praidd ?

Mae un a'i câr, a'r bugail yw ef,—
Mae'n dyfod i'w cheisio . . . Fe glyw ei bref . . .
Fe wêl ei pherygl, a llam i'r lli,
Heb ofal am ddim ond ei hachub hi.

Mae'n ceisio, a methu,
 A methu eto ;
Ond ni rydd i fyny,
 Hyd onis caffo :
A bydd son am hyn
 Ar ei aelwyd heno.

. . . .

Mae'r nef yn ymollwng, a'r llif ar bob llaw !
Ond ust ! clywaf ganu o fwth gerllaw :-

*"Iesu, cyfaill f'enaid cu,
 I Dy fynwes gad im' ffoi,
Pan fo'r dyfroedd o bob tu,
 A'r tymhestloedd yn crynhoi ;
Cudd fi, O fy Mhrynwr, cudd,
 Nes el heibio'r storom flin" . . .

Dyna un a wŷr am gysgod
 Gan nad beth fo'r hin.

*Trefner un i ganu'r pennill mewn ystafell o'r neilltu.

Awgrymodd y trefniant hwn i'r pwyllgor am y byddai, yn ei dyb ef, yn decach â'r adroddwyr, ac yn fwy effeithiol i'r gwrandawyr, i gael cantores i ganu'r emyn o olwg y gynulleidfa.

Yr oedd yn ddiwedd Ebrill neu ddechrau Mai cyn iddo gael caniatâd i ailgydio yn ei waith yn rhan-amser, gan ei fod yn dal mewn peth gwendid ac yn blino'n fuan. Yn nechrau Mehefin derbyniodd y llythyr a ganlyn oddi wrth J. H. Jones ("Je Aitsh"), golygydd *Y Brython* :

Deellais oddiwrth gydnabod a alwodd yma heddyw mai'n wanllyd braidd y deil eich iechyd, a minnau'n tybio eich bod wedi llwyr hybu o'r anhwyldeb a'ch goddiwes y llynedd. Hyderaf yn wir y daw'r Haf a'i haul a meddyginiaeth yn ei esgyll tuag yna, ac y clywn newyddion da o lawenydd mawr,—a bod yr hoen corff a'r afiaeth enaid wedi dychwelyd. .

Psawl cant a mil a ddrachtiodd ddiwylliant a mwyniant o'ch caniadau gwin ; hyderaf eich bod chwithau, a'u canodd, yn drachtio o ffynnon Ei hyfrydwch Ef, yn dâl ac eli i'r galon.

Da y gwn innau beth yw cystudd flynyddoedd a fu, a chofio'r blas da sydd ar bob dafn o gydymdeimlad pur a barodd imi anfon hyn o air bach hyd atoch.

Ymgryfhewch Eifion Wyn annwyl : ac fe gryfhewch lawer Cymro arall wrth wneud . . .

Dyma'i ateb :

Nid wyf yn hanner da, er fy mod yn well nag y bum. Ychydig o siawns sy gan neb i ymadnewyddu mewn awyr bro isel fel hon. "O na chawn mewn llonnach hwyl" dreulio mis neu ddau yn ucheldir Eifionydd. Yno y mae fy Afallon i. Ac onibai am anwadalwch yr hin, yno y buaswn ers talm—"yn yfed gwynt y nefoedd", fel gafr Emrys.

Mwy na mwy o ddiolch i chwi am eich cydymdeimlad a'ch calondid. Mwynaf gwaith yn y byd yw ceisio "codi'r gwan i fyny". A phwy a fedd well cymhwyster i wneuthur hynny na'r sawl a fu'n wan ei hun, ac a brofodd o ddaionus rin cydymdeimlad, ac a ddyrchodd ei ben trwy yfed o'r afon ar y ffordd.

Nid wyf am farw'n awr, os medraf beidio. Ni charwn farw yn yr haf, na marw fel David Gray "a'm llyfr heb ei orffen". Gwell gen i Gymru na'r nefoedd ar hyn o bryd.

Hyderaf y cewch Eisteddfod dda yn y Wyddgrug, ac y byddwch chwithau mewn iechyd da i'w mwynhau. Unwaith eto, diolch i chi am eich geiriau tirion . . .

Pan dderbyniodd wahoddiad i feirniadu yn Eisteddfod Genedlaethol Pontypŵl, 1924, teimlai na fedrai dderbyn "oherwydd cyflwr ansicr fy iechyd".

Ym mis Hydref derbyniodd y llythyr hwn oddi wrth Wil Ifan :

Drwg iawn gennyf ddeall eich bod chwi a Thryfanwy wedi bod yn wael yn ddiweddar. Gobeithio i chwi gael adferiad buan. Yr oedd yn ofid mawr i mi rai misoedd yn ol i Dryfanwy ddychmygu fy mod i yn ceisio ei ddolurio. Nid oes iddo edmygydd mwy ffyddlon yng Nghymru gyfan na Wil Ifan. Ceisio dadlau yn deg a wnaethum ar *bwnc*.

Ond dyma neges hyn o lythyr. Y mae gennyf nifer o delynegion Cymraeg. Nid ydynt wedi ymddangos ond yn y Western Mail. Gwn eich bod chwithau wedi ysgrifennu llawer iawn oddiar y "Maes a Mor". Beth pe ceid casgliad o'n gwaith ni'n dau i'w gynnyg i wahanol gyhoeddwyr, y nhw i argraffu a chyhoeddi, a ninnau i gael "percentage" ar y gwerthu ? Cyfrifwn hi'n anrhydedd fawr i gael fy enw ar yr un tudalen ag enw Eifion Wyn. Ni fyddai fawr trafferth yn y cynllun. Byddaf yn ddiolchgar am air . . .

Dyma ateb fy nhad :

Ychydig o gamp sy arnaf ; fe'm blinir gan ryw boen gewynnol nas gâd fi'n angof nos na dydd.

Go wachul yw Tryfanwy yntau. Cwympodd ar yr heol y dydd o'r blaen—praw nad yw ei galon fel y dylai fod.

Am y cweryl a fu rhyngoch, hwyrach mai doethaf fydd i mi beidio a dywedyd dim.

Ynglŷn â'm llyfr nesaf. Yr wyf wedi hanner cytuno eisoes a chyhoeddwyr yn y cwr hwn o'r wlad, a buasai'r llyfr allan ers tro oni bai fod cyflwr fy iechyd yn peri i mi betruso.

Myn rhai o'm cyfeillion—Meuryn yn eu mysg—i mi ddwyn allan gyfrol yn cynnwys fy nghaniadau caeth a rhydd, a dichon mai hynny a wnaf pan deimlaf yn abl i ymgymryd â'r gwaith.

Mawr ddiolch i chwi am eich cynnyg caredig. A hefyd am eich "Songs of the Heather Heights". Mwynheais y caniadau yn fawr.

A fyddwch chwi yn gweled y "Genedl Gymreig" ? Mae Gaianydd Williams yn ei lith yr wythnos hon yn cyplysu enwau Elfed, Crwys, a ninnau ein dau fel "beirdd y bobl—beirdd a ganant nes cynhesu calon gwladwyr syml". Nid "tri bardd" sydd yng Nghymru yn ol Gaianydd.

Mae'n rhaid i mi ymatal, gan fod clic y teip yn peri blinder i mi.

Ymddangosodd ysgrif gan R. Williams Parry ar ' Beth yw Telyneg' yn *Y Genedl Gymreig*, 28 Medi 1925 (ailargraffwyd yn Bedwyr Lewis Jones, *Rhyddiaith R. Williams Parry*, tt. 55-9), a chan ei fod yn ymdrin ag un o delynegion fy nhad, teimlaf na fyddai o'i le i mi ddyfynnu ohoni yma, yn enwedig o gofio nad oes gennyf i fy hun na'r ddawn na'r cymhwyster i'w thrafod. Ymddengys fod yr erthygl wedi ei hysgrifennu mewn ateb i'r cais hwn gan "Cwm Prysor" : "Buaswn yn hoffi, os oes modd, cael deffiniad pendant o delyneg". Dyma ateb R. Williams Parry :

Ni feddaf un. A feddwch chwi ddeffiniad o rosyn ? Mae'n ddiameu y dywedech nad oes angen deffiniad ar y neb sydd ganddo lygad i weled a ffroen i arogli. Felly'n union gyda'r delyneg. Yr hwn sydd ganddo glustiau i wrandaw gwrandawed. "Andaw di lais adar", meddai'r hen Lyfr Du. Adar cerdd llenyddiaeth yw ei thelynegion.

Awgrymais mai'r deffiniad goreu o delyneg—yr unig ddeffiniad boddhaol—yw hyhi ei hun ; a chan mai mis Medi ydyw, beth feddyliech pe dewisem "Fedi" Eifion Wyn yn engraifft? . . .

> Croesaw, Medi, fis fy serch,
> Mis y porffor ar y ffriddoedd.

Nid oes raid wrth lygad craff iawn i ganfod y sglein lenyddol sydd ar y llinellau. Petae John Keats wedi ei eni'n Gymro, cawsem ganddo linellau tebig i'r ail uchod, gyda'i chytseiniaid moethus, gloddestog, a rhyw awgrym, a dim mwy, o gynghanedd,—y peth a elwir braidd-gyffwrdd . . .

Cafwyd eisoes, mewn dwy linell yn unig, rai o anhepgorion telyneg—perseinedd, nwyf, ceinder cyffyrddiad, a'r nodyn personol (er nad cwbl anhepgor yr olaf).

> Pan y ceni'th glychau mêl
> Casgl y gwenyn o'r dyffrynoedd.

Darbwyllwyd y bardd gan ryw ymyrrwr neu'i gilydd i newid y llinell gyntaf i hyn (yn yr ail-argraffiad) :-

> O pan gân dy glychau mêl.

Clywsai'r ymyrrwr bod *y* ar ôl *pan* yn ddianghenraid, a bod y ffurf '*th* yn anghywir ond ar ôl geirynnau fel *a, i, o, gyda*, etc.

Gresyn i'r bardd wrando arno ! Y mae'r cyfnewidiad yn fwy o flot ar lendid a phurdeb ysbryd ac awyrgylch y gân na'r brycheuyn oedd gynt ar ei hiaith . . .

Erbyn hyn aeth defnyddio *mêl* fel ansoddair yn syrffed arnom : ' breuddwydion mêl ', ' cyfrinachau mêl ', etc. Ond wele ei ddefnyddio'n gyfreithlon. Sylwer ar ffansi ddewisol y llinellau. I'r bardd, am fod blodau'r grug ar ddelw clychau, clychau ydynt—clychau mêl. Swydd cloch yw galw, i'r llan ac i'r ysgol, ac wele'r gwenyn mewn llawn fwstwr yn esgyn o'r dyffryn i'r mynydd.

. . . .

> Os yw blodau cyntaf haf
>   Wedi caead ar y dolydd,
> Onid blodau eraill sydd
>   Eto ynghadw ar y mynydd ?

Gwendid mawr ap Ceridwen uchod (bardd dychmygol a ddychanwyd gan yr awdur ar ddechrau ei ysgrif) ei fod yn gofyn cwestiynau'n ddiddiwedd, gan adael rhwng y darllenydd a'u hateb. Ond y mae cwestiwn achlysurol yn fwy effeithiol na gosodiad noeth. "Onid oes driagl yn Gilead ?" Awn ymlaen at yr ail bennill :-

> Croesaw, Medi, fis fy serch,
>   Pan fo'r mwyar ar y llwyni ;
> Pan fo'r cnau'n melynu'r cyll,
>   Pan fo'n hwyr gan ddyddiau nosi.

Sylwch ar ail-adrodd llinell gyntaf y gân. Rhyw rygnwr untant yw'r telynegwr ym mhob gwlad ac ym mhob oes. A dyna air da yw *melynu*. Dyma a gawsech gan y difeddwl a'r di-ddawn :

> Pan fo'r cnau'n gorchuddio'r cyll.
> Pan fo'r cnau'n prydferthu'r cyll.

Pa fodd yr aethpwyd i gredu na thâl geiriau cartref plaen i fardd ? Gwae ni fod *euraid* yn fwy dewisol na *melyn* gan yr oes hon, ac *euro* na *melynu* . . .

Gorffenna'r pennill fel hyn :

> Tlws yw'th loergan ar y môr
>   Yn ymsymud ar y tonnau,
> Tlws yw'th loergan ar y maes
>   Ym mhriodas yr ysgubau.

173

Os nad oes yn awr gymaint o swyn ag a fu yn y llinellau tlysion hyn o *Delynegion Maes a Môr*, ar fyddin efelychwyr yr awdur y mae'r bai. Troisant y llwybr troed yn briffordd ansathr. Ond ni fedrant efelychu arddull y pennill olaf hwn :-

Croesaw, Medi, fis fy serch,
 Clir fel grisial yw'th foreuau,
Clir fel grisial er fod Duw'n
 Arogldarthu ar y bryniau :
Nid oes gwmwl ar y grug,
 Nid oes gysgod ar y rhedyn,
Pan y ceni'th glychau mêl
 Cyrchaf finnau gyda'r gwenyn.

A dyna fo yn ei ol i'r fan y cychwynodd. Cydiwyd y pennillion ddolen wrth ddolen, em wrth em, a chydiwyd y diwedd wrth y dechreu gyda'r tarawiad olaf ; a chynhyrchwyd telyneg o'r iawn ryw.

Er ei fod wedi adennill cyfran helaeth o'i nerth erbyn diwedd yr haf ac wedi ailddechrau gweithio'n llawn-amser, câi ei boeni fwy nag erioed gan boen nerfau, ac 'roedd hyn yn rhwystr iddo rhag llwyr wella.

Pan oedd gŵr enwog (ni fedraf yn fy myw gofio pwy) yn darlithio yn y dref, derbyniodd fy nhad wahoddiad i dŷ'r cadeirydd am sgwrs a thamed o swper ar ôl y ddarlith. Methodd fynd gan fod ganddo dwtsh o annwyd, ac ymddiheurodd i'r gwahoddwr fel hyn :

Fel hyn y bu neithiwr :

Gan rynnol ddogn o'r annwyd—yn y ty
 Wrth y tân y'm cadwyd :
Oerfelog o'wn ar f'aelwyd,
Heb ddarlith, bendith, na bwyd !

O'm hanfodd, coeliwch fi, y collais y wledd yn Seion a'r gyfeillach yn Nhanyfoel . . .

Nid oedd llawer o hwyl arno yr adeg yr oedd cynhyrchion Eisteddfod Genedlaethol yr Wyddgrug i fod mewn llaw ac ni theimlai fel cystadlu ar yr englyn. Fodd bynnag, aeth ati i lunio soned i'r "Murddyn", gan ei seilio ar hen furddyn Plas Tan-'rallt yn Nhremadog, a llwyddodd i rannu'r wobr gyntaf (â Chaerwyn) :

Y Murddyn

Yng nghwr y dreflan, a than ddefni'r pin,
  Saif adfail hen, annhymig, brych ei wawr,
  A'i furiau llwm yn nesu at ei lawr
Tan ddwylo'r plant ac araf draul yr hin :
Caer ydyw i'r mieri a'r deiliach crin,
  Ac nid oes neb a'i cais ond biw y plas ;
  Eithr bu'n gyfannedd unwaith, a bu blas
Ar gyrchu'i borth, yn hoyw ac yn flin ;
A thros ei riniog, nad yw riniog mwy,
  Aeth angladd a phriodas yn eu tro ;
Ond pwy a wybydd heno ymhle maent hwy
  Fu'n dwyn eu horiog dynged tan ei do :
'Hed ystlum gwyllt o'r pared gyda chri,
A chwardd dyllhuan fel i'm hateb i.

20

Derbyniodd gyw iâr yn rhodd am gymwynas fach a wnaethai i Mrs. Gwen Owen, Bronygadair, a diolchodd iddi fel hyn :

Penillion o Ddiolch
i Mrs. Owen, Bron y Gadair, am ei rhodd
Alaw : Hob y Deri Dando

Am y gywen mi ddiolchais,
  A diolchaf eto :
Blas a gafael arni gefais—
  Tri neu bedwar cinio ;
Cywen gopog, cywen rywiog,
  Gigog, wen :
Bendith ar y wraig drugarog,
  Gwen, Gwen, fwynaf Wen
Wnaeth y ffafr o dorri ei phen.

(Pennill encore)

Ces addewid am un llynedd
  O *Dyddynysguboria' :
Ac mi dynnwyd dŵr o'm dannedd,
  Wrth ei disgwyl yma :
Ond mi drengodd, neu mi dd'engodd,
  Fel 'rwy'n fyw :
Waeth mo'r llawer be' ddigwyddodd,
  Gwir yw am y cyw,
Na ddaeth yma'n farw na byw !

* fferm gyfagos

Ei delyneg i Fai oedd achlysur y llythyr hwn o Wylfa, Llan-fairfechan :

Yr ydym wedi bod yn darllen eich telyneg i Fis Mai, ac y mae arnom eisiau gwybod ar ba ddydd o'r mis y mae eich penblwydd. Yr ydym wrth ein bodd yn darllen eich telynegion, ac yn disgwyl o hyd am fwy.

Yr ydym yn gobeithio y gwnewch roi gwybodaeth inni i dorri'r ddadl sydd yn y dosbarth—y mae rhai o'r genethod yn dweud nad yw'r delyneg yn wir i gyd.

Ydwyf yn ddidwyll
Cecilia Morgan
(Capten y Dosbarth)

Cafodd ateb ar fyrder :

Mi wnaethoch yn iawn ysgrifennu ataf : dyna'r peth goreu bob amser,—mynd i lygad y ffynnon.

A dyma air byr i'ch bodloni. Ganwyd fi ar yr ail o Fai yn y flwyddyn . . . Na, mi welaf nad ydych yn gofyn am fy oed, ac felly mi gadwaf y flwyddyn i mi fy hun.

Yr ydych yn son am ryw enethod bach anghrediniol sydd yn dywedyd nad yw'r delyneg yn wir i gyd. Pam tybed ? Cyn belled ag y gwn i y mae yn gwbl wir, pob pennill ohoni.

Mwyn iawn oedd gennyf glywed eich bod fel dosbarth yn cael blas ar fy llyfr. Mae cael gair da plant ysgolion Cymru yn fwy yn fy ngolwg na dim . . .

Pan ddaeth rhestr testunau Eisteddfod Genedlaethol Pontypŵl i'w law cododd yr awydd arno i gystadlu. Tua'r adeg i anfon y cynhyrchion i mewn, cofiaf yn dda fel y bu'n cystwyo'r Pwyllgor Llên am eu gwaith yng nghystadleuaeth unrhyw delyneg yn cyfyngu ei hyd i 30 llinell—nifer ffôl a hollol anymarferol yn ei farn ef, gan fod penillion telyneg fel arfer yn bedair neu wyth llinell. 'Roedd ganddo amryw o delynegion yn ei gasgliad i'w lyfr nad oedd erioed wedi gweld golau dydd, ac wrth fod y testun yn agored, penderfynodd anfon un ohonynt i mewn. Dewisodd "Cwm Pennant" ond gan ei bod yn wreiddiol yn bedwar pennill wyth llinell, rhaid oedd tynnu allan un pennill i ateb gofynion y gystadleuaeth. Hwn oedd y tro cyntaf iddo gystadlu ar y delyneg yn y Genedlaethol.

Er na fu ef ei hun yn yr Eisteddfod ceir cryn dipyn o'i hanes yn y llythyr a ysgrifennodd ar yr 8fed o Awst at Gyndeyrn— hen fardd a ddeuai i aros yn achlysurol at ei ferch i'r tŷ drws nesaf, ac yn ystod ei ymweliad yn mwynhau aml sgwrs â'm tad dros glawdd yr ardd, yn trafod englynion a'r cynganeddion :

Mae'n ddiogel i mi gyfaddef heddiw fy mod wedi cynnig ar yr englyn ym Mhontypwl. A'ch clywed chwi yn dweud eich bod wedi methu a'm rhoes ar fy metl.

Cyfansoddais chwe englyn i gyd, ond nid oeddwn yn ddigon hyderus i son dim yn eu cylch pan oeddych am y clawdd â mi. Dyma'r gyfres :

Tant y Delyn

Erchi y bu serch a bâr,—rhyfelawg
　Orfoledd a galar :
Dwg ledgof o nwyd gwladgar,
A thra bo Cymro, fe'i câr.

177

Cant wroniaeth cyn trinoedd,—a chant serch,
   Hynt a swyn y llysoedd :
I'm hen dras tant mwynder oedd,
Wedi gloddest eu gwleddoedd.

Ynom, pob serch a ennyn,—y pêr dant,
   Yspryd yw'n ein canlyn ;
Iaith hudoliaeth y delyn,
A gerdd i waed gwlatgar ddyn.

Swynol faws anwylaf yw—i werin
   O gariad diledryw :
Llais nwyd lluosain ydyw,
Cyfaredd y bysedd byw.

Yng Ngwyl frwd annwyl ei fro—ei sain hoff
   Oglais nwyd y Cymro :
Ar ei hendant câr wrando,
Oes y nef rydd i'w swyn o.

Delyn hoff ! ein cenedl ni—gâr ei thant,
   Gwyrth o hud yw iddi :
Tant ei chân, tant ei chyni,
A thant aeth â'i henaid hi.

Nis gwn eto p'run a wobrwywyd. P'run yw'r goreu meddwch chi ?

Heblaw ennill ar yr englyn, enillais ar yr Hir-a-thoddeidiau i Syr Henry Jones, Arglwydd Rhondda a'r Athro Powell. Hanner y wobr a gefais am delyneg : aeth Beynon, Bardd Coron Rhydaman, a'r hanner arall.

Cerdd drythyll yw pryddest y Goron eleni. Amheua Gwili a yw'n weddus ei chyhoeddi. Mae'n sefyll heddiw dros yr hyn y safwn i drosto ym Mangor—lledneisrwydd a glendid llenyddol. Ond ofer cau drws yr ystabl ar ol i'r march nwydlawn gael ei ollwng allan.

Cafodd Cynan y Gadair am gerdd sydd yn fwy o bryddest nag o awdl. Cyfleus iawn oedd syrthio'n ol ar fesur y 'tri tbrawiad ' i guddio'i ddiffyg medr fel cynghaneddwr . . .

Gyda llaw, yr olaf o'r gyfres englynion yma a enillodd y gamp.

Fel y gwelir oddi wrth y llythyr hanner y wobr a gafodd ei delyneg "Cwm Pennant". Unwaith yr ymddangosodd hon yn y wasg fe ddaeth ar unwaith yn boblogaidd, a bu tipyn o ysgrifennu yn beio'r beirniad, Wil Ifan, am ei gosod yn ddim

gwell na chydradd. Mae'n debyg mai dyna a sbardunodd Wil
Ifan i ysgrifennu ato fel hyn :

Da gennyf ddeall eich bod yn gwella. Gobeithio y cewch
adferiad llwyr yn fuan yn awr.
Y mae llawer o achwyn arnaf ymysg fy nghyfeillion am i mi
rannu'r wobr rhwng y ddwy delyneg ym Mhontypwl. Wn i a
ydych chwi yn teimlo fod peth tywyllwch yn y llinellau

"A gofyn y byddaf bob gwawrddydd
A'm troed ar y talgrib lle tyr".

Os wyf yn deall yn iawn, onid rhywle draw ymhellach y torrai'r
wawr pe bai'r troed ar y talgrib y tyr y wawr drosto. Efallai fy
mod yn darllen y llinellau yn anghywir . . .

Atebwyd ef fel hyn :

Gwn y bodlonwch ar air byr. Mae fy hamdden yn brin,
a'm pen yn flin.
Ychydig o gysur sy' gennyf i chwi. Fel eich cyfeillion y synia
pawb, os oes coel ar yr adolygwyr.
Dyma farn Meuryn :
"Pan rennir y wobr mewn Eisteddfod, bydd beirniadu mawr
ar y beirniad fel rheol . . . Felly eleni am i'r beirniad rannu'r
wobr am y telynegion. Mae pawb y buom i yn siarad â hwy
yn bendant o'r farn mai'r delyneg ar Gwm Pennant yw'r
oreu o ddigon."
. . . O'r "Herald Gymraeg"

A dyma farn W. A. Lewis :
"Rhydd i bob dyn ei farn, a barn Wil Ifan sydd i sefyll cyn
belled ag y mae gwobr Steddfod yn mynd i'r telynegwyr.
Ond y mae'n rhydd i mi ddywedyd nad llawer a geir i gydweld
ag ef yn ei ddyfarniad y tro hwn. Erbyn hyn, darllennodd
miloedd y ddwy delyneg, . . . ac y mae pob bardd a llenor y
bûm i yn ymddiddan â hwynt yn unfryd unfarn fod "Cwm
Pennant" yn tra rhagori.
. . . O'r "Brython"

Ni fedraf daro ar sylw Prosser Rhys yn "Y Faner". Yr oedd
ef yn fwy pendant fyth. Mynnai bod rhagoriaeth "Cwm
Pennant" yn amlwg i bob dyn, boed ef fardd neu beidio.
Ynglyn â'r pwynt y soniwch amdano. Pe dywetswn fod yr
"haul" yn codi ar ben y "talgrib" buaswn yn cytuno â chwi.
Ond peth cyffredinol yw "gwawr", a'r cwbl a ddywed y llinell

ydyw bod ei llewych yn disgyn ar ben y talgrib lle y saif y bugail cyn disgyn ar y cwm islaw. Pa amwysedd sydd yn hynny ?

Ni ddisgwylir iaith "precise" gan fardd.

> "Mae pen y bryniau'n llawenhau
> Wrth weld yr haul yn *agoshau*."

ebr Wat Wyn. Ac yntau'n gwybod bod yr haul yn ei unfan o hyd ! A beth am y syniad bod y bryniau yn ei "weld" ? Ni thâl beirniadu fel yna ddim.

Clywais neithiwr (gan un a welsai eich beirniadaeth) eich bod yn anghymeradwyo'r ymadrodd "yr hebog a'i ryw". A fynasech i mi ddywedyd "yr hebog, a'r barcud, a'r boda, a'r cudyll" ? Onid yw'r ymadrodd "yr hebog a'i ryw" yn fwy cryno, heblaw bod ynddo ias o gynghanedd ? Os creffir ar fân bethau fel hyn, pa delyneg a saif ?

Son am "dywyllwch". Nid oes ond tywyllwch yng nghân Beynon. Hola pawb "be sy ganddo". Mae'r "tegan ar y llawr". Ymhle y mae'r un bach ? Ai yn glaf, ai yn ei fedd ? Nid yw hyd yn oed y "deigryn mawr" yn goleuo'r meddwl. Sut felly y gall calon y darllenydd deimlo ? Ni ellir, yn fy marn i, alw cân na ddywed ei neges yn delyneg.

Ond na phoenwch ddim oherwydd y digwyddiad. "Mae'r callaf yn colli weithiau", medd pobl Eifionydd, "a phan gyll y call (meddant) fe gyll ymhell". Cam neu beidio, nid wyf i fymryn dicach.

Ysgrifennais fwy nag a fwriadwn. A oes heddwch ? . . .

A dyma yn ei dro ail lythyr Wil Ifan :

Da gennyf weld eich bod wedi gwella, a'ch bod yn gallu ergydio mor llawdrwm a deheuig ! Synnais nad oeddech yn gweld fawr o ddim yn nhelyneg Beynon ; y mae rhywbeth ynddi a'm cyffyrddodd ac a'm cyffyrdda yn fawr.

Am y "rhyw", cellwair yr ydych wrth awgrymu y carwn y catalog yn gyfan. Ynglyn a'r "lle tyrr", nid yw y peth mor glir i'r darllenydd ag yw i'r ysgrifennydd. Yr wyf wedi holi i lawer, a chredwch fi, chwi yw y cyntaf i roi'r esboniad a roddir gennych yn eich llythyr ; dyna'r ystyr a ddyfelais i fy hun, rhaid imi gyfaddef, ond *dyfalu* yr oeddwn er gwaethaf ffurf y llinellau. Dyma esboniad un (ac yntau wedi beirniadu'r goron genedlaethol cyn hyn) "lle tyrr, h.y. lle tyrr y talgrib yn erbyn yr awyr". Yr wyf yn son am hyn fel y gweloch nad yw'r llinellau mor glir ag y credwch y maent. Y mae y ddwy linell olaf wedi "mynd" yn eithriadol. Clywais am fardd sy'n hoff o'i ddiod yn dweud, wythnos yn ol, â'r "glass" yn ei law--

Pam A---- y gwnaethost y ddiod mor dda
A bywyd hen brydydd mor fyr ?

Pryd mac'r llyfr newydd yn dod ? . . .

Ac eto, yn ei dro, ail ateb fy nhad :

Os arferais beth coegni wrth eich ateb, maddeuwch ; ni fedrwn yn fy myw beidio.

Ai ar y "talgrib" y tyr y wawr, ynteu "draw" ?—dyna oedd eich anhawster y tro cyntaf.

Ai y "wawr" a dyr, ynteu'r "talgrib"—dyna eich anhawster heddiw.

Ar ba air, meddwch chwi, y disgyn pwyslais y synnwyr yn y cwpled ? Onid ar "gwawrddydd" ? Ac onid â'r gair hwnnw y dylid cysylltu'r ferf ?

Naw wfft i ddyfaliad y beirniad cenedlaethol ! Clywir beunydd am y "wawr yn torri", ac am y "môr yn torri". Ond "talgrib yn torri", a hynny heb achos yn y byd !

Sut y medraf fynegi'r syniad yn fwy clir ? Os dywedaf—

A byddaf yn gofyn bob gwawrddydd
A'm troed lle tyr ar y talgrib

bydd rhywun dylach na'i gilydd yn debig o ddywedyd mai'r "troed" a dyr "yn erbyn yr esgid" !

Wrth gwrs, mi allwn ychwanegu ymadrodd eglurhaol fel hyn :-

"A byddaf yn gofyn bob gwawrddydd,
A'm troed ar y talgrib lle tyr" (h.y. y wawrddydd)

a dichon mai hynny a wnaf.

Os yw cân Beynon cystal ag y mynnwch chwi ei bod, onid yw'n beth syn bod cynifer o feirdd, a llenorion, a'ch cyfeillion chwi eich hun yn eu mysg, yn beio arnoch am rannu'r wobr ?

A fyddwch chwi, neu eich diaconiaid, yn mynychu'r tafarnau ? Os na fyddwch, sut y clywsoch chwi ddeisyfiad y gŵr â'r gwydriad yn ei law ? Da chwi, peidiwch ag ail-adrodd ei rigwm wrth neb. Nid oes dim clyfrwch mewn cyfaddasiadau isel o'r fath.

"Sut y mae eich tad-yng-nghyfraith?" meddwn wrth ŵr merch Pwlston ddydd Sul. "Araf wywo", ebr yntau. "Gwelais o ddoe, a'r peth oedd ganddo mewn llaw ar y pryd oedd dysgu cich telyneg chwi i Gwm Pennant."

181

Onid yw yn fil mwynach meddwl am Bwlston athrylithgar yn dysgu fy nghân nag am ddiotwr dienw yn ei gŵyrdroi ? Bernwch chwi.

Ond pa ddiben i ni ymdderu ? Bydded pob un ohonom yn sicr yn ei feddwl ei hun.

O.N. Ychydig o gamp sy arnaf er eich bod chwi yn dewis credu fel arall. Ac nid yw fy llyfr fymryn yn nes i ymddangos nag oedd flwyddyn yn ol. Ofnaf fod ei gynnwys "ar ol yr oes". Canu i'r cnawd, ac am bethau'r cnawd, a dâl heddiw. A dyna sydd yn mynd i achub llên Cymru i fywyd tragwyddol !

Wil Ifan biau'r gair olaf :

Drwg iawn gennyf ddeall wrth ddiwedd eich llythyr nad yw'r hanes am eich adferiad mor wir ag y carwn iddo fod. I gau ein ymdrafod â'r ddwy delyneg, carwn ddweud

i.   Re y parodi—adroddwyd ef i mi gan edmygydd mawr o Gwm Pennant o enau edmygydd mawr arall. Adroddais innau ef i chwithau yn unig er mwyn dangos mor ddwfn y mae'r cwpled wedi gafael.

ii. Gan nad faint o serch sydd ym meddwl y wlad tuag at eich telyneg, nid wyf fi yn ol *i neb* yn fy serch tuag ati. Fel y gwyddoch yn dda, y mae eich telynegion a'ch popeth yn drysorau drud yn fy ngolwg, ac nid wyf wedi bod heb dalu gwrogaeth diolchgar bob cyfle posibl. Dyna i gyd.

Cofion a dymuniadau goreu. "Gwellwch yn glou" neu "mendiwch yn fuan" . . .

Hwyrach y teimla rhai fod atebion fy nhad yn tueddu i fod yn orbigog, a bod rhyw naws goeglyd di-alw-amdano yn nod-weddu ei ddau lythyr. Ond credaf y gellid maddau iddo o gofio nad oedd y boen a'i blinai beunydd beunos yn ystod y cyfnod yma yn sicr yn tueddu i fagu hynawsedd. Digon naturiol hefyd oedd teimlo'n dra siomedig mai dim ond cyfartal y barnwyd un o'i delynegion gorau, ac wedi iddo ddarllen y delyneg gyd-fuddugol, nid oedd ganddo unrhyw amheuaeth fod Wil Ifan wedi mynd ar gyfeiliorn, a phe bai arno angen cadarnhad yr oedd yr adolygwyr a'r gohebwyr yn y wasg i gyd o'r un farn, ac yn lladd ar y beirniad. Credai hefyd fod Wil Ifan wedi cael cryn sioc pan welodd yr adwaith anffafriol i'w feirniadaeth, ac nad oedd ei lythyr cyntaf yn ddim llai na chri am air o gysur, ynghyd â chais i gyfiawnhau ei ddyfarniad. Mae'n siwr iddo yntau deimlo'n siomedig ar yr ymateb a gafodd, ond er gwaetha'r anghytundeb nid wyf yn credu fod yr un o'r ddau wedi dal dig. Yn wir, rhyw naw mlynedd wedi marw fy nhad daeth y llythyr hwn oddi wrth Wil Ifan wedi ei gyfeirio i mam a mi :

> Efallai y carech ddarllen yr ysgrif fechan hyn yn y Weekly Mail. Gwelwch fy mod wedi printio y llun bach a dynnodd Eifion Wyn ar y llythyr 'slawer dydd. A oedd ef yn tynnu lluniau yn aml ?
> Mawr hyderaf eich bod eich dau mewn iechyd da.
> Gyda'm cofion cynhesaf a dymuniadau da cenedl gyfan ddiolchgar . . .

Credaf fod yr ysgrif yn ddigon diddorol i'w rhoi yma yn ei chrynswth :

SAFONAU'R EISTEDDFOD
(gan Wil Ifan)

Yn ei sgwrs ar y Radio ryw ddeuddydd yn ôl, fe adroddodd yr Athro W. J. Gruffydd rywbeth a rydd achos synnu, a phryderu efallai, i bawb a gymer ddiddordeb yn yr Eisteddfod Genedlaethol.

Sôn yr ydoedd am gystadleuaeth neilltuol yn y Barri ac Eifion Wyn ac yntau yn gyd-feirniaid. Ni chytunent ynglŷn â'r gorau : nid yw hynny'n syndod yn y byd a chynifer o oreuon cenedl yn cystadlu. Y syndod oedd bod eu dau safon mewn dau begwn a byd cyfan rhyngddynt. Os da y clywais, yr oedd y pencampwr ym marn Eifion yn ddegfed yn ôl yr Athro, a'r gorau ym marn yr Athro y gwaelaf oll (yr olaf yn y rhestr hir) yn ôl barn Eifion Wyn.

Credaf mai da yw dadlennu pethau o'r fath pe dim ond er mwyn dangos nad yw hyd yn oed ein beirniaid cenedlaethol yn anffaeledig. Dylai rhywbeth fel hyn galonogi y cannoedd sy'n colli, a thymeru dipyn ar ymffrost y gwŷr sy'n ennill. Ac fe ddigwyddodd hyn â dau feirniad sy'n llenorion profedig wrth y dafol : yr Athro sy'n byw ar ymdrin â llenyddiaeth ei wlad ac yn cyfoethogi'r llenyddiaeth honno â'i waith disglair ei hunan, ac Eifion Wyn a gydnabyddir nid yn unig fel ein prif delynegwr, ond fel beirniad pwyllog ac aeddfed.

Sut y daethpwyd allan o'r anhawster ? Gan fod y ddau yn ddisigl yn eu barn nid oedd dim i'w wneuthur ond rhannu'r wobr. Ond meddyliwch am y sefyllfa ryfedd : un bardd yn gallu hawlio iddo ennill y wobr am delynegion y Genedlaethol o dan feirniadaeth Eifion a Gruffydd, ac yntau a naw gwell nag ef yn y gystadleuaeth yn ôl yr Athro ; a'r llall yn hawlio'r un anrhydedd pan fynnai Eifion Wyn mai efe oedd y salaf yn y gystadleuaeth.

Gwir na ddigwydd peth mor eithafol â hyn yn aml, ond ceir engraifft neu ddwy bron ymhob eisteddfod lle nad oes llwyr gytuno rhwng dau feirniad. Efallai mai gwell cael un beirniad, neu, os bydd dau yn anghytuno, alw beirniad newydd i farnu rhwng y ddau arall. Ond, pa drefn bynnag a fabwysiedir, rhaid dibynnu ar chwaeth bersonol beirniad, a gan fod y gorau ohonynt heb fod yn anffaeledig y mae cysur i'r gwan.

A minnau'n son am Eifion Wyn, yr wyf yn falch i mi gadw llawer o'i lythyron ataf ar glawr. Y maent erbyn hyn yn fwy diddorol nag erioed. Nid yn aml y sonia am feirniadu, ond cydnebydd mewn un epistol ei fod yn "ymryson curo pen" a dau gyd-dafolwr. Ysgrifennodd yn finiog iawn pan na chytunai â'm beirniadaeth i ar "Gwm Pennant", er i mi ei gosod yn gydradd orau allan o'r ugeiniau lawer a ddaeth i law. Ond, fel rheol, epistolau rhadlon, caredig oeddynt, yn llawn calondid i ŵr yn dysgu'r grefft. Hwyrach y bydd paragraff neu ddau o'r llythyron lle cyffyrdda â phethau mwy cyffredinol yn werthfawr yn eich golwg. Dyma nodyn o Daleifion, Pwllheli :

"Yn y dref hon yr ydym ers deufis, fy unig chwaer yn glaf a Men a minnau yn ceisio gwneud a allwn erddi :

Rhoi ein llaw yn ei llaw ar yr awr ddua',
A rhoi'r gwin ar ei min, fel y gwnai Menna."

Wele eto :

"Cerddi praff, ehelaeth, ac yn symud yn drwm—dyna'r 'type' Eisteddfodol—yr 'etholedig ryw'."

Dyma air y bydd Crwys yn caru ei weld :

" . . . bardd gwych, un o'r telynau pereiddiaf yn y tir. Y mae gennyf feddwl uchel, uchel o Crwys."

Pan oeddwn yn ceisio cyfieithu rhai o delynegion Eifion Wyn i'r Saesneg danfonais air ato i gael sicrwydd ynglŷn ag ystyr ambell linell, ac atebodd ar unwaith yn llawn ac yn llawen :

"Dyma ystyr y llinellau y petruswch yn eu cylch :
(a) ' A'u dwylaw ymhleth fel y rhwyfau gwynion '. Awr segur ar gwch a chariadon. Ar awr felly dodid y rhwyfau ymhleth o ddwy ystlys y cwch i ddal yr awel . . .
(b) ' Chwerthin yn y llwyni cnau '. Chwerthin plant wrth gneua—chwerthin llonna'r byd.

(c) ' Aelwyd anniddos ym murddyn y coed '. Nac ofnwch
ddim : coed wedi troi'n furddyn oedd yn fy meddwl, ac
nid dim adfail yn y coed.

Diolch i chwi am holi. Hyderaf eich bod ill dau yn iach ; y
mae Men, Peredur a minnau felly, ond fy hen fam ' yn araf,
araf wywo '."
Fe ganodd Eifion Wyn i bob mis o'r flwyddyn, ac nid oes fis
o'r deuddeg na ddaw rhyw newydd wyrth ar faes neu fôr i'n
hatgoffa am swyn ei ganu. Nid pawb ohonom a all ganu fel efe,
ond y mae llawer o'n beirdd heddiw yn troi yn ôl ato am
ysbrydiaeth ac yn cyffesu, gyda Gwilym Deudraeth :

> "Mae yn werth bod yn perthyn
> Dafn o waed i Eifion Wyn."

Os da y cofiaf, yn Eisteddfod Pontypŵl hefyd y cystadlodd ar soned Saesneg—mae'n debyg mai rhyw ysfa i brofi y medrai ganu yn yr iaith honno hefyd a wnaeth iddo gynnig :

The Old Seafarer

On yonder cliff day after day he stands,
  His shoulders squared to all the winds that blow :
He loves to hear the surf beat on the sands,
  And watch the distant ships that come and go :
And round him sit the homely fisher-folk,
  And merry youths with laughter as of bells,
Held captive by the wonder of his talk,
  And curious yarns, half brag, half something else :
Scarr'd, tann'd and tough, a true sea-dog is he,
  Who knows the perils of the blustering north,
And calms of southern zones where breathes no breath :
  His soul is ever roving o'er the sea,
And like the Norseman, fain would he sail forth
  On his last voyage in his ship of death !

Derbyniodd gais oddi wrth Capten Joseph Roberts o Borthmadog i gyfansoddi cerdd iddo i'w hanfon i gyfaill mewn profedigaeth ar ôl colli ei hen ast, Nansi. Dyma'r gerdd a dderbyniodd :

Er Cof am Nansi

Gast o Drawsfynydd a aeth yn rhy hen i fyw. Cyfeiriai ei pherchen yn aml ati fel "'rhen garpan dlawd". Olrheinir ei hanes yn y gerdd.

Ac mae Nansi wedi darfod,
  'Rhen garpan dlawd !
'Roedd yn haeddu cael gollyngdod,
  'Rhen garpan dlawd !
Wedi cyfarth am flynyddau
Blinodd ar y byd a'i bethau,
Cefnodd ar ei chrydcymalau,
  'Rhen garpan dlawd !

Bu, mi wn, yn ast ddefnyddiol,
  'Rhen garpan dlawd !
Cyn ei mynd yn llesg i'r gongol,
  'Rhen garpan dlawd !
Daliodd lawer pry a dafad,
Magodd gŵn o bob cymeriad,
Heb gael help gan blwy na chiwrad,
  'Rhen garpan dlawd !

Ond marweiddiodd gydag amser,
  'Rhen garpan dlawd !
Ac aeth symud iddi'n flinder,
  'Rhen garpan dlawd !
Tros ei llygaid taenodd cwmwl,
Aeth rhy wan mewn corff a meddwl,
Ond i orfadd yn ei dwbwl,
  'Rhen garpan dlawd !

Cysged bellach cyd a mynno,
  'Rhen garpan dlawd !
Ni ddaw chwain na dim i'w deffro,
  'Rhen garpan dlawd !
'Roedd ers talwm wedi colli
Blas ar bopeth ond diogi—
Marw fu yn elw iddi,
  'Rhen garpan dlawd !

Fel y gellwch dybio, fe blesiodd y gerdd yr hen gapten a'i gyfaill o Drawsfynydd.

'Roedd ei gyfaill Tim Evans, yr arlunydd, wedi bod ers rhai blynyddoedd yn ceisio'i berswadio i "eistedd" iddo fel y gallai baentio llun olew ohono. Nid oedd ganddo yr awydd lleiaf i gael ei baentio, a hyd at yr adeg yma 'roedd wedi llwyddo i ohirio gorchwyl a gyfrifai ef yn benyd. Ond nid oedd Tim Evans wedi anghofio, ac yn nechrau Chwefror daeth cais pellach oddi wrtho yn crefu'n daer ar fy nhad i roi dau *sitting* byr iddo, gan ei sicrhau na fyddai'n ei flino—yn wir ni fu cais mwy taer erioed. Dyma'r ateb a gafodd :

Cas iawn gennyf wrthod cais mor garedig a thaer. Ond beth arall a wnaf ? Nid wyf mewn cyflwr i ddim o'r fath ; mae fy nerfau'n gandryll, a phob dim yn peri blinder i mi.

Cefais newydd cyffrous ddydd Sul a'm gwnaeth yn waeth nag ocddwn cynt. Collais gâr a chyfaill annwyl yn sydyn,

sydyn. Cleddir ef heddiw, a rhaid i mi fynd i'r angladd, er y gwn na byddaf yn well o fynd. Ond dyma'r "gymwynas olaf". O dan yr amgylchiadau ni allaf ond erfyn fel y gwnai'r salmydd gynt—"paid â mi hyd oni wellhawyf" . . .

Os bu iddo hel esgusion y troeon cynt, y tro hwn 'roedd yn berffaith wir na fedrai gan gyflwr ei nerfau feddwl am eistedd yn llonydd am gyfnod o amser.

Pan ddaeth pwyllgor Eisteddfod Ieuenctid Dyffryn Madog ar ei ofyn unwaith yn rhagor am brif adroddiad ar gyfer yr Eisteddfod Gŵyl Ddewi, cofiodd ei fod yn ei ddyddiau cynnar wedi cyfieithu *The Wreck of the Hesperus*. Ar ôl cael ail olwg arni yn ei gyfrol *Ieuenctid y Dydd*, gwelodd fod tipyn o waith ailwampio arni ar gyfer cystadleuaeth, ond ni chymerodd fawr o amser i'w chywiro a'i gwella. Hwyrach y dylwn ddweud na fûm i yn cystadlu ar y darn hwn—'roedd iddo ormod o benillion, ac o'r herwydd ormod o gyfle i mi anghofio.

Sarn y Gwae
(Cyfieithiad o *The Wreck of the Hesperus*)

Hwyliodd y llong i'r ewynnog fôr,
A'r gauaf oedd hi yn y wlad ;
A merch fach y llywydd oedd ar y bwrdd,
Cydymaith a thlws ei thad.

Glas oedd ei llygaid fel lliw y don,
Ei grudd fel y gwridog ros,
A'i dwyfron cyn wynned a blodau'r drain,
Neu'r llin a dyf ar y rhos.

Safai y llywydd gerllaw y llyw,
Gan fygu ei bibell gref,
A'r droiog awel yn chwalu'r mwg
I bedwar pwynt y nef.

A hen fordwywr oedd ar y bwrdd
Gyfodai ei lais, "Onid gwell
F'ai troi am loches i'r hafan draw ?
Mae drycin heb fod ymhell."

"Mi welais neithiwr niwl dros y sêr,
A modrwy o gylch y lloer" !
Chwythodd y llywydd ei fwg fel cynt,
A chwarddodd chwerthiniad oer.

Cryfach ac oerach yr âi y gwynt,
  A'i chwiban yn uwch ac uwch :
Cawodai'r cenllysg i'r dwfr a'r llong,
  A'r ewyn gyfodai'n lluwch.

Torrodd y ddrycin fawr yn ei nerth
  Gan ddyrnu'r llestr fel yd !
Hi grynodd trwyddi fel ofnus farch,
  Ac yna ymdaflodd ei hyd.

"Fy mhlentyn ! fy mhlentyn hoff" ! ebe'r tad,
  "Nac ofna ; a ddelo doed,
Gallaf fi fordwyo trwy dywydd mwy
  Nag a dorrodd ar long erioed."

Caeodd am dani ei wasgod fôr
  Er cadw'r oerfel i ffwrdd ;
A rhwymodd hi'n dyner a darn o raff
  Wrth hwylbren oedd ar y bwrdd.

"Fy nhad", eb hi, "clywaf bellseiniau clych,
  Dywedwch i mi beth yw" :
"Caniad y niwl-gloch ar greigiog draeth"—
  A newidiodd gyfeiriad ei lyw.

"Fy nhad, clywaf swn megis gynnau pell,
  Dywedwch i mi beth yw" :
"Rhyw long mewn cyfyngder a pherigl, ar fôr
  Mor llidiog yn methu byw !"

"Fy nhad, mi welaf oleuni draw,
  Dywedwch i mi beth yw" :
Ond y tad nid atebodd air yn ôl,
  Rhewasai'n gorff wrth y llyw.

Ynghlwm wrth y llyw, yn welw ac oer
  A'i wynepryd tua'r nef,
Disgleiriai'r llusern trwy'r disglair ôd
  Ar ei lygaid llonydd ef.

A'r eneth a groesai ei dwylo bach,
  Gweddiai yn nhwrf y gwynt,
Am nawdd y Crist wnaeth dawelwch mawr
  Ar fôr Galilea gynt.

Ac weithion, yn uchter y dymestl fawr,
  A'i rhaffau bob un yn rhydd,
Cyflymai'r llong, fel drychiolaeth nos,
  I ddannedd y creigiau cudd.

Ac yn y cyffro, dychrynllyd dwrf
  O'r feisdon gyfagos ddaeth :
Ofnadwy dwrf y rhyferthwy oedd,
  Yn torri ar galed draeth.

Ysgytiai'r weilgi ei bregus goed
  Â mynych ergyd a hwrdd :
Ac wele foryn yn golchi'r gwŷr
  Fel peiswyn oddiar ei bwrdd !

Hi drawodd lle'r ydoedd y môr fel gwlan,
  A'r ewyn yn llathru'r lli :
Ond y creigiau creulon, a'u geirwon gyrn,
  Rwygasant eu hestyll hi.

Cipiwyd pob hwylbren oedd ar ei bwrdd,
  Ei lliain, ei llwyth, a'i da :
Fel llestr o wydr ymddryllio wnaeth,
  A chwarddodd y mor "Ha ! Ha !"

A bore drannoeth, ar fin y traeth
  Fe safai pysgotwr syn,
I syllu ar blentyn, wrth hwylbren hir,
  Yn nofio o'r llanw gwyn.

Crisial yr heli oedd ar ei bron,
  Ei ddagrau oedd ar ei grudd ;
A gwelai ei gwallt, fel y gwymon llyfn,
  Ar donnau cynnar y dydd.

Ystorm i'w chofio oedd honno,
  A'r lluwch yn gordduo'r bau ;
Gwareded y nef ni rhag angau fel hyn,
  Gefn nos, ar Sarn y Gwae !

Byddai fy nhad a minnau yn mynd am dro yn weddol
reolaidd ar hyd Lôn Pensyflog i Dremadog. Fferm oedd
Pensyflog yn sefyll prin led cae o'r Lôn, ac yno y trigai Henry
Roberts, ffermwr ac ocsiwnïar. 'Roedd rhyw gysylltiad teuluol
cydrhyngddo a'm tad, ac fel F'ewyrth Henri y cyfeiriai ef ato
bron bob amser. 'Roedd llwybr troed yn arwain o Lôn
Pensyflog rhwng dau wrych taclus at ffrynt y tŷ, a byddai nyth
Siani Lwyd i'w gweld yn y gwrych yn gyson bob blwyddyn.
Yn ôl ein harferiad, aethom drwy'r gât werdd ym mhen y
llwybr i gael golwg ar y nyth y diwrnod neilltuol hwn, ac ar ôl

gweld bod y teulu bach yn iach, ymlaen â ni nes dod at gât lydan, rydlyd ym mhen y ffordd drol a arweiniai i fuarth y fferm, ac ychydig bach ymhellach at gât wen ym mhen llwybr troed a darddai o'r ffordd drol,—y gât yr âi Henry Roberts drwyddi i'r capel i Dremadog. Wrth fynd heibioi'r gât olaf, digwyddais grybwyll bod tair o gatiau yn arwain i Bensyflog, a phob un o wahanol siâp a lliw. Ymhen deuddydd neu dri, dangosodd fy nhad y gerdd hon i mi :

Dameg

Y Tair Cât

(Nodiad : Cyfansoddais a ganlyn am na allwn beidio. Hyderaf fy mod wedi iawn-ddehongli gwersi'r catiau, ac y bydd y gerdd yn gymeradwy yn eich golwg. Mor wir yw'r gair "Catiau'r doeth a ddysg y bobl".)

Gŵr da yw f'ewyrth Henri
  O gorff a synnwyr cry' ;
A thair o gatiau hynod
  Sy'n arwain at ei dy ;
Mae'r tair yn bur annhebig
  O ran eu lliw a'u llun ;
Ond gwers i bawb, a gwers o bwys
  A ddysgir gan bob un.

Mae'r gyntaf a'r gywreiniaf
  Ymhen y llwybyr troed
Ymdroella'n dlws a dirgel
  O dan ganghennau'r coed ;
Mae hon 'run fath â'r gwanwyn
  Yn gwisgo mantell werdd ;
A dengys fod y gŵr a'i câr
  Yn hoff o lwyn a cherdd.

Mae'r ail ar ffordd y buarth,
  A chât busnesion yw—
Un lydan a threuliedig,
  A llwytgoch iawn ei lliw ;
A diben hon yw dysgu
  Y wers i bawb mewn pryd,
Mai casglu rhwd a mynd yn waeth
  A wna holl bethau'r byd !

Mae'r drydedd fel offeiriad
Ar ben y llwybyr cul ;
A dyma gât y Seiat
A chât yr Ysgol Sul ;
Mae heb frycheuyn arni,
Bob dydd a nos yn wen,
Fel bydd fy ewyrth doeth a da
Pan elo hwnt i'r llen.

Wedi i mi orffen ei darllen, holais a oedd am ei dangos i Henry Roberts. Atebodd yntau ei fod wedi anfon copi iddo'r diwrnod hwnnw. Gofynnais iddo wedyn "Beth ydi'r ' Catiau'r doeth a ddysg y bobl ' yma, sydd o flaen y gân ?" Atebodd trwy ofyn cwestiwn i mi, "Wel, beth wyt ti'n feddwl ydi o ?" "Mae o'n swnio'n debyg iawn i adnod," atebais innau. "Mae d'ewyrth," medda fo "yn cyfri ei hun yn ddyn gola' iawn yn ei Feibil, ac y mae hwn yn swnio mor debyg i adnod fel yr eith o i ddechrau ameu ei hun, a bydd yn siwr o fynd i chwilio'r Diarhebion rhag ofn ei bod hi yno" ! 'Wn i ddim a wnaeth Henry Roberts hynny ai peidio, ond gwn ei fod wedi mwynhau'r gerdd yn fawr.

'Roedd yr Eisteddfod Genedlaethol ym Mhwllheli y flwyddyn honno, ac yntau yn un o'r beirniaid yno. Ond dipyn cyn yr Eisteddfod daeth cyfaill iddo o Borthmadog a oedd ar un o'r pwyllgorau yno, i ofyn am ei help. 'Roeddynt mewn cryn benbleth gan y deëllid bod yn ofynnol sicrhau planhigion o'r enw "Y Ferfain" i'w gynnwys yn y tusw o flodau'r maes a luniai'r Aberthged, ac nid oedd yr un ohonynt yn gwybod dim yn ei gylch. Nid oedd yntau yn gyfarwydd ag ef chwaith, ond aeth i chwilio hen lysieulyfr oedd acw a berthynai i dad fy mam, a daeth o hyd yn hwnnw i lun y planhigyn a'i flodyn. Cefais i fy siarsio i gadw fy llygaid yn agored rhag ofn i mi ddigwydd taro arno, a bu yntau'n crwydro llwybrau'r fro heb weld dim tebyg iddo. A ninnau bron wedi anobeithio, digwyddodd un diwrnod fynd heibio i'r Cei ac ar hyd Lôn y Cei i gyfeiriad Borth-y-gest, ac yno, mewn gwylltir caregog dan graig serth y Garth, 'roedd llwyni mawr o'r Ferfain yn tyfu fel chwyn, yng nghanol fawr o ddim arall heblaw marchwellt a mieri. Ac felly o dir diffaith ger y Cei y cafwyd y Ferfain i'r Aberthged !
Er y teimlai ei fod wedi gwneud ei ddyletswydd i'r Eistedd-

fod trwy feirniadu tair cystadleuaeth yn adran barddoniaeth, heb sôn am ei gymwynas yn sicrhau Aberthged gyflawn i'r Archdderwydd, aeth gam ymhellach trwy dreulio dydd Llun yn y Pafiliwn. Credaf mai'r rheswm pennaf am hyn oedd fy mod i wedi datgan fy mwriad i dreulio tridiau neu bedwar yn yr Eisteddfod, ac yntau'n awyddus i'm hebrwng yno ddydd Llun nid am fod ganddo yr awydd lleiaf fod yno ei hun ar faes yr Eisteddfod, ond er mwyn fy rhoi ar ben y ffordd a gofalu y byddwn yn cael sedd weddol gyfleus.

Yr oedd erbyn hyn yn dyheu am beth seibiant, a thua diwedd y mis daeth cyfle i dreulio wythnos yn ei hen gynefin ar fferm Tyddyn Morthwyl ger Rhydybenllig, a chael y croeso cynnes arferol gan ei nith Nell, a'i gŵr Owen. Cafodd hamdden yno i ymlacio yn awyr iach y wlad, a siawns i fwynhau'r tawelwch heb fod dim galwadau arno i'w flino ; treuliodd oriau difyr yno ar lan yr afon, a theimlo si hudolus ei lli yn golchi drosto i esmwytho ei nerfau bratiog. Ac ar ôl deall bod ysguthanod yn achosi cryn ddifrod yn y cae ŷd nid nepell o'r tŷ, cynigiodd dreulio peth o'i amser i'w cadw draw, ac felly, o bryd i'w gilydd ymlwybrai i'r cae gyda llyfr o dan un gesail, stôl odro yn ei law, a gwn dau faril o dan y gesail arall. Gosodai y stôl o fewn cyrraedd i sycamorwydden ar gwr y cae lle byddai'r ysguthanod yn disgyn cyn ymosod ar y grawn aeddfed islaw. Darllenai ar ei stôl gan gadw golwg ar y goeden, a phan welai golomen yn disgyn, codai'r gwn a thanio arni. Yna, mynd ymlaen gyda'i ddarllen nes dyfod un arall, gan ddilyn yr un patrwm hyd nes amser bwyd. Yna âi i gasglu yr ehediaid a syrthiasai i'w wn, gan ddychwelyd yn llwythog yn ôl i'r tŷ yn barod am ei fwyd. Ar ôl deuddydd neu dri fel hyn, daeth yr ysbeilwyr i ddeall ei bod yn berygl bywyd i fentro i'r cae hwnnw, ac ar ddiwedd yr wythnos daeth yntau adref i Borthmadog, nid yn unig wedi diogelu grawn yr ŷd, ond wedi derbyn bendith haul a heddwch y wlad i hybu peth ar ei iechyd.

Ychydig wedi dychwelyd adref derbyniodd lythyr oddi wrth ei hen gyfaill Carneddog, yntau wedi derbyn cais am englyn i'w roi ar garreg fedd. 'Roedd wedi llwyddo i lunio dau ond cyn eu dangos i'r teulu penderfynodd eu hanfon at fy nhad i ofyn ei farn a'i fendith ef arnynt. Yn anffodus nid yw ei lythyr ef ar gael i weld ei ddwy ymgais ac felly nid oes wybod sawl cyfnewidiad a awgrymodd fy nhad yn y llythyr a ganlyn—fe'i codaf ef yma, yn fwy na dim, i ddangos mor rhwydd oedd llunio englynion iddo :

Yr wyf dros fy mhen mewn gwaith. Fe'th anghofiais ddoe, a bu agos i mi d'anghofio heddiw. Mae gen i amryw geisiadau ar law, ac yr ydych i gyd yn rhoi amser mor fyr i mi a phetaswn i yn cadw siop gynganeddion.

Credaf mai fel hyn y buaswn i yn ysgrifennu'r englyn :

Canai mewn ysbryd cynnes—ei byw fawl,
    A bu fyw'n ddirodres :
Hawddgar oedd, llawn aidd a gwres,
A thrwyadl fel athrawes.

Neu :

Hawddgar, darllengar a llon,—ydoedd hi,
    Priod ddoeth a thirion :
Caru y da oedd coron
A hanes hardd einioes hon.

Gad i'r teulu ddewis rhyngddynt. Dyna fyddai oreu.

Gyda llaw, curais di yn deg cyn cysgu neithiwr. Dyma fy nau englyn i :

Mawrygem hi o wragedd,—am ei ffydd,
    Am ei phwyll a'i bonedd :
A'r sawl a garo sylwedd
A wlych o barch lwch ei bedd.

Neu :

Mawrygem hi o wragedd,—am ei ffydd
    Am ei phwyll a'i bonedd :
Ni aeth mam fwy digamwedd,
Well ei barn, dan briddell bedd.

Ond tydi yw bardd y teulu, a dyna ben. Gan gofio, gwneuthum englyn arall :

Hi garai fywyd gwerin—ei chenedl,
    A'i cheinion dilychwin :
A thrwy oes o brydferth rin,
Mawl Iesu fu'i melyswin.

Brysia fendio, a brysia i lawr.

22

Byddai'n llythyru o dro i dro at ŵr o ardal y Bala a chanddo ddiddordeb anghyffredin mewn llenyddiaeth. Hyd y cofiaf, ei enw oedd Evan Roberts, a'i gartref yn Llandderfel; gwn ei fod yn ŵr gwachul ei iechyd a fyddai'n gaethiwus i'w wely am gyfnodau hirion. O bryd i'w gilydd anfonai fy nhad lyfr yn anrheg iddo. Dyma'i lythyr iddo adeg y Groglith, 1926 :

"Mawrth a ladd" ebe'r hen air. Ond nid yw wedi eich lladd chwi na minnau, a gobeithio na "fling" Ebrill mohonom chwaith.

Cefais burion gaeaf. Gellais ddilyn fy ngwaith bob dydd, er bod rhyw fud boen arnaf yn barhaus. Ni byddaf byth bron yn cael annwyd, a byddaf yn cerdded o gwmpas boed hi yr hin y bo.

Ni wneuthum fawr o ddrwg nac o dda yn ddiweddar : dyna'r pam na welsoch fy enw yn y papur. Pe gwnaethwn rhyw ddrwg, ac i hwnnw ddyfod yn wybyddus, buasai son amdanaf ymhob papur. Ni ofelir cymaint am gofnodi'r da.

Soniwch am fy awdlau. Un awdl a gyhoeddais, sef Awdl y Bugail. Cyhoeddwyd honno yn 1900, ac aeth allan o brint mewn byr amser. Cyhoeddaf y cwbl o'm gwaith cynganeddol os caf estyniad oes.

Hanes diddorol iawn i mi oedd hanes y pwyllgor dewis beirniad. Ofnaf fy mod wedi gwneud tipyn o enw i mi fy hun fel ataliwr gwobrwyon. O bosibl eich bod yn cofio i mi atal yr holl wobrwyon barddol yn Eisteddfod y Bala ryw chwe blynedd yn ôl, mwy neu lai. Cam a phawb yw gwobrwyo ysbwrial.

Hyderaf yn fawr y daw'r wobr am y prif draethawd i'ch rhan. Mae'n ddrwg gennyf glywed eich bod yn cael eich cyfyngu i'ch gwely mor aml. Ond y mae hi'n well arnoch chwi nag oedd hi ar Sion Wyn o Eifion. Bu ef yn orweiddiog am dros hanner can mlynedd. Am ugain mlynedd bu'n gorwedd ar yr un ochr—yr ochr dde. Ymadnewyddodd beth yn ddiweddarach, a bu'n abl i fynd o gwmpas mewn cerbyd bychan. Cyfyngwyd ef i'w wely drachefn, am ddeng mlynedd arall. Ond er ei fynych wendid bu fyw nes oedd yn 72 ! Gobeithio y cawn ninnau ein dau fyw cyhyd.

'Roedd hi'n wythnos o bwys yma'r wythnos hon—Peredur yn cychwyn allan i'r byd. Cafodd ei alw i Gaer wythnos y Nadolig i eistedd arholiad y Banc. Cawsom air ym mis Chwefror ei fod wedi bod yn llwyddiannus. Cychwynnodd ar ei waith

195

echdoe yn Nhowyn, Meirionnydd. Mae'n llanc cryf ac iach, ac yn medru barddoni !

Dyma lyfr Gwilym Deudraeth i chwi. Os yw gennych eisoes, rhowch ef i rywun arall a fedr ei fwynhau.

Fel y gwelir oddi wrth y llythyr hwn, nid oedd wedi cael llawer o ofid gyda'i iechyd trwy dywydd oer y gaeaf. Yn wir, byddai'n mynd am dro yn rheolaidd bob dydd yn ôl ei hen arfer. Ryw bythefnos cyn y dyddiad olaf i anfon cyfansoddiadau i Eisteddfod Genedlaethol Abertawe, yr oeddem ein dau wedi bod am dro gweddol hir, ac ar ein ffordd adref dyma fo'n gofyn i mi, "P'run ydy'r gore gen ti o'r englynion yma i'r Tŷ To Gwellt ?" Aeth yn ei flaen i adrodd pum englyn heb iddo unwaith betruso na newid yr un gair :

Anhardd ei fur oedd efô,—tlawd ei sut,
   Aelwyd serch hen Gymro ;
   Gwynlliw'r calch a difalch do
   Oedd addurn gwladaidd iddo.

Dŷ f'hendaid llwyd ei fondo,—a'i glydwch
   O grefft gwledig ddwylo :
   Ceid byw diddan dan ei do,
   A'r heniaith oedd bêr yno.

Dŷ moel dan olchiad melyn,—ynddo'r oedd
   Nawdd i'r iaith a'r delyn :
   A cheir byth barch i'r bwthyn
   A'i do bras o dw y bryn.

Gwelwyd o'i fewn galed fyd,—yr hen fwth
   Cadarn ei fur brychlyd :
   Ond tan y to clymog, clyd,
   Ceid afiaith a chainc deufyd.

Tŷ moel oedd, ond twym ei lawr, —tan y clyd
   Haenau clos, cysgodfawr :
   Sain uniaith is ei nennawr,
   A balm oes yn ei Feibl mawr.

Ar ôl gorffen eu hadrodd, "Wel," medda fo "p'run ?" Atebais innau "Mae'n anodd deud wrth eu clywed un waith— mi fuaswn i'n lecio cael copi ohonyn nhw i mi gael eu darllen wrth fy mhwysa cyn i mi ddewis." "O," medda fo, "tydw i ddim wedi eu rhoi nhw i lawr ar bapur eto : mi gei di eu gweld pan fydda i wedi eu teipio." Felly 'roedd o wedi cyfan-soddi'r pum englyn, ac wedi eu trwsio a'u caboli yn ei ben heb yr un gair i lawr ar bapur ! Pan gefais gopi ohonynt ychydig ddyddiau'n ddiweddarach, gwyddwn nad oedd yn rhaid i mi boeni ynghylch cywirdeb y cynghanedd,—a da hynny, gan mai digon bratiog oedd fy ngwybodaeth o'r gelfyddyd honno,— dim ond dewis y pedair llinell a apeliai fwyaf ataf i. 'Roeddwn yn gweld rhyw gryfder ymhob un, ac ar ôl cryn bendroni ni fedrwn fod yn fwy pendant na dweud mai yr ail a'r olaf ohonynt oedd orau gennyf, a thueddu braidd at yr olaf. 'Roedd hefyd yn cystadlu ar yr Hir-a-thoddaid i'r "Corwynt" ac ar y ddau Gywydd Digrif a chefais gyfle hefyd i ddarllen y cyfan-soddiadau hynny.

Yn fuan wedi hyn, tua Mai, aeth i deimlo'n bur wantan, ond ar ôl wythnos neu ddwy o seibiant ymgryfhaodd ychydig fel y sonia yn ei lythyr at Deiniol Fychan ar yr 2il o Orffennaf :

Mi fydd yn dda gennyt glywed fy mod yn well, er mai rhyw arbed fy hun yr wyf eto—cymryd seibiant yn y boreuau, a mynd i'r offis yn y p'nawniau a chyd a'r nos.

Do, mi welais baragraff Carn yn cyfeirio at dy ymweliad â Chroesor—paragraff cryno, yn cynnwys ac yn awgrymu llawer. Gallwn feddwl dy fod wedi cael cynhulliad da a gwrandawiad da fel darlithiwr ac fel pregethwr.

Ai dyna'r tro cyntaf i ti fod yn y Carneddi ? Nid wyf i wedi bod â'm troed tros ei riniog eto. Bum yn yr hen Garneddi unwaith. Mae blynyddoedd meithion er hynny.

Oes, y mae gan Carn wraig—gwraig ag iddi gadernid. Ac y mae'n feistres gorn arno. Ni faidd wneud dim yn groes i ewyllys a barn "Catrin".

Dyma'r darn adrodd. Pwysa ar y printar i arfer gofal wrth ei argraffu. Gofyn iddo ei argraffu'n union fel y mae yn y copi ... Gan yr awdur yn unig y mae hawl i wneud cyfnewidiadau.

Yr wyt yn grwydrwr heb dy debig ! Heddiw yng Nghroesor, yfory ym Mangor, drennydd yn Harlech, a thradwy na wyr neb byw bedyddiol ymhle—

Minnau'n aros
Yn fy ninas fore a nawn !
Cofion goreu at Mrs. Morgan a thithau . . .

Ond pan ysgrifennodd at Feuryn bythefnos yn ddiwedd-
arach nid oedd mor ffyddiog ei fod ar wellhad :

Aethum i gyflwr gwan yn ddiarwybod, ac nid wyf yn
cryfhau nemor. Credaf y bydd yn rhaid i mi fynd i "newid yr
aer" cyn y deuaf ataf fy hun.

Os byddwch yn teimlo ar eich calon i ddyfod yma i edrych
amdanaf ryw ddydd Iau, dowch, er na fynnwn i chwi roi eich
hun allan o'ch ffordd mewn unrhyw fodd. Carwn yn fawr eich
gweled, a diau y medrwn drefnu i gael rhai oriau yn eich cwmni.
Cymryd seibiant yn y boreau a mynd i'r offis yn y p'nawniau
yr wyf ar hyn o bryd.

Mawr ddiolch i chwi am y ddau rifyn o'r Geninen. Mwyn-
heais eich ysgrif ar Ferw. Unwaith erioed y bum i yn ei gym-
deithas, a digwyddodd hynny yn y tren, yn union ar ôl Eistedd-
fod 1900. Am y pedair blynedd y bu yn y Pennant fe arhosai
gyda chefnder i mi yn Hendreddu, ond ni ddigwyddais alw yn
ystod yr holl amser, er y byddwn yn aml yn genweirio yn yr
afon gerllaw.

Yr ydych wedi adrodd hanes englyn Yr Wyddgrug yn
fedrus dros ben—yn gyrhaeddgar, ac eto'n ddidramgwydd. Yr
oedd dyfarniad Elfed y peth tebycaf fu erioed i "nod" Barbra
Bartley. "Fel Tomos", ebe Barbra. "Fel Syr John", ebe Elfed.
Mae'n ŵr rhy wan i wneuthur Canolwr.

Mae ysgrif gref, gymedrol, ac argyhoeddiadol yr Athro
Henry Lewis wedi setlo tynged yr Orsedd unwaith am byth.
Bu'n agoriad llygad i mi. Ni wyddwn o'r blaen ei bod yn
sefydliad mor orthrymus, costus, ac ymyrgar !

Ni fedraf yn fy myw ddeall eich pleidgarwch chwi iddi. Yr
ydych yn elyn anghymodlawn i ffug ymhob ffurf arno, ac eto
yn gefnogydd brwd i'r ffug pennaf yn y tir.

Y dydd o'r blaen deliais Syr John Morris-Jones a Thecwyn
yn tincera f'emynau yn eich Llyfr Hymnau Newydd, ac ysgrif-
ennais lythyr cryf i'r Cyd-Bwyllgor ar y mater. Cynhyrfais yr
awdurdodau, oblegid erbyn deall nid oedd yn rhydd i neb ond
yr etholedigion weled y "drafft" ! Ysgrifennodd y ddau
Ysgrifennydd ataf i'm sicrhau na wneid dim cyfnewidiadau
yn fy emynau heb fy nghaniatad . . .

'Does dim hiwmor i ysgrifennu rhagor, er bod llawer o
bethau ar fy meddwl.

Gan y credaf y byddai'r ohebiaeth ynglŷn â'r emynau yn
ddiddorol i lawer, 'rwyf am roi pennod gyfan i'r llythyrau.

Erbyn dechrau Awst 'roedd ei iechyd yn achos cryn bryder, ac oherwydd ei anallu i adennill ei nerth byddai ton o ddigalondid yn golchi drosto ar brydiau, ond byr oedd pyliau o'r fath, ac ni chollodd mo'i awydd i ymgryfhau na'i obaith am wella. Codwyd ei galon pan ddeallodd ei fod wedi ennill yn Eisteddfod Genedlaethol Abertawe ar yr Hir-a-thoddaid i'r "Corwynt" ac ar y ddau Gywydd Digrif :

Gofyn am Dŷ

(At Glerc Cyngor Aberangen)

Ys gwn i a oes gennych
Dŷ cymedrol, symol sych ?
Tŷ "to let", maen neu fetel,
O ryw faint neu o ryw fel :
Congl i dân, rhag bod annwyd,
A "chegin bach" i gnoi bwyd :
Tŷ rhywsut at yr eisiau,
Am y bo'n ddigon i ddau.

Mae genny'n barod lodes
A wnaiff wraig, dodrefn, a phres
At y rhent. Mae Siân ers tro
Am aelwyd yn ymhwylio ;
A rhedem i briodi
Â chan naid pe rhoech i ni
At fis Mai damaid o dŷ,
A rhywlun o siambr wely :
Oes tybed siawns ? Atebwch
Hyn o gais sy'n llais o'r llwch.

Am syth dwrn cewch gil dwrn da :
Mae'r ' hint ' yn hen, mi wranta'.

Yr Ateb

(Oddiwrth Glerc y Cyngor)

Carwn fedru'ch helpu chwi
A Siân y byd sy ohoni :
Ond wir am dŷ ni wn,
Neu'n ddioedi mi ddwedwn.

Mae ' siarad tâl ' ers talwm
Am dai plastr, ac am dai plwm,
A thai dur ' yn gwanu'r gwynt ',
Ond odiaf o dai ydynt,
Heb eiliw mur, heb le mwg,
Na gwaelod yn y golwg :
Rhai ' diweddar ', a diddim,
Heb allu i dyfu dim !

Siawns wael felly sy i Siân
A chwithau. Ni chewch weithian
Dŷ eich hun : rhaid yw i chwi,
O bwriedwch briodi,
Fyned i rŵms fel finnau
Nes i oes y tai nesáu.

Hawddach cael gwraig, syr, heddyw
na thŷ gwag : byd chwithig yw !

Daeth hefyd yn gydradd gyntaf ar yr englyn i'r "Tŷ To Gwellt" gyda George Rees o Lundain dan feirniadaeth Job ac R. Williams-Parry. Methodd y ddau feirniad gytuno ond gwnaed cyfaddawd i rannu'r wobr cyd-rhwng y gorau ym marn y naill a'r llall. Fel arfer, bu tipyn o feirniadu ar yr englynion cydfuddugol yn y wasg, ac ni ddihangodd y beirniaid yn ddianaf o lach ambell ohebydd. Ar gais un ohonynt, anfonodd fy nhad gopi o'i bedwar englyn i'r *Herald*, 31 Awst. Am ryw reswm nid anfonodd i'r gystadleuaeth y trydydd o'r englynion a adroddodd wrthyf i. Dan y rhestr rhoes y Nodiad a ganlyn :

Ni sonnir gair am y trydydd englyn yn y feirniadaeth. Pa beth a ddigwyddodd iddo ?   Gwn iddo gyrraedd llaw'r Ysgrifennydd.   Derbyniodd ef 221 ; ond sylwaf mai 220 a dderbyniwyd gan Mr. R. Williams-Parry.

Daeth yr ateb a ganlyn gan R. Williams-Parry, yn ei golofn ' Beirdd a Barddoniaeth ' yn *Y Genedl Gymreig*, 6 Medi :

Boed hysbys i'm hen gyfaill fod y sylw olaf yn gwbl gywir : 220 o englynion a ddaeth i ddwylo'r beirniaid. Anfonwyd hwynt i Job yn gyntaf, ac i minnau wedyn. Gyda'r englynion yr oedd ffurflen y gofynnid inni ei llofnodi, rhag digwydd i ddim fynd ar ddisperod. Gwnaeth Job hynny, a gwneuthum innau cyn ei hanfon yn ol, gyda'r cyfansoddiadau, i'r Ysgrifennydd. Ar y ffurflen, os da y cofiaf, yr oedd nodiad tebig i hyn :-

Ond tynesid y pin dur drwy'r ffigur 221, ac ysgrifenesid, mewn inc uwchlaw iddo, 220. Yr oedd nodiad pellach ar waelod y ddalen, dan law'r Ysgrifennydd, i esbonio'r cywiriad . . .

Gofyn Eifion Wyn pa beth a ddigwyddodd i'w drydydd englyn. Y mae'n ddiflas gennyf orfod ateb nad ystyriwn ef—boed fy marn yn gam neu gymwys—yn ddigon da i'r dosbarth cyntaf y gwnaed sylw arnynt wrth eu henwau. Er gofyn o'r Pwyllgor am feirniadaeth ar bob cyfansoddiad a ddelai i law, afraid yw dywedyd mai hollol afresymol a fâi disgwyl ufudd-dod llythrennol i gais o'r fath, rhag lluosoced yr ymgeiswyr. Cofiaf yr englyn yn eithaf da, ar gyfrif ei linell olaf, ac y mae ynof ryw led atgof ei fod yn nosbarth cyntaf Job. Y mae'n ddiameu yr enwir ef ganddo yn ei feirniadaeth.

Nid af i ymhelaethu ar grefft gydnabyddiedig Eifion Wyn fel englynwr, ac fel bardd, caeth neu rydd. Gwyr darllenwyr y golofn hon beth yw fy syniad amdani hi ac amdano yntau. Fy neges ar hyn o bryd a fu rhoddi ateb plaen i gwestiwn plaen.

Clywais . . . fod awdur "Y Llen Lliain" yn yr Herald wedi cymeradwyo fy chwaeth am i mi, fel y tybiai, roddi fy nyfarniad o blaid englyn "Symlach na'r Symlaf" (Eifion Wyn) ac iddo, wedi darganfod mai englyn "Y Prydydd Hir" (G. Rees) oedd oreu gennyf, gondemnio'r chwaeth honno'n lled lym yn y rhifyn dilynol. Yr oedd hynny'n eithaf teg.

Ond feallai y bydd o ddiddordeb i rywrai wybod imi ymgynghori, nid am y tro cyntaf, â Syr John Morris Jones, a hynny tua dechrau Gorffenaf. (Hyderaf y maddeua imi am ddwyn ei enw i mewn er mwyn amddiffyn fy chwaeth bersonol). Fel y dywedais yn y Babell Lên, ni fynnai Job ildio i'm barn i, ac ni fynnwn innau dderbyn ei ddyfarniad yntau. O gywreinrwydd y dangosais y ddau englyn i Syr John, ac y gofynnais ei farn arnynt, heb ddywedyd pa feirniad a ffafriai ba englyn. Wedi eu darllen drosodd ddwywaith neu dair, englyn "Y Prydydd Hir" a farnai yntau yn oreu. Er mwyn rhagflaenu'r gwŷr parod hynny a all flysio datgan eu barn unwaith eto gerbron y cyhoedd nad oedd gennyf hawl i ymgynghori â neb bwy bynnag ond fy nghyd-feirniad, brysiaf i sicrhau'r cyfryw mai'r un a fuasai'r dyfarniad pe dewisasai Syr John yn amgen. Y gwahaniaeth a wnaeth ei farn ef oedd, fy mod yn gallu gwenu, yn hytrach na thristau, uwchben y cyhuddiadau o ddiffyg barn a ddygpwyd i'm herbyn . . .

Ni fedrai fy nhad lai nag anfon ateb i hwn yn *Y Genedl Gymreig*, 20fed Medi :

Caniatewch i mi ddiolch i Mr. R. Williams Parry am ei ateb parod i'm ymholiad ynghylch fy nhrydydd englyn sef :-

Ty moel oedd, ond twym ei lawr,—tan y clyd
  Haenau clos, cysgodfawr ;
Sain uniaith is ei nennawr,
A balm oes yn ei Feibl mawr.

Ni ddisgwyliwn i'm cyfaill wneuthur sylw ar bob cyfansoddiad ar wahan. Cais afresymol yw hwnnw yn aml, a byddaf yn codi fy llais yn ei erbyn bob cyfle a gaf. Gwneuthum hynny mewn mwy nag un feirniadaeth ym Mhwllheli y llynedd. Ond barnaf, er hynny, fod gan bob cystadleuydd hawl i gael ei *enwi*, a'i enwi yn ei ddosbarth, modd y caffo ryw syniad pa le y saif.

Onid ydym yn synied yn wahanol i'n gilydd ? Ystyriwn i fod fy nhrydydd englyn yn un pur wych. Ond ni fyn Mr. Williams Parry bod ynddo nemor deilyngdod. Da gennyf glywed bod Job yn ei osod yn ei ddosbarth goreu ef. Gyda llaw, beth yw'r rheswm na chyhoeddir beirniadaeth Job ?

Mae cymaint a hyn o deilyngdod yn fy englyn a dywedyd y lleiaf—nid oes nam ar ei iaith, na gwastraff yn ei gynnwys. Am yr englyn a ddewisodd Mr. Williams Parry, englyn i'r "teidiau" ydyw yn hytrach nag i'r "tŷ". Amdanynt hwy y sonnir yn gyfangwbl yn y llinell ddiweddaf :-

  "A hwy yn llwch yn y llan".

Nid yw'r llinell hon yn ddim amgen na llinell lanw, oblegid nid oes dim yn y testun a eilw amdani. A pheth yw'r eglurhad ar "ti ydoedd" ?

Cydnebydd Mr. Williams Parry iddo ofyn barn Syr John Morris Jones ar y ddau englyn yr anghytunid yn eu cylch. Ond ymddengys nad oedd ganddo'r bwriad lleiaf i fanteisio ar y farn honno ! Ni wn i faint o wrogaeth i'r Athro oedd peth felly. Ond gwrogaeth neu beidio, trwy i'r dyfarniad fyned o'i blaid fe gafodd fy nghyfaill achos i wenu. Ystyr hynny ydyw bod barn yr Athro, yn ei dyb ef, yn derfynol ar y mater. Ac eto, ped aethai'r farn derfynol honno yn ei erbyn, yr oedd ei farn ef ei hun i sefyll ! Ni ddywedaf ragor . . .

Os anelwyd un gŵyn neilltuol at fy nhad, y gŵyn honno oedd ei fod yn Biwritan mewn crefydd, mewn moes, ac mewn llên. Mae'n wir ei fod yn barod bob amser i ddatgan ei farn yn groyw yn erbyn pob dim a ymddangosai iddo ef yn groes i ddelfrydau puraf crefydd a moes. Daw hyn i'r amlwg yn y llythyr a anfonodd i weinidog Eglwys y Garth ar y 26ain o Fawrth 1926 wedi i gwmni'r eglwys honno roi perfformiad yn y dref o'r ddrama *La Zone*. Ni bu ef ei hun yn ei gweld, ond ar ôl clywed amryw o bobl gyfrifol yn condemnio'r ddrama, mynnodd gopi ohoni i'w ddarllen drosto'i hun. Ffieiddiai gynnwys y ddrama gymaint fel y teimlai'n ddyletswydd arno i ysgrifennu y llythyr a ganlyn :

Pa beth, mewn difrif, a barodd i chwi ymserchu yn "La Zone"? Ni allaf yn fy myw amgyffred y peth. A pho fwyaf a feddyliaf am ei hansawdd, mwyaf oll yw fy syndod.

Ni phetrusaf ddywedyd mai dyma'r ddrama Gymraeg wrthunaf a chwaraewyd yn y dref hon erioed, ac nid yw hynny yn ddim clod i "Gwmni enwog y Garth".

Caniatewch i mi agoryd peth ar eich llygaid. Canmolai pawb y chwarae, ond anghymeradwyai pawb y ddrama. Hynny yw, pawb a feddai ryw syniad am ei chynnwys. Gwn am rai a aeth allan wedi eu cywilyddio . . .

Putain yw arwres y ddrama, ac ymddygiadau putain yw ei hymddygiadau ! Pa hawl, frawd, sydd gan yr eglwysi i wrthwynebu llenyddiaeth bwdr, ffilmiau dichwaeth, a dawnsfeydd hwyr, tra bont hwy eu hunain yn nawddogi dramau isel a difoes ? Dim.

Cewch oddimewn lythyr o brotest a anfonais i un o bapurau Caernarfon. Caiff ymddangos os dodaf fy enw wrtho. Cyn gwneuthur hynny, meddyliais y buaswn yn ei ddangos i chwi, ac ymholi. Os oes bwriad i chwarae'r ddrama mewn mannau eraill, fe'i cyhoeddaf. Os nad oes, fe'i rhof yn y tân.

Yn llyfr Comisiwn yr Ad-drefnu, Adroddiad V, tudalen 49, dywedir yn bendant "na all yr Eglwys gefnogi un math ar adloniant heb ei fod yn gyson â'r gosodiadau a ganlyn :-

(a) Nid yw i gynhyrfu'r nwydau isaf, nac i beri anesmwythyd ac anfoddogrwydd.

(b) Nid ydyw i wanychu'r parch at fuddiannau uchaf cymeriad, a gwirioneddau'r byd ysbrydol."

Ymgynghorwch â'r Cwmni, gosodwch y mater yn deg o'u blaenau, a rhowch i mi wybod eu teimlad a'u penderfyniad. Os oes ganddynt barch iddynt eu hunain, os oes ganddynt barch i'w tref, os oes ganddynt barch i Eglwys y Garth, heb son am gariad at y pur a'r da, fe adawant y ddrama dan sylw i bobl a gar bethau ffol a phwdr.

Nid yn aml y byddaf yn anghytuno â chwi, ac y mae'n wir ofid i mi orfod gwneuthur hynny'r tro hwn. Ond ni allaf beidio, ac ni allaf dewi.

A dyma'r brotest i'r Wasg a amgaeodd gyda'r llythyr hwn :

Capel a Drama

Syr,

Goddefwch i mi brotestio yn erbyn y ddrama wirionffol a difoes a chwaraewyd yma yr wythnos ddiweddaf gan Gwmni enwog o'r dref. Ni ddylid arbed pobl y capel mwy na phobl y byd pan fyddont ar fai. A pheth beius ym mhawb ydyw darpar moddion o ddifyrrwch cnawdol, bydded ef ar ffurf drama neu o ddawns.

Y ddrama a chwaraewyd (a bu dau berfformiad ohoni) ydoedd "La Zone"—drama fuddugol Eisteddfod Pontypwl,— petai hi ronyn gwell am hynny. Ar y papuryn a rennid o dy i dy disgrifid hi fel "drama newydd sbon", "rhamant rhyfedd", ac "ystori gynhyrfus", a gwahoddid pawb o bob gradd ac oed i'w gweled. Aeth lliaws mawr i'r neuadd y ddwy noson. Ac i weled pa beth ? Ai darlun o fywyd syber, iach, dedwydd a didramgwydd ? Nage, fel mae gwaetha'r modd. Nid yw bywyd felly yn werth son amdano heblaw ar y Sul. Ni thal ddim ar y llwyfan : nid yw yn ddigon "rhamantus" a "chyn-hyrfus".

Pwrpas "La Zone", os gweddus ei alw'n bwrpas, ydyw codi'r llen oddiar fywyd anfoesol dosbarth o bobl yn Ffrainc ! Ceir ynddi fwy na mwy o bethau anweddaidd, megis ymgecru ynfyd, caru anghyfreithlon, ystrywiau drwg, llindagu, ymgais at hunan-laddiad, ffug-wallgofrwydd, heb son am awgrymiadau cnawdol mewn ystum ac iaith ! Yr hyn a garwn i wybod ydyw, pa beth sydd a fynno hyn i gyd â'n delfrydau moesol ni fel cenedl ? A pha ddaioni a all ddeilliaw o osod pethau pwdr o'r fath o flaen llygaid ein pobl ieuainc, yn enwedig yn y dyddiau hyn, pan gwynir bod cymaint o lacrwydd moesol yn ein mysg ?

A'r gwaethaf ydyw mai Cwmni yn dal cysylltiad ag un o eglwysi parchusaf y dref oedd yn gyfrifol am y perfformiad ! Pa beth a ddaeth o'n synnwyr moesol ? Gwaith eglwys yn sicr ydyw sefyll i fyny dros feddwl glân, siarad glân a bywyd glân. Ond nid trwy berfformio drama fel "La Zone" y di-ogelir purdeb mewn meddwl na moes. Rhamant isel a di-chwaeth ydyw, a'i baldordd a'i dadwrdd yn darfod mewn dim ! Ai tybed nad oes dramâu gweddusach, buddiolach a mwy Cymreig na hyn i'w cael ? Os nad oes—wel, druain ohonom !

Cafwyd sbort anarferol wrth wrando "La Zone", yn ol fel y clywais. Ond na thybied neb bod hynny'n unrhyw braw o'i theilyngdod : praw ydyw yn hytrach o gyflwr dirywiedig ein chwaeth.

Yr eiddoch,
Carwr Cysondeb

204

Anfonwyd y llythyrau hyn ym mis Mawrth 1926, ychydig ddyddiau cyn i mi adael cartref i ddechrau ar fy ngwaith yn Nhywyn. Hyd y cofiaf ni fu perfformiad pellach o'r ddrama, ac felly nid anfonwyd yr ail lythyr i'r wasg.

23

Yn ffodus mae amryw o lythyrau diddorol ar gael yn rhoi darlun llawnach o'r adeg drwblus hon nag y medraf i ei gyfleu mewn geiriau, ac felly 'rwyf am eu cynnwys heb unrhyw esboniad ond lle bo rhaid.

Aelybryn, Croesor.
17 Awst 1926.

F'Annwyl Eifion Wyn,

Hyderaf eich bod yn well o ran eich iechyd, er nad yw'r tywydd yr awron yn help yn y byd i'ch cryfhau. Yr wyf yn gweddio ar i Dduw eich arbed, er mwyn i ni eich cael am dipyn eto. Y mae arnom eisiau cyfrol arall o'ch gwaith—dylech ein cyflwyno ar bob cyfri a chyfrol arall tebyg i Faes a Môr. Gwnewch dro sal a'ch cenedl trwy beidio. Gwnaethoch orchestion yn yr Eisteddfod ddiwethaf. Y chwi ddylai gael y wobr yn gyflawn am yr Englyn. Dyna a ddywed pob un a welais i. Canmola pawb y Toddaid hefyd—ei fod yn un o'r rhai goreu yn yr iaith. Yn wir, y mae englynion eleni yn rhai da neilltuol, sef y deuddeg uchaf. Y mae bri yr englyn wedi ei gadw eleni beth bynnag.

Wel 'rwan, Eifion. Gadewch i mi son am un peth nad yw hwyrach wrth eich bodd. Peidiwch wir a'm fflamio. Fy nghariad tuag atoch chwi a Mrs. Williams a'm cymhellodd, ac os y gyrrodd fy edmygedd ohonoch fyfi ar gyfeiliorn, disgwyliaf fod gennych ddigon o ras yn eich calon i beidio a'm tafodi.

Gwelaf restrau bob blwyddyn o feirdd Seisnig yn cael "King's Bounty", ond anaml iawn y cynnwys Gymro.

Cymerais yr hyfdra i grybwyll wrth Ernest Rhys y dylech chwi yn anad yr un gael cyfran o'r ddogn hon a baratowyd ar gyfer eich bath. Cydolygai yn hollol â myfi, ac yr oedd yn falch fy mod wedi crybwyll y peth wrtho, ac yr oedd yn selog yn ei addewid y gwnaethai yr hyn a allai tros gael cyfran i chwi. Tebig gennyf fi na wnewch anghytuno â'r awgrymiad hwn.

Bwriada Ernest Rhys ddod i edrych am danoch. Y mae ganddo edmygedd di-derfyn ohonoch. Y mae wedi gwirioni ar eich "Misoedd".

Er mwyn eich anwylyd, a chwi eich hunan, cynghoraf chwi i'w derbyn—neu, yn hytrach ganiatau i'ch enw fyned gerbron y bwrdd sydd yn trefnu peth fel hyn. Ac os y cymer Ernest Rhys y peth mewn llaw, yr wyf yn sicr y try yn llwyddiant.

Os mewn unrhyw fodd yn erbyn peth o'r fath, gyrrwch air ar unwaith i'm stopio. Yna hysbysaf Rhys nad ydych yn fodlon. Peidiwch, da chwi, a'm diawlio. Torraf fy nghalon os diawlir fi gan Eifion Wyn. Ond pe diawlech fi, nid amharai ddim ar fy edmygedd ohonoch. Ond mi boenwn lawer. Yr ydwyf yn cwbl gredu y dylech ar bob cyfrif—yn enwedig pan yr ydych yn cwyno fel hyn—roi eich hun yn afael y "Bounty". Gwelir yn flynyddol gewri o fri o Ysgotland a Lloegr yn y rhestr sydd yn derbyn eu hwda o'r Drysorfa hon.

Dywedwch eich barn, a pheidiwch, da chwi, a bod yn rhy falch i beidio a chaniatau i'ch enw ddyfod ger eu bron.

Cefais amser da efo Ernest Rhys ddydd Sadwrn yn Aelybryn. Dyna ddyn arall sydd wedi bod yn gwerthu ei "First Editions" er mwyn medru byw rywsut. A buasai rhaid iddo fyned ar y plwyf onibai i fodryb iddo gymuno ei heiddo iddo.

Cofion chwilboeth atoch chwi a Mrs.

Bob Owen

Awst 18 1916.

Gyfaill hoff,

Nid achos i'ch beio sy gennyf am i chwi grybwyll mater y "Bounty" wrth Ernest Rhys, ond achos i'ch bendigo. Oddiuchod y daeth y meddwl caredig i chwi, ac nid o unlle arall. A llonder i'm calon oedd deall bod Mr. Rhys mor gefnogol i'ch awgrym.

Yr wyf mewn amgylchiadau digon dyrys ar hyn o bryd. Mae cyflwr ansicr fy iechyd yn peri cryn bryder i mi. Ofnaf, weithiau, na byddaf yn abl i ddilyn fy ngorchwyl beunyddiol yn hir, ac mai yn y gongl y byddaf yn treulio gweddill fy oes. Goreu oll os wyf yn methu.

Oblegid ni bu erioed yn bwysicach i mi fedru "dal ati" nag ydyw yn awr. Mae gennyf lanc, fel y gwyddoch, sy newydd ddechreu ar ei yrfa yn y Banc, ac am flwyddyn neu ddwy bydd yn rhaid i mi gyfrannu'n o drwm at ei gadw, gan na bydd yn ennill digon o gyflog i'w gadw ei hun.

Pe pallai fy iechyd, a phe methwn a dilyn fy ngorchwyl, pa beth a ddigwyddai ? Ni byddwn yn rhyw hir iawn cyn "mynd trwy" fy ychydig gynhilion. A beth wedyn ?

O dan yr amgylchiadau, fe fyddai ychydig o gymorth yn y ffurf o "Bounty" yn gaffaeliad amhrisiadwy i mi, a phe llwyddai Mr. Ernest Rhys trwy ei ddylanwad caredig i ddwyn y peth oddiamgylch, fe wnai gymwynas a mi na fedrwn byth ddiolch digon iddo amdani.

A yw'r gŵr da yn aros yn y gymdogaeth ? Pan eilw i'm gweled, gobeithio y bydd gennyf *lais* i fedru siarad ag ef. Ddoe yr oeddwn heb ddim : yr wyf beth yn well heddiw.

Pan ddarllenais eich llythyr y bore, dyma'r pennill a ddaeth i'm meddwl :

> "Life is mostly froth and bubble,
> Two things stand like stone—
> Kindness in another's trouble,
> Courage in your own."

Diolch o galon i chwi am eich cyfryngdod caredig ar fy rhan.

Gyda chofion cynnes,
Yn bur
Eifion Wyn

Minffordd,
Oakeley Square,
Blaenau Ffestiniog.
12 Awst 1926

Annwyl Gyfaill,

Byddaf yn holi am danoch i Dafydd Ifan yn aml. Gobeithiaf eich bod yn well, ac yn teimlo eich hun yn cryfhau. I mi, gwell fuasai hynny na chlywed am eich buddugoliaeth yn Abertawe.

Beth yw y genfigen sy' gan J. T. Job tuag atoch ? Mae eich englyn ddigon ar y blaen—pam na fuasai Wms Parry yn mynnu cael canolwr ? Cofir anfadwaith Job adeg Eisteddfod 1902 gyda'ch Telynegion anfarwol ; a gyda'ch englyn "Llygad y Dydd" hefyd ynte ?

Yr wyf yn dyheu am weled eich "cywydd digri" i ofyn am dŷ hefyd. Adroddodd Gwilym Deudraeth un oedd yntau wedi anfon yno. Yr oedd ganddo linellau pert, ond go hallt oedd ei ymadrodd wrth y "Landlord", a diweddai yn wan.

Cefais groesaw mwy o lawer na haeddwn yn y Llyfrgell Genedlaethol. Yno y bum trwy yr amser yn Aberystwyth, ac am ddeng munud ar lan y môr ! ! Yr oedd yr amser yn rhy fyrr, a'r daith yn rhy bell. Mae John Penri yn Hafod Ruffydd ers mis, a'i fam yn Sir Fôn, a fi ydyw yr "housemaid a'r hwsmon" yn y fan yma. Pe gwelech chwi fi yn torri brechdan !

Mae Carneddog wedi mynd yn ddieithr iawn. Canmolai yn ei lythyr diweddaf ei fod yn gweithio yn g'letach na neb ym Meddgelert. Bydd blas ar ei lythyrau pan fydd mewn rhyw drybini.

Beth sydd yn dod o'r anfarwol Cybi ? Anaml y byddaf yn gweld ei enw yn unman.

Ai yn Nhowyn y mae Peredur o hyd ? Mae yn ddieithr iawn yn y fro hon. Gwnewch o dalu ymweliad â mi.

Gobeithiaf fod ei fam garedig yn dal i fyny yn dda ei hiechyd.

Derbyniwch chwi a hithau fy nghofion goreu, a'm llon-gyfarchiadau ar y fraint roisoch ar 'Steddfod Abertawe.

John Wm Jones

Awst 21, 1926

Annwyl J. W.,

Ofnaf na 'wyr Dafydd Ifan fawr yn fy nghylch. Nid wyf yn hanner iawn, nac yn cryfhau nemor. Bwriadaf fynd i weld meddyg arall yr wythnos nesaf.

Druan o Job ! Yr ydych i gyd yn dial arno am gamwedd Williams-Parry. Y fo, erbyn deall, oedd o blaid englyn y gŵr o Lundain. Ni wn beth a welodd ynddo. Mae yn fwy o englyn i'r "teidiau" nag i'r "ty". Rhoir y bedwaredd linell yn gyfan-gwbl iddynt ! A beth am y gwall sydd yn ei air cyrch ?

Credaf y cewch flas ar fy nau gywydd digrif. Cywyddau syml ydynt—cais syml, ac ateb syml, fel a ddisgwyliech gan wŷr syml. Nid cywyddau digrif oedd gan Gwilym. Clywais ef yn eu hadrodd—y mae'n ymddangos ei fod yn ei hadrodd wrth bawb. Cynhwysent fwy o "dafod" nag o "ddigrifwch". Ceisiai fod yn rhy glyfar. Ond nid am glyfrwch yr oedd y testun yn gofyn.

Mae'n dda gennyf i chwi gael derbyniad helaeth i mewn i'r Llyfrgell yn Aberystwyth. Wedi cael i mewn unwaith, y mae'n dra sicr nad oedd yn beth hawdd eich cael allan. Dim ond deng munud ar lan y môr ! Mor awgrymiadol.

Mae llinynnoedd John Penri wedi disgyn mewn lle da. Gwnaiff mis o awyr y mynydd-dir fyd o les iddo. Mae'n sicr eich bod yn teimlo'n bur unig heb ei fam ac yntau. Hawdd iawn torri brechdanau am ddiwrnod neu ddau, ond blino ar y gwaith y mae dyn, boed ef mor fedrus ag y bo. Dyna fy mhrofiad i, beth bynnag.

Gwelais yr hen Garn rhyw fis yn ol. Yr oedd yn canmol ei iechyd, ac yn llawn ysbryd a bywyd. Beth pe clywsech ef yn disgrifio rhyw Saesnes fawr anghynes oedd wedi bod ar ymweliad ag ef! A rhyw M.A., B.D., oedd wedi bod yn troi a throsi ei lyfrau, a cheisio mynd dros ei ben am hen bethau prinion, heb gynnig talu dimai goch y delyn amdanynt !

Clywais fod Cybi yn *fyw* mor ddiweddar ag echdoe. Un o lanciau Capel Helyg oedd wedi ei weled. Mae mor *farw* a hoel

209

yn llenyddol. A'r wlad a gafodd lonydd. Dywed fy nai ei fod
mor fyfïol a dwl ag erioed. "Pe pwyid y ffol . . . nid ymedy ei
ffolineb ag ef."

Yn Nhowyn y mae Peredur eto, ac yr wyf yn gobeithio na
symudir ef oddiyno am flwyddyn neu ddwy beth bynnag.
Byddai'n anodd iddo fod yn fwy dedwydd, ac yn fwy diogel yn
unlle. Mae'n son am ddyfod adref dros y Sul. Mae'n debig
ei fod wedi cyrraedd bellach. Mae'n tyfu yn llanc cryf ac iach.

Ceidw ei fam yn dda iawn yn ei hiechyd, ac y mae ei hwyneb
siriol a'i chalon garedig yn well na meddyginiaeth meddyg i
ddyn. Mae hi a minnau'n cofio atoch yn gynnes dros ben.

Yn ffyddlon,

Eifion Wyn

O ganlyniad i ysgogiad Bob Owen, galwodd Ernest Rhys i
weld fy nhad ac yn fuan wedyn derbyniodd y llythyr hwn,
9 Medi 1926 :

Dear Eifion Wyn,

Forgive a pencil note—I write in bed, laid up at Port
Meirion with a feverish chill. Anlwcus iawn, onide ?

Diolch yn fawr am eich englyn chi. Melus iawn yw.

After seeing you, I wrote to Mrs. Lloyd George, as a dip-
lomatic move, and we went to Criccieth on Monday to see her.
She was most sympathetic and will do all she can. Rhaid i chwi
godi eich calon, fy ffrind.

Esgusodwch y fath scrawl.

Ernest Rhys

Mae'n amlwg fod Mrs. Lloyd George wedi symud yn y mater
yn ddioed, canys mewn ychydig ddyddiau daeth llythyr oddi
wrth A. J. Sylvester i ddweud bod Mr. Lloyd George yn
awyddus iawn iddo gael y farn orau, a'i fod wedi trefnu iddo
weld Sir William Milligan ym Manceinion, dim ond iddo
ddweud pa bryd y byddai'n gyfleus iddo deithio yno, ac yn
amgau £5 at gostau'r trên. Atebodd fy nhad :

Sept. 22nd 1926.

Dear Mr. Sylvester,

It is surpassingly kind of Mr. Lloyd George to take such a
personal interest in my case, and to express his sympathy in
the way in which he has done. At present I am not strong
enough to undertake the journey to Manchester and back.

When I am able to do so, I shall be pleased to carry out Mr. Lloyd George's wishes, assuming there is still reason for doing so. I take it I may retain the five pounds while the matter is in abeyance.

Please convey to Mr. Lloyd George my heartfelt gratitude for his friendly advice, assistance and sympathy. A chofiwch fi ato yn gynnes iawn.

Yours sincerely,
E. Williams

Atebodd Mr. Sylvester yntau ymhen llai nag wythnos, ar 27 o Fedi :

Dear Mr. Williams,

Thank you for your letter of the 22nd September, from which I am sorry to learn that at present you do not feel strong enough to undertake the journey to Manchester. Would you be kind enough to inform me as soon as you feel well enough to travel, so that I may arrange with Sir William Milligan, and let me know what day you propose going there.

Yours sincerely,
A. J. Sylvester

Bu partncriaid y Gwaith Llechi, Mr. J. R. Owen a Mr. John Lewis, yn hynod o oddefgar a charedig wrtho yn ystod ei waeledd, yn caniatáu iddo fynd i'r offis yn union pryd ac fel y byddai'n gyfleus iddo. Ymdrechodd yntau i ddilyn ei waith cyhyd ag y gallai gan fynd yno yn y p'nawniau a chyda'r nos, a daliodd ati tan ddiwedd Medi pan aeth yn rhy llesg i fedru ymlusgo yno. Mae'n amlwg fod ei iechyd wedi dirywio oblegid fy mam a ysgrifennodd drosto ar 30 o Fedi i hysbysu Mr. Sylvester nad oedd mewn unrhyw gyflwr i feddwl am deithio i Fanceinion i weld y meddyg yno.

Fe'i cyffyrddwyd yn fawr pan dderbyniodd y llythyr hwn :

Brown Owl's Nest,
Portmadoc.

Dear Mr. Eifion Wyn,

We Brownies were so very sorry to hear that you are not well. We do hope that you will be better soon and able to go out for a walk. You love walks, don't you, for I am sure that when you see God's beautiful things—the trees, the birds, and the flowers it makes you write your beautiful poetry. Brown

211

Owl says that people who think beautiful thoughts are very near to God, and are great friends with Him. So must you be too, and we little Brownies are trying to be good and love God too, by loving everybody in the whole world. We would have written to you before this, only we have been very busy with a little Bazaar we had last Saturday at our Nest to help to keep a little Hindu Guide in school in India, and we made £10 and are very pleased with the result. Would you like some of us to write to you to tell you all about what we do ? We would like to do something to interest you, as you are ill and unable to go out. Please let us know if there is anything we can do. We are sending you some fruit to cheer you up, and with them comes the love and best wishes that you will be better soon of your loving little friends.

The Brownies
I am, on behalf of my sisters,
Brownie Sister Katie Roberts

A'r ateb i'r llythyr hwn, mae'n debyg, oedd yr olaf iddo ei deipio yn yr offis :

Sept. 25th 1926.

My dear Brownies,

I cannot tell you how touched I was by your kind gift. It is cheering to know that you little ones, are keeping me in your minds.

Yes, I miss my walks, for I have always loved the green woods and the green fields, the smiles of flowers and the songs of birds. One great man said, and I believe him, that :-

He prayeth best who loveth best
All things both great and small ;
For the dear God who loveth us,
He made and loveth all.

There are no sweeter companions than birds and flowers. Make close friends of them, and they will teach you to be happy, and pure and true.

God bless you, dear Brownies, in the good work you are doing. "Every act of kindness, every word of love" helps the world grow better. God bless you dear Chief, who loves you ever so much, and spends so much of her time in teaching you to do such beautiful things. God bless you all.

Gyda dymuniadau da fy mhriod a minnau,
Yn ffyddlon,
Eifion Wyn.

24

Yn ôl fy addewid codaf yma yr ohebiaeth a fu ynghylch ei emynau a gyhoeddwyd yn *Llyfr Emynau a Thonau Newydd y Methodistiaid Calfinaidd a Wesleaidd*, y llythyr cyntaf at y Parchedig E. O. Davies, Ysgrifennydd y Cyd-Bwyllgor, ar 28 Mehefin 1926 :

Annwyl Frawd,

Cefais weled Drafft eich Llyfr Emynau Newydd gan un o'm cyfeillion—am fod ynddo emynau o'm gwaith. Am amser byr iawn y bu'r llyfr yn fy llaw. Gallwn i feddwl ei fod yn gasgliad gwych, er bod ynddo liaws o anghysonderau, a chryn nifer o wallau iaith. Yng ngwaith Williams, y ceir y gwallau gwaethaf: ond ymddengys ei fod ef uwchlaw beirniadaeth. Ni chaniateid i neb arall ddywedyd "A thi dy hunan fydd *fy oll*", oni chaniatcid i Edmwnd Prys. Ond at fy nghwynion.

(a)

Sylwaf fod cyfnewidiad wedi ei wneuthur yn fy emyn Rhif 724—yr ymadrodd "ehed tros y byd" wedi ei droi i "eheda trwy'r byd". Gwnaed y cyfnewidiad, y mae'n debyg, am mai "eheda" yw ffurf y ferf yng Nghymraeg y Beibl—"fel yr eheda gwreichionen i fyny".

Ond fe ganiateir i Williams ddywedyd—"O f'enaid *hed* i'r lan" yn emyn rhif 514. Pa le y mae'r cysondeb ?

Oni ellir adfer y llinell wreiddiol—

Efengyl tangnefedd, *ehed tros y byd*,

(a phaham na ellir ?), yr wyf am ofyn i'r Pwyllgor ysgrifennu'r llinell fel y canlyn :

Efengyl tangnefedd, O rhed tros y byd.

Y mae "rhed tros y byd" mor debyg o ran sain i "ehed tros y byd" fel na sylwai nemawr neb ar y gwahaniaeth—hyd yn oed Annibynwr. Ond nid felly "eheda trwy'r byd".

Dyna fy nghwyn a'm cais cyntaf.

(b)

Ceir tri chyfnewidiad yn fy emyn rhif 767—cyfnewidiadau a *wnaed heb fy nghydsyniad, ac na allaf* (pob parch i'r sawl a'u gwnaeth) *gytuno â hwy*.

Gwn fod y manyn wedi ei adael allan yn y llinell—"Fel cafodd plant ei oes". Ond pwy, atolwg, a sylwai ar y bai? *Neb.* Ond fe sylwa *pawb* ar gloffni'r mydr yn y llinell—

"Fel *y cadd* plant ei oes"

Dyna'r llinell fwyaf clogyrnog yn yr holl lyfr, ac nid yw'n ddim clod i'r sawl a'i piau.

Ymhellach. Ymadrodd yn perthyn i rywun arall ydyw "*yn y nef*" yn y bumed linell, a llinell yn perthyn i rywun arall ydyw "*A choron ar ei ben*". Dyma ffurf y pennill yn y Caniedydd Cynulleidfaol :-

Cawn ninnau weled Iesu Grist,
   Fel cafodd plant ei oes :
Ond nid yn ŵr gofidus mwy,
   Na Gŵr yn dwyn ei groes :
Cawn syllu arno *wrth ei fodd,*
   Yng ngoleu'r orsedd wen :
Ei wedd yn ddisglair fel yr haul,
   Ac enfys gylch ei ben.

Cyfeiriad yw'r enfys at y weledigaeth yn Dat.4.3 :
"A'r hwn oedd yn eistedd oedd yn debyg i faen jaspis a sardin : ac yr oedd *enfys* o amgylch yr orseddfainc". Mae yma, fel y gwelwch, *newid syniad* yn gystal a *newid geiriad*, ac ni welaf i fod dim yn galw am hynny.

Oni ellir caniatau i'r pennill ymddangos fel ysgrifennais i ef, gofynnaf i'r Pwyllgor fod mor garedig a *gadael yr emyn allan yn gyfangwbl.* Gwell hynny na bod dwy ffurf arno, ac un o'r ddwy yn ddolur llygad i'r awdur.

Carwn weld yr emyn yn eich Llyfr Emynau, ond ni fynnwn ei weled fel y mae yn y Drafft.

Dyna fy nghwynion a'm hawgrymiadau, a byddaf yn dra diolchgar os dygwch hwy i sylw'r Cyd-Bwyllgor.

Credaf yr addefant fod gennyf reswm da dros ysgrifennu. Nid cwrtais na theg, yn fy marn i, ydyw ymyrraeth a gwaith neb heb ei ganiatâd. Mae pum emyn arall o'm gwaith yn y casgliad. Mae rheiny'n union fel yr ysgrifennwyd hwy ac y mae i chwi gan groesaw ohonynt . . .

Gyda chofion cynnes iawn atoch.
Yn ffyddlon
Eifion Wyn

O.N. Sylwch fy mod yn anfon copi o'r llythyr hwn i'r Parch O. Madoc Roberts. Mae ef a minnau'n hen gyfeillion.

Annwyl Madoc,

Wele gopi o lythyr a anfonais i'r Parch E. O. Davies heddiw. Credaf yr addefwch, wedi i chwi ei ddarllen, nad wyf yn cwyno heb achos.

Ni'm hanwybyddwyd yn y modd hwn gan unrhyw bwyllgor o'r blaen. Cefais bob cwrteisi gan Bwyllgor y Caniedydd Cynull-eidfaol, a Phwyllgor y Llawlyfr Moliant.

Syr John yn ddiau yw'r ymyrrwr. Fel corff o ramadeg y saif uwch ben emyn, ac nid fel perchen enaid. Ond nid diben emyn yw bod yn batrwm mewn iaith, ond bod yn gyfrwng mawl. Os yw'r gŵr da yn tybied y caiff fy nhrin i yn ol ei ewyllys, y mae'n camsynied yn aruthr. Ymddengys i mi ei fod wedi cael llawer gormod o lais yng nghyfansoddiad y llyfr.

A wnewch chwi, gyfaill, gymryd fy mhlaid yn y Pwyllgor, a dadleu fy nadl ? A phwyso ar Gwynfryn a Thecwyn, a rhai o'r cyfeillion eraill, i wneuthur yr un peth. Cydnebydd pawb, yn sicr, fod fy ngheisiadau yn rhai digon rhesymol a theg.

Nid wyf yn hanner da ers mis. Aethum i ryw wendid rhyfedd : ond yr wyf beth yn gryfach y dyddiau hyn. Hyderaf eich bod chwi a'r eiddoch yn iach a dedwydd.

Gyda chofion cynnes iawn,
Eich hen ffrind
Eifion

Wesleyan Book Room, Bangor.
Mehefin 29, 1926.

Annwyl Gyfaill,

Diolch am yr eiddoch i law. Drwg gennyf glywed nad yw'r iechyd yn dda. Gobeithio y byddwch yn well yn fuan.

Bu rhai ohonom yn eiddgar iawn yn dadleu am i fwy o'ch emynau godidog fod i mewn yn y llyfr unedig newydd. Gofalaf am gario allan eich dymuniad. Fel y gwyddoch Drafft copi yw hwn, dodwyd Cyfrinachol arno, ac nid oeddym yn bwriadu argraffu'r copi heb ofyn eich caniatad nid yn unig i'w dodi i mewn, ond ni fwriadwyd newid dim yn derfynol heb eich cyd-syniad. Sicrhaf chwi na wneir hynny. Nid oedd y Drafft yn da i ddim ond ar gyfer Cymanfa'r M.C. Nid ydym wedi cymeryd cam, hyd yn oed i ofyn am "estimates" i'w argraffu eto, ac ni ellir gwneud hynny nes cael caniatâd yr awduron i'w dodi yn ein llyfr, ac ni newidir dim yn derfynol ar eu cyfansoddiadau

215

heb eu cyd-syniad ewyllysgar. Gofalaf y cewch eich hawliau. Gyda llaw, a allaf gymryd yn ganiataol y ceir defnyddio eich emynau chwi, ar y deall clir nad argreffir hwynt ond mewn ffurf a gymeradwyir gennych chwi ? Byddaf yn ddiolchgar am air buan.

Cofion serchog, dymuniadau goreu
Madoc

'Roedd atebiad y Parchedig E. O. Davies ar yr un llinellau, ac ni thybiaf felly fod galw am ei gynnwys.

Gorff. 3, 1926.

Annwyl Madoc,

   Can diolch i chwi am eich ateb prydlon a'ch eglurhad. Wedi cael sicrwydd na chyhoeddir f'emynau ond mewn ffurf a gymeradwyir gennyf, y mae fy meddwl yn dawel. Ar y deall hwn y mae i chwi gan croesaw o'r emynau a berthyn i mi yn y llyfr. Sut na buasai fy emyn i'r Morwyr yn eu mysg ? Hyd y gwelais i, nid oes yr un emyn i'w cofio hwy—hen ddosbarth annwyl iawn i ni ein dau—yn yr holl gasgliad.

   Syr John a Thecwyn yw'r "cyfnewidwyr" yn ol y Parch E. O. Davies. Onid yw'n beth digrif gweled y ddau sy'n siarad cymaint yn erbyn "tincera emynau" wedi troi i dincera eu hunain ! Pa faint gwaeth ydyw tincera emynau'r marw na thincera emynau'r byw ?

   Ychydig iawn o gamp sy arnaf, er fy mod gryn dipyn yn well nag oeddwn bythefnos yn ol. Credaf y bydd yn rhaid i mi fynd i newid yr aer cyn y deuaf ataf fy hun yn iawn.

Gyda chofion cu
Yn ffyddlon
Eifion

Llanfair P.G.,
7 Gorff. 1926.

Annwyl Eifion Wyn,

   Y mae'n ddrwg gennyf na chefais amser hyd yn hyn i ymohebu â chwi ynghylch yr emynau o'ch gwaith a ddewiswyd gan bwyllgor Llyfr Emynau'r Methodistiaid i'w cynnwys yn y casgliad. Pes cawswn fe arbedasai beth camddeall twriaeth. Y mae'r Parch E. O. Davies wedi cyflwyno'ch llythyr i mi fel Cadeirydd Pwyllgor Testun ac Iaith ; ac y mae'n dda gennyf gael y cyfle i egluro, ac i symud pob cam-argraff.

216

Nid oedd ym mryd y Pwyllgor ddefnyddio gwaith neb heb ei ganiatâd. Nid ydynt wedi cyhoeddi dim. Os sylwasoch ar ddalen deitl y *drafft* yr oedd y gair "Cyfrinachol" arni. Drafft at wasanaeth aelodau'r Cymanfaoedd ydoedd, i wneuthur yn bosibl iddynt hwy roi eu barn ar ddetholiad y Pwyllgor. *Ar ôl* iddynt hwy ei gymeradwyo, ac nid cyn hynny, y gellid gofyn y caniatâd angenrheidiol gan awduron byw a meddianwyr hawlfraint. Gwaith yr ysgrifenyddion yw hynny, ond y mae Mr. E. O. Davies, fel minnau, wedi bod yn brysur er y Sasiwn, ac ni wn i a glywsoch oddiwrtho eto. Ond yr wyf yn casglu oddiwrth eich llythyr y gallwn ddisgwyl y byddwch chwi mor garedig a rhoi'ch caniatâd.

Nid oeddem yn meddwl chwaith am gyhoeddi gwaith neb heb ymgynghori ag ef ynghylch y mân gyfnewidiadau y dymunem eu gwneuthur er mwyn cael yr iaith hyd y gellid yn unffurf a chywir. Y mae'n ddrwg gennyf nad oes gennyf amser heno i ysgrifennu ynghylch y pwyntiau a godir yn eich llythyr ; ond nid oes gennyf un amheuaeth na allwn yn hawdd eich bodloni ar bob pwynt, a llwyr gyfarfod â'ch dymuniadau. Mi allaf grybwyll yn awr *nad* gwaith Pwyllgor Testun ac Iaith oedd newid y llinell "Ag enfys gylch ei ben", ac nad wyf yn meddwl y bydd neb yn erbyn adfer y darlleniad gwreiddiol.

Gyda chofion caredig,
John Morris-Jones

Gorff. 10, 1926.

Annwyl Syr John,

Can diolch i chwi am eich llythyr caredig a'ch eglurhad. Cefais eglurhad tebig oddiwrth y ddau Ysgrifennydd.

Wedi cael sicrwydd na chyhoeddir fy emynau ond mewn ffurf a gymeradwyir gennyf, y mae fy meddwl yn esmwyth. Wrth gwrs, y ffurf a gymeradwyir gennyf yw'r ffurf a berthyn i mi fy hun.

Pwy, mewn difrif, a luniodd y llinell "hagr echrys"— "Fel *y cadd* plant ei oes" ? Bu ei gweled uwchben fy enw yn flinder nid bychan i mi. Os rhaid gwneuthur yn hysbys bod y "manyn" wedi ei adael allan, onid y ffordd symlaf a mwyaf didramgwydd fyddai dodi sillgoll o flaen "cafodd" ?

Ymadrodd afreidiol ydyw "yn y nef" yn y bumed linell. Ni raid dywedyd wrth neb yng Nghymru pa le y mae'r "orsedd wen". Diolch i chwi am eich addewid ynglŷn â'r llinell "Ac enfys gylch ei ben".

Y mae'r emyn "Efengyl tangnefedd" yn bur adnabyddus i gynulleidfaoedd yr Annibynwyr, a buan iawn y sylwid ar y cyfnewidiad "eheda trwy'r byd". Gan nad yw "ehed" yn wallus (fel y praw emyn Williams) yr wyf yn disgwyl na bydd neb yn erbyn ei adfer.

Gynneu y sylwais bod y trydydd pennill o'm hemyn "Dod ar fy mhen dy sanctaidd law" wedi ei adael allan. Onid yw yn bosibl ei ddwyn i mewn i'r Llyfr er mwyn cyfanu'r emyn ? Dyna, yn wir, y pennill sy'n cynnwys ei neges. A phaham na chaiff plant y Methodistiaid a'r Wesleaid gydganu a phlant yr Annibynwyr—

"Gwna fi yn addfwyn fel tydi
Wrth bawb o'r isel rai :
Gwna fi yn hoff o wrando cwyn
A hoff o faddeu bai" ?

Gyda chofion cynnes
Yn ffyddlon
Eifion Wyn

O.N. Cyflwynwch fy llongyfarchiadau i'ch dwy ferch ddisglair. Nid bob amser y mae dwy efell gystal a'i gilydd, ond ymddengys eu bod hwy.

Wesleyan Book Room, Bangor.
Gorff. 8, 1926.
F'annwyl Gyfaill,

Hoffwn gael eich caniatâd ffurfiol ar y daflen amgaeëdig gan y bwriadwn ei ffeilio. Wrth gwrs, fe ddeëllwch na wneir cyfnewidiad, fel y dywedais, heb eich caniatâd. Ca Tecwyn anfon atoch ar y mater yna rai o'r dyddiau nesaf. O berthynas i'r "enfys" yr hyn a ddywedai ef oedd mai o amgylch yr orsedd ac nid o amgylch ei ben yr oedd yn ol y Datguddiad. Ond fel y dywedais, mater arall yw hyn ; cewch bob cyfle i osod allan eich barn, a'r gair terfynol, yn nes ymlaen. Dim ond caniatad ffurfiol sydd arnaf fi eisiau heddyw. Ymleddais yn gadarn am eich emyn rhagorol i'r "Morwyr", ond llwyddodd rhyw frawd doniolach na mi i ddweud pa angen am emyn neilltuol i'r morwyr rhagor y glöwr &c. &c. Llwyddais i'w gadw i mewn trwy bob pwyllgor ond yr olaf. Yno, aeth emyn Dyfed, "I Galfaria trof fy wyneb" ac emyn hyfryd Elfed "Os Duw sydd ar f'enaid i eisiau" allan. Gwyddoch am dymer afrywiog pwyllgor cymysg. Gofidiwn yn fawr golli eich un chwi. Anffawd oedd ei gadw allan. Gobeithio eich bod yn sicr wella.

Cofion caredig,
Madoc

218

Annwyl Madoc,

Yr wyf yn dychwelyd y ffurflen wedi ei chwblhau.

Ynglŷn â'r llinell "Ac enfys gylch Ei ben". Os oedd yr enfys "o amgylch yr orseddfainc" yr oedd hi hefyd o amgylch y neb a eisteddai arni—Ei ben a chwbl.

"Ac enfys uwch Ei ben" oedd ffurf gyntaf y llinell : ond y mae "gylch Ei ben" yn ddigon "precise" i bwrpas bardd. Os eir i feirniadu syniadau barddonol wrth ddeddf y llythyren, pa syniad a saif ?

Dywedwch wrth y cyfaill Tecwyn (oblegid y mae'n ymddangos na ŵyr) bod y llinell "A choron ar Ei ben" wedi ei rhygnu mewn emynau i blant er pan wyf i yn cofio. Dywedwch wrtho hefyd nad "un goron" a welodd Iesu ar Ei ben ond "coronau lawer".

Nid oes angen iddo ysgrifennu ataf ; y mae Syr John Morris-Jones wedi cael y blaen arno. Dywed ef "nad yw yn meddwl y bydd neb yn erbyn adfer y darlleniad 'Ac enfys gylch Ei ben' ".

Mi welaf i chwi ymdrechu ymdrech deg o blaid fy emyn "Cofio'r Morwyr". Pwy oedd eich gwrthwynebydd ? Un o ardaloedd y glo, mi wrantaf. Onid oes gan yr eglwysi "Sul y Morwyr" ?

Mi ryfeddais glywed bod emyn adnabyddus Dyfed, ac emyn eneiniedig Elfed, wedi eu cau allan ! Cau allan emynau a genir tra bo canu ar emynau Cymraeg, a gollwng i mewn ddeg-ar-hugain o emynau Edmwnd Prys—emynau afrwydd, oer, diawen, na chenir mohonynt byth !

Bydd yn dda gennych ddeall fy mod yn cryfhau. Ni wiw i mi ddisgwyl "dwad ar unwaith". Gwaith araf yw codi'r gwan i fyny.

Gyda chofion cu,
Yn bur,
Eifion

Llanfair P.G.
29 Awst, 1926.

Annwyl Eifion Wyn,

Yr ydym yn awr wedi cael amser i ad-ystyried testun yr emynau, ac yr wyf yn anfon atoch yn ol f'addewid ynghylch yr ychydig fân gyfnewidiadau a wnaethom ac y dymunem eu gwneuthur yn yr emynau o'ch gwaith chwi. Nid oes yr un ohonom a ddymunai argraffu'r un pennill o'ch gwaith mewn ffurf heb fod wrth eich bodd.

Mi sylwaf ar y saith emyn yn y drefn y maent yn y Drafft, gan roi'n gyntaf y rhif yn y Drafft, yna'r rhif yn y llyfr y cymerwyd yr emyn ohono. (C.N.=Caniedydd Newydd, C.M.=Cân a Moliant) a llinell gyntaf yr emyn.

72 (C.N. 910) "Hollalluog ! nodda ni"

Yr unig gyfnewidiad yn hwn yw *trech* yn lle *nes* ar ddechreu 2^2. Yr oedd "*nes* na gwaethaf dyn" yn ymddangos yn dywyll i'r Pwyllgor yn gyffredinol, a *trech* yn ymddangos yn well. Bydd yn dda gennym os caniatewch y cyfnewidiad hwn.

405 (C.N. 273) "Fry yn dy nefoedd clyw ein cri"

Nid oes dim cyfnewidiad yn hwn.

444 (C.N. 49) "Un fendith dyro im"

Yr unig gyfnewidiad yn hwn ydyw "Wrth fyw" yn 4^2 yn lle "Tra'n byw". Nid yw *tra'n* ond ymgais ddiweddar i gyfieithu'n llythrennol y Saesneg *while* gyda *participle*, megis "while living". Yr idiom Gymraeg yw *wrth* gyda berfenw, neu *a* o flaen enw neu ansoddair. Nid yw'r camarfer hwn o *tra* yn digwydd o gwbl yn yr hen emynau (er ei fod wedi ei wthio iddynt yn y llyfrau diweddar), ac yr ydym wedi ei gywiro ymhob lle y digwydd mewn emynau diweddar. Carwn yn fawr gael eich cydsyniad i hyn eto, neu i ryw eiriad arall megis "A byw i'th wasanaethu". Ond gadael "Wrth fyw" sydd oreu, efallai.

719 (C.M. 355) "Molwn Di, O ! Dduw ein Tadau"

Un cywiriad "Ti â" yn 2^2 yn lle "Gyda" ; caru â chariad, nid *gyda* ; "together with" yw *gyda* ; torri *â* chyllell, lladd *â* chleddyf ; dirywiad gwael yw rhoi *gyda* yn lle *â*. Tebyg gennyf fod *Gyda'n* gywir yn $3^{7,8}$, ond mi hyderaf y cytunwch mai gwelliant diamheuol yw rhoi "Ti â" yn ei le yn 2^1.

724 (C.N. 768) "Efengyl tangnefedd, ehed dros y byd"

Yr wyf yn methu a chael hyd i *ehed* mewn dim hen lên, ond *eheda* bob amser, a hyd yn oed gan emynwyr y 18fed a'r 19eg ganrif, "Eheda, efengyl, dros wyneb Y ddaear a'r moroedd i gyd" M.R. "Eheda, eheda, efengyl dragwyddol" D.C. y ddau yn y Drafft. O *hed* Williams y daw *ehed* mae'n debyg. Ein tyb ni oedd na charech i ffurf anghywir ymddangos (neu barhau) yn eich gwaith os oes modd ei chywiro. Os yw *drwy* yn anfoddhaol i chwi beth am "eheda dros fyd" ? arferir *byd*, *daear*, *haul* etc. fel ffigur barddonol yn fynych yn lle *y byd*, *y ddaear* etc. Nid ydym yn gweld y medrwn gywiro pob cam-ffurf yn emynau'r hen bobl ; ond carem eu cael yn gywir mewn emynau diweddar, yn enwedig o waith beirdd byw. Eto, os gwell gennych "ehed dros y byd" er gwaethaf ffurf y ferf, ni warafunwn. (Y peth i'w gofio yw bod yr oes, gyda lledaeniad gwybodaeth fanwl am yr iaith, yn mynd yn fwy beirniadol ; a bod peth a basia'n burion heddyw yn debyg o ymddangos yn wrthun yn yr oes nesaf).

752 (C.N. 1102) "Dod ar fy mhen Dy sanctaidd law"

Newidir "O Nazareth" i "O Fethlehem" am yr ystyrrid bod y cyferbyniad yn well ; nid wyf yn deall bod gennych wrthwynebiad i'r cyfnewidiad hwn. Nid wyf yn cofio'n siŵr paham y tybiwyd yn oreu adael y trydydd pennill allan, ond tebyg gennyf y teimlid bod "yr isel rai" yn sawru tipyn o *patronage*, ac yn tueddu i borthi'r ymdeimlad *smug* o'n rhagoriaeth ni, blant bach rispectabl; efallai hefyd y teimlid bod llinellau 3 a 4 braidd yn henaidd i blant. Y mae'r emyn yn gyfan ac yn loyw fel y mae yn y Drafft, a'r ail bennill yn clymu'n naturiol wrth yr olaf ; ond er hyn, os ydych chwi'n teimlo'n gryf y dylai'r trydydd pennill fod i mewn, bydd pwyllgor testun ac iaith yn barod iawn i gymeradwyo hynny i'r Pwyllgor Cyffredinol, os oes ganddynt hwy hawl i chwanegu dim at y drafft fel y pasiwyd ef yn Lerpwl gan y Gymanfa Gyffredinol.

767 (C.N. 1146) "Cawn ninnau weled Iesu Grist"

Yr ail bennill wedi ei adael allan ; yr wyf yn deall eich bod yn fodlon i hyn. Gyda'r cytgan y mae'r emyn yn ddiau yn ddigon o hyd hebddo. Yn yr ail bennill (presennol) yn unig y mae cyfnewidiadau. Yn gyntaf 2^2 "Fel cafodd" ; i mi y mae gadael allan *y* o flaen berf yn un o'r pethau salaf, ac nis gwnawn fy hun am bris yn y byd. Nid yw "Fel y cadd" yn waeth na degau o'r cyffelyb e.e. "O am gael ffydd i edrych *Gyda'r* angylion fry". Mae tipyn o amrywiaeth hwn yn yr aceniad yn rhinwedd nid yn fai. Nid yw cynddrwg â "Na foed neb heb wybod" yn 724 (gennych chwi). Eto, gan i ni fethu cywiro pob coll *y* yn yr hen emynau bodlonwn ar "Fel cafodd" os ydych eich hun yn fodlon arno. Onid gwell fyddai dilyn 1^2 a dechrau "Fel plant", e.e. "Fel plant ei ddydd a'i ¦oes" neu rywbeth cyffelyb ("ei ddydd a'i oes" ffigur fel "tir a daear" "môr a gweilgi"&c). Nid yw rhoi ' yn lle'r *y* yn welliant ; yn wir [*sic*] tynny sylw at y gwall a wna.

Yn ail, 2^1 "wrth ei fodd" ; yn ol fy nghof i yr oedd pawb yn y pwyllgor mawr yn gryf yn erbyn yr ymadrodd hwn yn herwydd ei ddiffyg urddas. Nid yr awdur ei hun yw'r beirniad goreu ar ei waith bob amser ; ac mi gredaf y dylech dderbyn barn unfrydol pwyllgor mawr bod yr ymadrodd yn annheilwng fel cyferbyniad i "ofidus", a "dwyn y groes". Ni ellir cael "yn ei ogoniant" i mewn i'r llinell, na dim cyfystyr hyd y gwelaf. Nid yw "yn y nef" yn ddi-bwynt, fel yr awgrymwch, eithr y mae'n gyferbyniad hapus i'r "ar y ddaear" sy'n *ddealledig* yn llinellau 2, 3, 4 ; *yno* y mae ar ei orsedd, yn ddisglair &c ; cyferbyniad i'r gofidus, &c.

Nid yw'r ymadrodd "yn y nef" yn fwy diystyr yma nag yn "Mawr yw Ef, *yn y nef*, Ar ei orsedd gadarn gref", a llawer o'r fath. Y pwynt yw mai yn y nef y gwelir Ef ar ei orsedd, sef yn teyrnasu ; *lle* yw y nef, ond nid *lle* ond arwydd brenhinaieth yw'r orsedd. Credwch fi, y mae "yn y nef" yn welliant mawr ym mhob ystyr. Nid wyf yn cofio pwy a'i hawgrymodd, ond ni fedraf feddwl am ei well. Yr wyf yn hyderu'n fawr y cydsyniwch â'r cyfnewidiad hwn, am fy mod yn sicr bod "wrth ei fodd" yn groes iawn i deimlad llawer yn y cysylltiad hwn. Yn drydydd, 2⁸ "Ac enfys gylch ei ben". Mi gredaf mai'r gwrthwynebiad i hwn oedd ei fod yn awgrymu'r lluniau pabyddol o'r halo o gylch pen yr Iesu, a'i fod braidd yn *tawdry*. Nid yw'n ysgryth-yrol—"enfys o amgylch yr orseddfainc" sydd yn Dat. iv. 3., nid o amgylch pen yr Iesu. Ond yr wyf yn cyfaddef yn rhwydd mai cyffredin yw'r llinell newydd, er ei bod yn cyflawni'r darlun o'r Brenin ar ei orsedd ; ac os ydych chwi'n dymuno'n gryf i'r llinell wreiddiol sefyll, nid wyf yn meddwl y bydd anhawster ei chael yn ol. Yr wyf yn teimlo fy hun mai pwynt i chwi yn bennaf yw hwn ; os ydych chwi'n gryf ar y lliwiau, ac yn sicr o'ch greddf, ni theimlwn fy hun fod gennyf hawl i ymyrraeth.

Maddeuwch feithder hyn o lythyr. Yr oeddwn yn awyddus am ddangos i chwi nad yn ddiofal nac yn ddibris y ceisiasom olygu'r testun. Gwnaethom hynny a allasom i gael yr emynau a ddewiswyd yn ddifeius o ran iaith a ffurf, a bu pawb yn garedig iawn wrthym yn ein hymdrechion. Yr ydym yn ddi-olchgar iawn i chwi am eich caniatâd caredig i ni i ddef-nyddio'r emynau hyn, ac yn gobeithio'n fawr y gallwn eu cyfleu mewn ffurf a fydd yn foddhaol i chwi yn gystal â bod yn cydymffurfio â'n safonau ninnau.

Cofion caredig iawn,
John Morris-Jones

Medi 25, 1926

Annwyl Gyfaill,

Gwn y synnwch ataf pan ddywedaf fod yn well gennyf y ffurf ffug ! Ni ŵyr un o bob mil mai ffurf ffug ydyw. A phe gwyddent, ni falient. *Ystyr* gair sydd o bwys gan foliannydd, nid ei *ffurf*.

Yn erbyn "eheda" yr wyf o'r cychwyn. Dyma fy ngeiriau yn fy llythyr cyntaf :-

"Gwnaed y cyfnewidiad, y mae'n debyg, am mai "eheda" yw ffurf y ferf yng Nghymraeg y Beibl. "Fel yr eheda gwreichionen i fyny". Ond fe ganiateir i Williams ddywedyd "O f'enaid hed i'r lan" yn emyn 514. Pa le y mae cysondeb ? Oni ellir adfer y llinell wreiddiol—

"Efengyl tangnefedd, ehed dros y byd" ?"

Hawdd deall mai o'ch anfodd yr ydych yn gollwng y ffurf "ehed" i mewn i'r llyfr. Wel, y mae gennych bob awdurdod i'w gadw allan, a'r ffordd rwyddaf i wneuthur hynny fydd cadw'r emyn allan.

Gwnewch a fo da yn eich golwg
Gyda chofion cynnes,
Eifion Wyn

Llanfair P.G.
28 Medi, 1926

Annwyl Eifion Wyn,

Daeth eich llythyr dyddiedig Medi 25 i'm llaw heddyw.

Yr wyf yn teimlo y dylwn ymddiheuro am eich blino eto, ond y mae gair o eglurhad yn angenrheidiol gan eich bod o dan yr argraff ein bod yn anghyson, ac yn gwarafun i chwi'r hyn a ganiatawn i Williams. Nid yw hynny'n gywir. Y mae "hed i'r lan" yn 514 wedi ei gywiro i "Heda i'r lan" sy'r un mor ganadwy. Ystyriem fod hyn yn angenrheidiol er mwyn cysondeb, gan mai *eheda* sydd yn nhraddodiad yr emyn hefyd, fel gan M.R., D.C., etc., yn gystal ag yn y Beibl, a chan yr hen feirdd :

"Hwde un o'i hadanedd
Eheda byth hyd y bedd"
Ior. Fynglwyd.

Felly, yr oedd yr hyn a ddywedais yn fy llythyr o'r blaen yn berffaith gywir, mai 724 fydd yr unig eithriad.

Er fy mod wedi darllen y geiriau a ddyfynnwch o'ch llythyr at Mr. E. O. Davies (dydd. Meh. 28) ni feddyliais mai'r gair *eheda* oedd yn annerbyniol gennych, ond y newid a achosid drwy ei roi yn lle'r llall. Eich awgrym yn ei le oedd "O rhed dros y byd" a thybiais mai am gadw "tros y" yr oeddech. Y mae'r awgrym hwn fel y gwreiddiol yn amhersain i mi am ci fod yn cynnwys "proest i'r odl" anhyfryd iawn :

eh<i>éd</i> dros y b<i>ŷd</i>

Nid yw'r dewis a rowch i mi (er ei fod wedi ei fwriadu'n garedig, yn ddiau) yn ddewis yn y byd, gan nad oes gennyf hawl

223

i dynnu emyn allan ; a phetai gennyf hawl ni fuaswn ar un cyfrif yn tynnu hwn.

Un gair arall : chwi ddywedwch na ŵyr un o fil fod y peth yn *wrong*. Am unwaith yr oedd cydwybod y gwir grefftwr ynghwsg ynoch. Fe ddywedir am un o gerfwyr mawr Groeg yn naddu delw i'w rhoi mewn *niche* ar fur y deml, ac yn trafferthu i wneuthur ei chefn mor berffaith a'i hwyneb. Gofynnwyd iddo i ba beth y trafferthai, gan na welai neb mo'i chefn pan roid hi yn ei lle. Yr ateb oedd "Bydd y duwiau anweledig yn gweled ei chefn".

Maddeuwch i mi am eich blino fel hyn eto. Nid wyf yn dymuno pwyso arnoch. Nid yw o gymaint pwys i mi ag i chwi, ac nid oedd arnaf eisiau ond gosod y mater ger eich bron fel yr ymddengys i mi.

Diolch i chwi am bob caredigrwydd a gawsom gennych, a bendith arnoch.

Gyda chofion caredig iawn
John Morris-Jones

Pan ddaeth y llythyr olaf hwn i law 'roedd iechyd fy nhad wedi dirywio cymaint nes ei gaethiwo i'w wely. Ond mynnodd i mam ysgrifennu ateb dan gyfarwyddyd :

Medi 30, 1926

Annwyl Gyfaill,

A fyddai'r llinell "Efengyl tangnefedd, ymled dros y byd" yn fwy derbyniol gennych ?

Gwn nad yw ymled yn y Beibl ; nid yw ymleda yno chwaith, na lleda, hyd y gwelaf.

Gyda chofion caredig
Eifion Wyn

Llanfair P.G.
2 Hydref, 1926

Annwyl Gyfaill,

Diolch i chwi am eich llythyr a dderbyniais heddyw.

Y mae arnaf ofn fod *lledu* (fel *denominative* amlwg o *lled*) yn gofyn yr *a* ; ond byddai *drwy'r* yn hapusach ar ei ol nag ar ol *eheda*, fel hyn :

"Efengyl tangnefedd, ymleda drwy'r byd"

224

Gan fod *eheda* wedi ei rygnu gymaint yn y cysylltiad hwn, byddai'n well gennyf yr uchod—y mae'n fwy ffres, beth bynnag.

Ond os ydych yn barod i newid y gair, y mae mwy nag un posibilrwydd arall ; beth am hwn ?—

"Efengyl tangnefedd, teyrnasa drwy'r byd"

Neu hwn ?—

"Efengyl tangnefedd, meddianned y byd
A deled y bobloedd i'w llewych i gyd"

O'r ddau hyn, y cyntaf sy'n leiaf dewisol, efallai, am mai "Iesu" ac nid yr "efengyl" sy'n teyrnasu yn yr ail bennill. Yn yr ail gellid cadw'r modd gorchmynnol drwy ddywedyd "meddianna'r holl fyd" ; at hwn y tueddwn i.

Ond os sylwch ar y pennill cyntaf eto, y mae ffigur gwahanol ym mhob llinell iddo ; ac y mae'n werth ystyried ai gwell fyddai ceisio cael yr un trosiad yn y ddwy linell gyntaf, fel hyn :

"Efengyl tangnefedd, *tywynna* drwy'r byd
A deled y bobloedd i'th *lewyrch* i gyd."

Nid yw *llewyrch* yr ail linell yn gyson ag *ehedeg* yn y gyntaf, nag ychwaith â meddiannu na theyrnasu ; er efallai nad yw hynny o bwys mawr. Y mae'r awgrym uchod yn cyfuno'r meddwl yn y ddwy linell. Yn lle *tywynna* gellid cael gair arall fel *disgleiria.*

Y mae *eheda* yn ymadrodd mor *hackneyed* yn y cysylltiad fel nad yw'n werth ceisio'i gadw ; ac y mae'n werth mynd i dipyn o drafferth i gael y pennill cyntaf mor berffaith ag y gellir ym mhob ystyr, am fod yr emyn yn un mor werthfawr.

Er bod y *tywynna* uchod yn ddeniadol am fod y *llewyrch* yn dyfod mor naturiol ar ei ol, y mae rhyw rym mawr yn "meddianna'r holl fyd" hefyd. Ond efallai y gellwch chwi, wedi gadael heibio'r *ehedeg,* daro ar rywbeth gwell eto.

Maddeuwch hyn o lith ; chwi welwch mor awyddus wyf am gael yr emyn yn berffaith. Emyn i bobl ddiwylliedig ydyw.

Gyda'm dymuniadau goreu a'm cofion caredicaf
John Morris-Jones

Hydref 4, 1926

Annwyl Gyfaill,

Diolch am eich llythyr caredig a'ch awgrymiadau.
Nid yw "meddianned y byd" yn gyson â'r gystrawen, ac y mae "meddianna'r holl fyd" yn gwmpasog a thrwsgl.

Nid oes gennyf ond syrthio yn ol ar fy awgrym cyntaf set,—

"Efengyl tangnefedd, O rhed dros y byd"

Credaf mai dyma'r gwelliant mwyaf syml a boddhaol.
Ceir ffigur yn y Beibl, er engraifft :-
"Bellach, frodyr, gweddiwch drosom ni, ar fod i air yr Arglwydd redeg, a chael gogonedd."
A gawn ni gytuno ar "O rhed dros y byd" ?

Gyda chofion caredig
Eifion Wyn

Llanfair P.G.
6 Hyd., 1926

Annwyl Gyfaill,

Llawer o ddiolch am y gair a dderbyniais ddoe. Os "O ! rhed dros y byd" yw'r mwyaf boddhaol gennych chwi, fe'i derbynnir, wrth gwrs, gyda phob parodrwydd a bodlonrwydd.

Yr wyf yn cyfaddef yn rhwydd fod "meddianna'r holl fyd" yn drwsgl, fel y dywedwch, er y tybiwn i ei fod yn rymus. Ond nid wyf yn deall pa beth a welwch o'i le yng nghystrawen "meddianned y byd". Y mae'r gystrawen yn berffaith gywir ; ac y mae'r gyfres o -ed (meddianned, deled, boed) yn clymu'r tair llinell gyntaf yn hapus :-

Efengyl tangnefedd, meddianned y byd ;
A deled y bobloedd i'w llewyrch i gyd ;
Na foed neb heb wybod am gariad y groes ;
A brodyr i'w gilydd fo dynion pob oes."

Yna, wrth droi i'r ail berson yn y trydydd pennill :

"Efengyl tangnefedd, dos rhagot yn awr,"

yr ydych yn cael y ffigur "cyfannerch" (gwelwch Cerdd Dafod td. 109-111) ; ac fe ymddengys hynny i mi yn llawer mwy effeithiol na phe baech yn annerch "Efengyl tangnefedd" o'r dechreu. Ni wn i a yw hyn yn bwynt a ystyriwch yn werth ei gymryd i gyfrif. Nid oes gennyf ddim yn erbyn "rhed" ond ni fedraf ymysgwyd oddiwrth ryw deimlad mai gwan yw'r "O !" o'i flaen. Mae mwy o urddas yn "meddianned y byd" ; ac mi sicrhaf ei fod yn gywir.

Yr wyf yn sicr y credwch fi nad oes gennyf ddim amcan hunanol wrth ysgrifennu ; eithr yr wyf yn awyddus iawn i osgoi'r

cam lleiaf â chwi. Ac fel y dywedais eisoes byddwn yn hollol
fodlon ar eich awgrym olaf (a chyntaf) ; a hwnnw a roir yn y
testun oni chaf air oddiwrthych eto.

Gan fawr hyderu eich bod yn well eich iechyd, a dwys
ddymuno i chwi lwyr iachad ; a chyda llawer o ddiolch.

A chyda'm cofion goreu,
John Morris-Jones

Hyd. 8, 1926

Annwyl Gyfaill,

Diolch i chwi am eich llythyr a dderbyniais ddoe.
Ni fedraf yn fy myw weled bod yr ymadrodd "meddianned y
byd", yn gyson â'm cystrawen i :-

"Efengyl tangnefedd, meddianned y byd ;
A deled y bobloedd *i'th* lewyrch i gyd :"

Os ydyw'n gyson, pa beth sydd yn galw am ysgrifennu "*i'w*
llewyrch" yn lle "*i'th* lewyrch" ?

Nid gwanhau'r erfyniad yw effaith yr "O !" eithr yn hytrach
ei rymuso. Os yw yn ddi-urddas, yna y mae y rhan fwyaf o
emynau Cymru yn ddi-urddas, a'r cwbl o'i gweddiau. Nid oes
dim yn "O ! rhed dros y byd", yn peri tramgwydd i mi, ac
felly, safed.

Gwannaidd iawn wyf ; heb godi ers dros wythnos.

Gyda'm cofion cu,
Eifion Wyn

Llanfair P.G.
10 Hyd. 1926

Annwyl Eifion Wyn,

Diolch i chwi eto am eich llythyr caredig.
Yr oedd yn rhyfedd gennyf weled nad oeddych yn deall cyst-
rawen y geiriau—"Efengyl tangnefedd, meddianned y byd."
Nid yw ond cystrawen y *nominative absolute*, sef enwi peth ac yna
dywedyd amdano, megis

"Cloddaith, nid rhaid clo iddi"—T.A.

"Duw Gwyn, i le da y gyr
Ei ddeiliaid a'i addolwyr"—Gronwy

227

Ac fe geir digon â'r gorchmynnol yn y cywyddau, megis

"Un Duw, rhoed ddawn gyflawn goeth".

"Duw, yma rhoed i Domas"

gan L.G.C.; ac eraill yr un modd. Y mae'r gystrawen fyth ar lafar yn "Duw cato pawb" = Duw cadwo pawb. Y mae "Duw rhoed" uchod yn union yr un peth ag "Efengyl meddianned" ; ac y mae hi'n gystrawen farddonol hollol gyffredin. Rhyfedd gennyf fod neb heb fod yn gynefin â hi.

Ond yr wyf yn deall yn burion mai "O ! rhed dros y byd" sydd oreu gennych chwi, ac felly hynny a gaiff sefyll.

Yr oedd yn ddrwg dros ben gennyf glywed mai para'n wael yr oeddych. Ni allaf ond dywedyd fy mod yn hyderu'n fawr y trowch ar wella'n fuan. Poed hynny fo.

Cofion caredicaf
John Morris-Jones

25

Wedi i mi adael cartre ddiwedd Mawrth i ddechrau gweithio yn Nhywyn, cytunwyd am amryw resymau na fyddwn yn dod yn ôl i fwrw'r Sul yn amlach nag unwaith y mis. Pan ddeuthum adre ym mis Medi, er mai ychydig o lais oedd gan fy nhad 'roedd bryd hynny'n codi i'r gadair yn y llofft yn y prynhawn ac yn ymddangos yn siriol. Bu'n fy holi ynghylch fy ngwaith a sut yr oeddwn i'n ymgartrefu yn Nhywyn, ac yn ystod ein sgwrs, adroddodd i mi delyneg yr oedd newydd ei llunio i "Wennol y Môr".

Mae'n sicr mai'r llythyr olaf a dderbyniodd oedd hwn, oddi wrth Garneddog, wedi ei ddyddio 8 Hydref 1926 :

Sut yr wyt ? Gobeithio dy fod yn well. Yr oeddwn wedi meddwl am ddod i lawr heddyw, ond y mae rhyw gyfarfod ym Meddgelert, ac ofnaf ymdroi yn y Port yna. Daw Ritchie yn fy lle.

Wele i ti gyw iar—y goreu o'r lot, yn bresant bach. Hwyrach y cei flas ar ei botes. Mae yn berffaith ffres. Heddyw y lladdwyd ef. Yr wyf mewn dyled i ti, ar ol bwyta cymaint yna. Rhwystrodd Mr. Owen fi i ddod yna y tro diweddaf y bum i lawr, rhag dy boeni hefo siarad gormod.

Hwyrach y dof i lawr yr wythnos nesaf, a galwaf wrth y drws, i siarad ag "Annie"—os na fedri di siarad â mi. Paid a thrwblio dim.

Gair "ar redeg" ydi hwn.
Cofion fyrdd atat ti ac Annie,
Mawr hyderaf dy fod yn well . . .

Ond pan gyrhaeddais i adref drannoeth y llythyr hwn, gwelais gryn ddirywiad yng nghyflwr fy nhad. 'Roedd yn dal yn siriol, er ei bod yn amlwg fod ceisio siarad yn gryn dreth arno. Nid oedd ganddo lais o gwbl ac ni fedrai ond sibrwd. Ond er ei wanned, brwydrai'n wrol i ymddangos yn llawn gobaith.

Dychwelais at fy ngwaith yn Nhywyn yn bur ddigalon fore Llun, ac nid oedd y neges a dderbyniais nawn Mawrth canlynol yn fy ngalw adre yn peri syndod mawr i mi. Cofiaf y siwrne adre gyda'r trên y noson honno fel petai'n ddoe—'roedd yn noson stormus a'r glaw trwm yn trybedian yn erbyn ffenestr y cerbyd ar hyd y ffordd, yn dwyn i'm cof ei linell yn "Aelwyd y Gesail" : "A'r cesair yn curo ffenestri y fro". Yn ffodus, cefais egwyl i gerdded adre o'r stesion, ac erbyn imi gyrraedd y llofft i'w weld 'roedd yn slwmbran cysgu. Pan agorodd ei lygaid a'm gweld, daeth rhyw olwg o falchder iddynt, a brysiodd i ysgwyd llaw â mi, a'i afaeliad yn gadarn. Ond ar ôl sibrwd ei gyfarchion, yn fuan syrthiodd yn ôl i gysgu. Nid oedd undim y gallem ei wneud iddo ond ireiddio ei wefus gyda phluen wedi ei gwlychu mewn dŵr a brandi. Er bod ei lygaid ynghau, daliai i sibrwd ar brydiau, ond 'roedd mor floesg fel nad oedd gobaith deall yr un gair. Ac felly y suddodd yn araf a thawel i'w gwsg olaf, heb gymryd unrhyw sylw pellach o'm mam a minnau, yn oriau mân y bore y 13eg o Hydref.

Cyfansoddodd ei ddarn olaf o farddoniaeth ddydd Llun, ryw ddiwrnod a hanner cyn ei farw, a'i ysgrifennu mewn pensil yn bur grynedig ar ddarn o bapur. Hir-a-thoddaid oedd i Frederick Buckingham (Madoc) o Dremadog :

Carai ymchwilio i len y bröydd,
A mwyn i'w anian oedd cwmni awenydd :
Ni cheid purach, hynawsach dinesydd,
Bu'n fur i'w enwad, bu'n fyw arweinydd :
Rhoes orau'i ddawn dros hir ddydd—i'w ardal,
A'i gywir ofal am oes i grefydd.

Pan ddangosodd mam y darn papur uchod i mi, cofiais am y delyneg i "Wennol y Môr", ond er fy siom, nid oedd wedi cadw copi o honno.

Yn ystod y dyddiau nesaf, hawliai ei farw golofn neu hanner ym mhob papur dyddiol Saesneg ymron, gyda phenawdau fel "Death of Sweet Singer of Wales" a "Wales' Premier Lyric Poet Dies", ac ysgrifennodd Ernest Rhys golofn yn ei "Celtic Notes" yn y *Manchester Guardian* ar ei gyfraniad i farddoniaeth Cymru.

Yr oedd yn ddealledig mai ym Mynwent Rydd Chwilog y dymunai ei gladdu, wrth ochr ei rieni a'i chwaer. Pan agorwyd y Fynwent hon yn Chwilog, 'roedd ei dad, Robert Williams, wedi hoffi ei safle yng nghanol tawelwch y wlad, ac er nad oedd unrhyw gysylltiad cyd-rhwng y teulu a Chwilog, 'roedd wedi penderfynu mai yno y byddai gorffwysfa'r teulu, ac er gwneud yn siwr o hynny, prynodd ddau le bedd ochr yn ochr.

Oherwydd ymyrraeth y Sul, penderfynwyd oedi'r claddu tan ddydd Llun. Wrth adrodd yr hanes sylwodd un gohebydd fod y cynhebrwng yn gyhoeddus ym Mhorthmadog, a'i fod y mwyaf a welwyd yn y dref o fewn cof. 'Roedd tyrfa wedi casglu ym Mhentrefelin, Cricieth a Llanystumdwy, yn sefyll yn bennoeth wrth i'r cerbydau fynd heibio, ac ar hyd y ffordd 'roedd gorchudd wedi ei dynnu dros bob ffenestr a'r baneri wedi eu gostwng i'r hanner ar adeiladau cyhoeddus fel arwydd o barch. Dyfynnaf o adroddiad Carneddog, dan y pennawd "Arwyl Eifion Wyn—Galar a Pharch Cenedl", yn *Yr Herald Cymraeg*, 26 Hydref :

Cofia plant a gwladgarwyr Dyffryn Madog, yn arbennig ddydd Llun, Hydref 18, 1926, fel y "Dydd Diolchgarwch am y Cynhaeaf, ac y claddwyd y bardd athrylithgar Eifion Wyn". Rhydd y ffaith arbennig hon neilltuolrwydd ar y diwrnod fel un cofiadwy mewn hanes.

Cafwyd tywydd o'r mwyaf dymunol . . . Er hynny, yr oedd rhyw brudd-der dwys yn meddiannu pawb wrth feddwl ac ymsynio ein bod wedi colli un garai y pur a'r prydferth mor fawr, ac un a roddodd geinion anfarwol i'n llenyddiaeth.

Erbyn yr adeg i'r angladd gychwyn o gartref y bardd, 28 yr Heol Newydd, Porth Madog, tua chwarter i un, yr oedd tyrfa fawr wedi ymgasglu—y trefwyr yn gyffredinol, a gwelid llawer o Dre Madog, Pen Morfa, y Penrhyn, Blaenau Ffestiniog, etc.

Yr oedd yn gyhoeddus i ran neilltuol o'r ffordd (er mwyn i'r dorf allu myned i'r moddion i'r gwahanol gapelau am ddau o'r gloch). Bu gwasanaeth yn y ty cyn cychwyn, pryd y darllenodd y Parch. J. R. Jones, y Capel Coffa, rannau o'r Ysgrythur, a gweddiodd y Parch. W. Ross Hughes, Borth y Gest, yn nodedig o effeithiol. Sylwodd fod yr ymadawedig wedi rhodio bywyd glan ac union, ac yn un nas gallai neb estyn bys ato . . .

Ffurfid yr orymdaith angladdol, a elai ymlaen i Chwilog, yn y drefn a ganlyn (deg cerbyd) gan gynnwys y teulu a chyfeill-ion . . .

Safai y plant, y merched ac edrychwyr, o bobtu i'r heol, tra y cerddai tyrfa fawr o'r trefwyr, etc., ar y blaen . . .

Wedi cerdded ychydig y tuallan i'r dref, safodd y fintai dynion yn bennoeth o boptu'r ffordd nes pasiodd y cerbydau.

Gwelid edrychwyr, sef edmygwyr ym Mhentrefelin, Cricieth, Llanystumdwy, ac erbyn cyrraedd i Chwilog . . . yr oedd tyrfa fawr iawn yn sefyll o bobtu'r ffordd yn bennoeth, ger y fynedfa i'r fynwent, a'r olygfa yn drawiadol iawn . . .

Gwasanaethwyd ar lan y bedd trwy ddarllen rhan o'r Ysgrythur gan y Parch. R. H. Williams, Seilo, Chwilog, a gweddiodd y Parch. W. J. Nicholson, Salem, Porthmadog, mewn modd tyner a byw. Sylwodd ein bod wedi colli dyn a mwy o ddawn ganddo nag a fedd y rhan fwyaf ohonom mewn cenhedlaeth. Canodd fel y medr plant adrodd ei ddarnau—eu hadrodd pan fyddwn ni yn huno. Bydd Cymru'r dyfodol, plant i blant ein plant, yn canu ac yn adrodd ei waith drwy'r oesoedd. Fe brisir ei waith tra y bydd y Gymraeg yn bod . . . Cyn hir bydd yntau

"Tan y garreg las a'r blodau",

ond bydd ei waith yn gynysgaeth i'n cenedl, a'i enw yn fyw byth.

Canwyd "Bydd Myrdd o Ryfeddodau" yn effeithiol, o dan arweiniad Mr. H. Hughes, (cymydog o'r ty nesaf i'r bardd) . . .

Er nad oedd "Eifion" (ein hoff-enw cyfeillgar am dano) yn caru unrhyw arddangosiad, neu amlygrwydd o sylw a rhwysg, enillodd ei allu fel bardd safonol, cenedlaethol, angladd tywysogaidd iddo.

Fel y gellid disgwyl ymddangosodd erthyglau ymhob papur wythnosol Cymraeg yn rhoi braslun o'i fywyd a gwerthfawrogiad o'i waith. Credaf mai teg fyddai dyfynnu o'r rhain i ddangos barn gwahanol ohebwyr amdano. Dyma deyrnged Meuryn, dan y pennawd "Eifion Wyn. Ei farddoniaeth ddigymar", yn yr un rhifyn o'r *Herald Cymraeg* :

Nid wyf yn meddwl bod yn rhaid petruso dim cyn cyhoeddi Eifion Wyn yn brif delynegwr ac englynwr ei genedl. Saif yn hollol wrtho'i hun, heb gymar ymhlith ei gyfoeswyr. Ni enwir ef yn rhagarweiniad Mr. Saunders (*sic*) i lenyddiaeth Gymraeg heddyw, ond nid yw hynny'n profi dim ond diffyg cymhwyster yr awdur i son am lenyddiaeth cyfnod. Nid yw rhai o'r beirdd a enwir ganddo yn deilwng i'w henwi yn yr un ganrif ag Eifion Wyn. Rhagorai ef mewn meddwl, teimlad a chelfyddyd, ac ysgrifennodd fwy o farddoniaeth a fydd byw na'r un bardd arall yn hanes ein gwlad. Nid ysgrifennodd odid i gân erioed heb fod meddwl newydd yn rhedeg trwyddi, a hwnnw'n feddwl ei galon, fel meddwl Duw, chwedl Emrys ab Iwan. A'r cyfuniad hwn o feddwl a chalon a wnaeth ei farddoniaeth ef yn anfarwol. Awgryma gohebydd dienw yn un o'r papurau enwadol nad oedd fawr o feddwl yn ei ganu, ac mai teimlad oedd y cwbl. Dyn yn credu mewn barddoniaeth haniaethol yn unig a allai ysgrifennu felly am farddoniaeth Eifion Wyn. Nid mewn

232

barddoniaeth—na rhyddiaith—afrwydd a thywyll y ceir y meddwl gorau. Y bardd sy'n gweled gliriaf sy'n gweled ddyfnaf a phellaf. Ceir meddyliau newydd a byw, a chelfyddyd gain ym marddoniaeth Eifion Wyn, a rhywbeth sydd uwchlaw deall, sef yr hud hwnnw sy'n rhoi bywyd anfarwol ymhopeth.

Ni bu bardd erioed mor llwyddiannus mewn cystadleuaeth (sic) ag Eifion Wyn. Mae'n debyg iddo ennill mwy o wobrau mewn Eisteddfodau Cenedlaethol na'r un bardd arall ; ond y peth hynotaf yw nad enillodd wobrau a rhai o'i delynegion gorau, er iddynt fod mewn cystadleuaethau. Yr oedd "Hwiangerdd Sul y Blodau" ac "Ora Pro Nobis" ymysg y chwe thelyneg a anfonodd y bardd i Eisteddfod Genedlaethol Bangor 1902, ond ni chafodd y wobr . . . ac y mae Cymru byth er hynny yn methu a deall sut na allai'r beirniaid adnabod gwir farddoniaeth. Efallai mai hir gynefindod ag ysbwrial ar ffurf barddoniaeth oedd yr achos. Yr oedd chwe thelyneg Eifion Wyn yn fyw ac yn anfarwol—yn ganeuon na ellid eu cymharu a dim, na dim arall a hwythau. Mae un pennill o "Sul y Blodau" yn rhagorach na thunelli o farddoniaeth arobryn yr Eisteddfod Genedlaethol . . .

A'r un modd ym Mhont y Pwl. Hanner y wobr a gafodd am y delyneg orau a sgrifennwyd erioed yn ein hiaith, sef "Cwm Pennant", ac o'r ddau yr oedd rhoi hanner y wobr yn waeth na rhoi dim . . .

Ond y mae holl delynegion Eifion Wyn yn odidog, a'r cwbl bron yn rhagori ar oreuon beirdd eraill Cymru.

Prin y gall fod amheuaeth nad oedd Eifion Wyn ar ei ben ei hun fel englynwr hefyd. Enillodd fwy o wobrau yr Eisteddfod Genedlaethol am englynion na neb arall, ac y . . . mae'n fwy anodd ennill ar englyn nag ar odid ddim, ac y mae ennill y wobr yn olynol am gymaint o flynyddoedd yn orchest ddigymar . . . O blith englynion Eifion Wyn y gellid dewis y dwsin o englynion gorau'r iaith . . .

Ni ellir terfynu'r sylwadau hyn heb gyfeirio at lendid ei farddoniaeth. Ni chanodd neb erioed yn burach na glanach nag ef, fel y sylwodd y Parch. W. J. Nicholson mor hapus ar lan ei fedd yn Chwilog. "Yn ei farw ef collodd Cymru y pereiddiaf a'r anwylaf o'i beirdd, ond bydd ei gân yn fyw tra bo clust gan Gymro i glywed, llygad i weled, a chalon i deimlo."

A dyma lith Mr. R. Williams-Parry, yn *Y Genedl Gymreig*, 25 Hydref :

"Y mae'n arfer gan y neb a geisio ystyried lle a gwaith cyfoed ymadawedig yn llenyddiaeth ei wlad ddechreu drwy ddywedyd ei bod yn rhy fuan eto i wneuthur hynny gyda dim gradd o sicrwydd. Nid yw honno'n brofedigaeth fawr i feirniad y diweddar Eifion Wyn, er bod cyfran go helaeth o'i gynhyrchion diweddar heb weled goleu dydd. Ni bydd yn rhaid aros yn hir am ei ail gyfrol, serch hynny, oherwydd y mae'r llawysgrif yn barod i'r wasg yn nwylo'i weddw. Os myn darllenwyr "Y Genedl" amlygu eu parch tuagat y marw, a bod ar eu mantais o feddu llyfr o farddoniaeth ddiledryw ar yr un pryd, daw'r cyfle iddynt gyda hyn.

Fel bron bob bardd a fu erioed, dechreuodd Eifion Wyn drwy efelychu peth ar ei ragflaenwyr. Nid yw "Ieuenctid y Dydd", cyfrol a gyhoeddodd yn 1894, na gwell na gwaeth na'r rhelyw o farddoniaeth diwedd y ganrif o'r blaen. Yn 1900, gyda'i "Awdl y Bugail", y dechreuodd dorri llwybr iddo'i hun. Nid wrth fodel y lluniodd ef yr awdl honno ; ped amgen, fe a ddechreuasai yng ngardd Eden, a diweddu gyda dydd y farn. Ond fel gwir grefftwr, dewisodd o'r amrwd ddeunydd a ymestynai o dragwyddoldeb hyd dragwyddoldeb yr hyn a farnai ef yn ddoeth ac yn ddewisol ; aeth â'i goflaid gydag ef i'w ffatri ; a dug i fod greadigaeth yr oedd iddi ddechreu a diwedd. Nid oedd ychwaith o nifer y rhai hynny a farn, hyd heddyw, fod potel inc yn amgenach moddion na blwch paent i gyfleu gwrthrychau a golygfeydd natur : y rhai hynny a gân i ddedwyddwch ar destun yr haf ; i adfyd ar destun y gaeaf ; i farn ar destun y fellten ; i farwolaeth ar destun y nos ; i orwel oes yn hytrach nag i'r gorwel ; i eira amser yn hytrach nag i eira mynydd. Felly, nid i Grist y Gwaredwr, nag i weinidog diadell eglwysig, y canodd Eifion Wyn, ond i'r bugail hwnnw

O dawch rhyw gwmwd uchel
Gwrid y wawr ar gread wêl

Pan sonnir am gamp yr Athro Gwynn Jones yn torri ar draws traddodiad canrif gyfan drwy ganu hanes syml ymadawiad Arthur a gwrthod gwneuthur ei arwr yn flaenor parchus, tueddir i anghofio ddarfod i Eifion Wyn gyflawni'r un gamp ddwy flynedd yn gynt pan wrthododd yntau wneuthur gweinidog parchus o'i fugail naturiol. Nid hawl fain i safle barchus ymysg beirdd ei gyfnod yw honno.

Erbyn 1902 cyhoeddesid amryw fân ddarnau, caeth a rhydd, o'i waith yn "Cymru", a chylchgronau eraill. Yn yr oed ag oeddwn y pryd hwnnw gwyddwn ddyfod llais mwy cerddgar na'i gilydd i fysg y lleiswyr :-

Y Nadolig hwn deled,—i'th dŷ oll
Fendith Duw i waered ;
Cadw'th ddor yn agored,
Gwr fo hael rhagor a fed.

234

Wyl Iesu ac elusen
Tâl dy rodd i'r tlawd a'r hen.

Cyhoeddwyd ei delynegion ail-oreu yn Eisteddfod y flwyddyn honno gyda phryddest ail-oreu yr Athro Gruffydd ac awdl ail-oreu Alafon, ac nid oedd eisiau rhagor na gweld ei waith casgledig, "Telynegion Maes a Môr" a gyhoeddwyd yn 1906, i'w adnabod a'i gydnabod yn brif delynegwr ei oes yng Nghymru. Wedi ei siomi yn nyfarniad beirniaid y gadair yn 1900, ac yn nyfarniad beirniaid y telynegion yn 1902, nid ymgeisiodd ar yr awdl fyth ond hynny, ac nid wyf yn meddwl iddo ganu telynegion ychwaith ar gyfer cystadleuaeth byth wedyn. Yn hytrach gyrrai ambell gywydd, ambell doddaid, a mynych englyn i eisteddfodau taleithiol a chenedlaethol. Nid oedd ei debig am doddaid. Gorchwyl hawdd oedd pigo gwaith ei ymenydd allan o hanner can ymgais yn Eisteddfod Abertawe. Ni wn i am neb arall o'r beirdd cystadleugar a fedrai ganu mor wych ar y mesur diflas hwnnw :

Ar ruthr penrhydd ymnŷdd drwy'r mynyddoedd,
A'i gorn anynad a gryn y nennoedd ;
Casgl yn unllif bob llif o bellafoedd,
A than ei fâr dolenna'r coed-lannoedd :
Ciliwch o'i flaen ! Clywch ei floedd yn dyfod,
A rhaeadr difrod ar dir a dyfroedd.

Nid oedd ei fath am englyn ychwaith. Adweinid ei gyffyrddiad cynnil ymysg mil : ei linellau claer, lliwgar, gloddestog ymysg y lliaws gwelw a moel :

Y Griafolen :
        Gwaedgoch ei brig. Degwch bro.

Gwrid :
        Morwynol fflam rhianedd.

Blodau'r Grug :
        Fflur y main, phiolau'r mel.

Dysgodd gamp y cywydd hefyd. Y mae'n ei gywydd Eryri gypledau chwim, beichiog, ffraethair o'r fath a ganai Edmwnd Prys a Thudur Aled.
    Ond ei delynegion yw gogoniant ei lafur llenyddol. Pwy oedd ei fodelau ? Ofer yw chwilio amdanynt ymysg beirdd y gynghanedd o Oronwy Owen a Dafydd Ddu Eryri i Ddyfed a Thudno. Cafwyd ambell delyneg o dro i dro yn hanner cyntaf y ganrif o'r blaen, ond ni chafwyd telynegwr wrth ei swydd nes dyfod Talhaearn a Cheiriog (Feallai y dylid eithrio Alun). Yr

235

oedd bod yn fardd da yn y gynghanedd yn gyfystyr a bod yn fardd gwael yn y mesurau rhyddion, ac yn groes ymgroes. Erioed ni chanodd Dewi Wyn na Chaledfryn delyneg, ac erioed nid enillodd na Thalhaearn na Cheiriog ar awdl, er ceisio droeon. Yr unig bwynt cyswllt rhwng Eifion Wyn a Thalhaearn yw eu nwyd wlatgarol. I Geiriog y mae'n drymach ei ddyled : y mae yn "Nhelynegion Maes a Môr" aml adlais o Geiriog. Daeth Elfed tua diwedd y ganrif : ac yn ddiamau dysgodd Eifion Wyn beth ganddo ef . . . Ond ni welaf fi fod perthynas nês rhwng Eifion Wyn â neb bardd nag oedd rhyngddo ag un o feistri rhyddiaith ei gyfnod.

Wedi i'r gwŷr ieuainc hynny a sefydlodd Gymdeithas Dafydd ab Gwilym yn Rhydychen yn y pedwar-ugeiniau gynllunio'u cwrs a phenderfynu ar eu delfryd, a dilyn y naill ac ymgyrraedd at y llall am rai blynyddoedd, daeth yr amser pan gollodd rhai ohonynt beth o'r gwres a'r brwdfrydedd cyntaf : a gadawyd Syr John Morris-Jones i lywio ei gwrs unig. Aeth Syr Edward Anwyl ar ol diwylliant pa le bynnag y'i caffai drwy Gred oll, a chychwynodd Syr Owen Edwards ei genhadaeth gartrefol ymysg y werin a'r miloedd. Gadawyd y gorchwyl o ddiwygio orgraff a chywiro cystrawen y Gymraeg ar law un gwr . . . Ond megis mewn iawn am y difaterwch hwn, rhoes Syr Owen Edwards ei holl egni, ei holl ddysg, a'i holl athrylith ar waith i symleiddio, pureiddio a phereiddio'r Cymraeg bondigrybwyll y bu'r werin yn fodlon arno am genedlaethau. Rhoes Eifion Wyn yntau waith glan a chydwybod onest ar bopeth a ollyngodd o'i law i werin Cymru. Greddf a'i cymhellodd ef i wneuthur hynny, nid dysg : synnwyr cyffredin yn hytrach na diwylliant. O holl feirdd Cymru yn yr ugeinfed ganrif y mae'n ddiamau mai Eifion Wyn a ganai fwyaf wrth fodd Syr Owen . . .

Ac fel y gwelsom eisoes aeth ymlaen i "ehangu'r gymhariaeth" drwy eu galw ill dau yn "Ddau Biwritan—mewn crefydd, mewn moes, mewn llên."

Dyna farn dau fardd a'i hadwaenai ac a gydoesai ag ef, ond hwyrach y dylwn godi cyfran o lith un a fu'n gyfeillgar ag ef am flynyddoedd lawer, ac a ddaeth i'w adnabod yn dda. Carneddog oedd hwnnw, a phennawd ei lith yn *Yr Herald*, 2 Tachwedd, oedd "Cofio Eifion Wyn. Sylwadau Cyfaill Mynwesol" :

Yr oedd diddanwch pennaf fy mywyd yn y byd cyfeillgar yn ymwneud ag Eifion Wyn a J. R. Tryfanwy, ac wedi hir-ymdroi gyda'n gilydd mewn cysylltiad agos, y mae fy ngalar a'm hiraeth yn fawr am danynt . . .

Cefais gryn 30 i 35 o flynyddoedd o'u cwmniaeth ddifyr, a

llawer o bethau rhamantus a doniol a fu rhyngom . . . Yr oedd Eifion Wyn yn fath o gyfarwyddwr i ni. Gwyddai am ein gwendidau parod i'r dim, a gofalai amdanom gyda chyngor, hyfforddiant, a geiriau caredig.

Gan fod golwg a chlyw Tryf, druan, yn anfantais i mi siarad llawer ag ef, gwnes fwy ddengwaith ag Eifion. Ni allaf gyfrif y nifer o weithiau y bum yn ei gwmni, yng ngoruwch-ystafell y swyddfa, yn ei dy, ac ar hyd "Ffordd Haearn Bach y Traeth". Danfonodd fi ugeiniau lawer o weithiau i fyny at Brenteg neu Bont Croesor . . . a bu mil o gyfrinachau rhyngom . . .

Ofnaf y bum i a Thryf yn niwsans noeth iddo lawer tro, yn enwedig wrth fynd i'r Swyddfa pan fyddai ar ganol prysurdeb gyda'i waith ac anghenrhaid fyddai "troi y tu min" atom a'n "hel allan" . . . Yr oedd ei ofal yn fawr o Dryf, a bu'n noddwr a cheidwad ffyddlon iddo hyd ei farw sydyn . . .

Y mae rhyw syniad yn bod gan rai mai dyn sur a sarrug oedd Eifion Wyn. Mae fy mhrofiad maith ag ef yn tystio y medrai fwynhau digrifwch ac ysmaldod diniwed ac iach gystal a'r llonnaf ei galon. Byddai ei lygaid yn sirioli wrth fwynhau direidi, neu droeon trwstan. Yr oedd yn ymgomiwr o'r diddanaf. Ni chefais i ei debyg erioed, a degau o gyfeillion eraill hefyd.

Cashai ragrith, twyll, hunanoldeb, a gor-ganmoliaeth ymhob cysylltiad, mewn byd ac eglwys. Yr oedd yn onest, pur a phlaen. Ni chelai a dangos ei argyhoeddiadau dros wirionedd a phurdeb. Gwrthdystiai yn erbyn pob ffug, camwedd a phechod, heb ofni neb. Galwn i ef yn "Ioan Fedyddiwr yr Ail". Ymladdai yn eofn ac agored dros yr hyn a gredai ef oedd yn iawn. Derbyniodd lawer sen, a lluniodd rai gelynion, oherwydd ei onestrwydd di-dderbyn-wyneb. Yr oedd yn wir Biwritan, ac yn lan o wefus, hynny yw, ni chlywais reg erioed o'i enau. Carai hoff-ffyrdd y tadau mewn bywyd ac addoliad. Meddai ar galon dyner a charedig, a dangosodd gydymdeimlad ag ugeiniau lawer o deuluoedd trwy lunio englynion a thoddeidiau tlysion a byw ar ol rhai annwyl iddynt . . . Gwnaeth ddegau yn rhad ac am ddim. Gwelir ei waith-coffa yn holl fynwentydd y cylch . . .

Byddai yn arfer ag adrodd ei englynion, etc., wrth eu cyflwyno i'r teuluoedd (i gael eu cerfio), a byddai ei oslef a'i dynerwch yn gyfareddol o ddwys i bawb. Cofiaf byth am ei ddull yn adrodd wrthyf ei englyn-beddargraff i'm bachgen "Wali", a fu farw o'r darfodedigaeth, nos Lun y Pasg 1909,—

Aeth yn ei wawr o'n plith ni—i annwyl
    Ddinas y goleuni,—
Dinas na bydd dihoeni
Na hiraeth yn ei phyrth hi.

. . . Adroddodd lawer o'i waith wrthyf . . . wrth fy nanfon adref ar hyd y Traeth y blynyddoedd a fu, . . . a hynny cyn eu cyhoeddi neu eu hanfon i'r gystadleuaeth, ac wedyn. Cofiaf yn dda y lleoedd yr adroddai lawer ohonynt, ond y mae un noson arbennig wedi ei selio ar fy nghof.

Yr oedd yn noson glir o Hydref . . . a safem ar Bont Croesor, a chyfres fawr yr Eryri, y Cnicht, y Moelwyn, etc., yn edrych yn y modd mwyaf ardderchog o'n blaen, ac yr oedd Eifion wrth ei fodd yn mwynhau yr olygfa ysblennydd . . .

Toc dyma ef yn cofio yn sydyn,—"Fachgian, yr wyf wedi treio cyfansoddi dau doddaid ar ol yr hen Ddoctor Roberts (Isallt). Mae ei frawd, Dr. Gruffydd Roberts, Llan Stiniog, eisiau toddaid i'w roi ar ei gof-golofn, ac "O. M." i feirniadu neu i ddewis y goreu. Beth feddyliet ti o'r ddau yma ?—

> Arwr ei wyddor, Cymro i'w wreiddyn,
> O waed dianglod, parod ei englyn ;
> Carai hudoliaeth a cheinciau'r delyn,
> A swyn mwyneiddlais suon mynyddlyn ;
> Erys co' tra'i fro ar fryn—am ei lwydd,
> A'i garedigrwydd mewn gair a deigryn.
>
> Feddyg gwerinol o feiddgar anian,
> A'i ofal mwynaidd yn falm ei hunan ;
> I len bu'n dwr, i'r delyn bu'n darian,
> Coeth ei arabedd mewn cainc a thriban ;
> Oedd eilun tud, oedd lawn tan—ac asbri
> Enaid direidi, a'i eiriau'n drydan.

Yr oedd ei ddull trawiadol a dramataidd o'u hadrodd, a thafliad ei law dros ganllaw y Bont, a'r mynyddoedd mawrion o'n blaen, a meddwl am "Yr Hen Ddoctor",—plentyn a charwr natur—yn beth i'w gofio byth. Dewisodd "O. M." yr olaf i'w roi ar y golofn . . .

Er na sonia Mr. Saunders Lewis air am dano fel bardd yn ei bamffled Saesneg unochrog, y mae mwy o enethod gweini, gweision ffermydd a phlant yn medru mwy o waith Eifion Wyn na gwaith holl "feirdd y colegau". Ni fedrir gwadu y ffaith hon . . .

Yr oedd ei iechyd wedi gwanhau ers rhai blynyddoedd, ond daliodd ati yn wydn a dewr gyda gwaith y swyddfa, a llenydda. Yr oedd yn drist iawn ei weled yn methu siarad yn ei afiechyd poenus diweddaf, ac yr oedd wedi gwedd-newid yn fawr, eto yr oedd yn bur siriol, ac yn ymwybodol o bopeth hyd y diwedd. Yr oedd yn berffaith dawel a'i ffydd yn ei Waredwr . . .

Breintiwyd ef â phriod garedig a doeth. Ni fu uniad mwy hapus erioed, nac aelwyd ddedwyddach. Bu "Annie" (ei hoff

238

enw) yn nodedig o fwyn a gofalus ohono drwy eu gyrfa briodasol ac yn enwedig yn ei waeledd blin. Bellach, hen gyfaill,—

"Cwsg, a gwyn dy fyd".

'Roedd y cyfeiriad at y toddaid a gyfansoddodd i'w dorri ar gofgolofn Isallt yn fy atgoffa i'm tad dderbyn ffon a berthynai i'r Hen Ddoctor fel rhyw gydnabyddiaeth am ei drafferth, a hefyd fel arwydd fechan i gofio amdano. Mae'r ffon yn fy meddiant o hyd—un braff, o eboni cerfiedig, a'i bagl ar lun pen eliffant a dau ddant hir o ifori gwyn o bobtu i'r trwnc. Edmygai fy nhad ei llun a'i chrefftwaith yn fawr, ond teimlai ei bod yn rhy hardd i'w defnyddio fel ffon, heblaw ei bod yn rhy drwm a thrwsgl i'r pwrpas hwnnw, ac o bosibl yn rhy rodresgar ganddo i fynd â hi allan. Yn ei dyb ef ei phriod le oedd fel addurn ymysg celfi cywrain yn y tŷ.

26

Derbyniodd fy mam laweroedd o negesau cydymdeimlad ac yn eu mysg lythyr oddi wrth A. J. Sylvester, ysgrifennydd personol David Lloyd George, i ddatgan ei gydymdeimlad ef a Mrs. Lloyd George â hi yn ei phrofedigaeth. Bythefnos yn ddiweddarach, daeth llythyr arall oddi wrth yr un gŵr yn dweud bod y Prif Weinidog wedi gofyn iddo wneud ymholiadau ynglŷn â sefyllfa ariannol fy mam. Dywedai ei fod yn gyfarwydd â delio â materion o'r fath yn ystod cyfnod Lloyd George yn Downing Street, a gallai sicrhau fy mam fod llwyddiant yr apêl am bensiwn *Civil List* yn dibynnu'n unig ar faint ei hincwm, ac nad oedd unrhyw amheuaeth am gyfraniad Eifion Wyn i lenyddiaeth Cymru. O ganlyniad i ymdrechion rhai o'i edmygwyr yn dwyn y mater i sylw Lloyd George, ac iddo yntau ddylanwadu ar y rhai oedd yn gyfrifol am weinyddu'r *Civil List*, bu fy mam yn ddigon ffodus i dderbyn pensiwn bychan o'r ffynhonnell hon am y gweddill o'i hoes,—digon i sicrhau na fyddai byth mewn eisiau.

Bu amryw o'i edmygwyr yn annog fy mam a minnau i gyhoeddi heb oedi y gyfrol yr oedd yntau wedi ei pharatoi, ond heb orffen ei hysgrifennu ar ffwlsgap. Yn eu mysg 'roedd ei gyfaill Harri Edwards, a fu mor garedig â chynnig paratoi'r gyfrol i'r wasg. Euthum innau ati heb oedi i orffen y gwaith ysgrifennu, ac o ystyried bod tri chwarter wedi ei gwblhau eisoes ni fûm i ond byr amser cyn medru trosglwyddo'r casgliad cyflawn i ddwylo Harri Edwards i'w olygu. Ar ôl ysgrifennu at wahanol gyhoeddwyr am eu prisiau, a chymharu'r gwahanol ffigurau, gwelwyd mai eiddo Cwmni Foyle, Llundain, oedd y mwyaf manteisiol i'm mam, a daethpwyd i'r penderfyniad i werthu'r hawlfraint iddynt hwy, gan y golygai hyn y byddai fy mam yn derbyn swm sylweddol ar unwaith heb ddibynnu ar werthiant y llyfr. Yn ôl y cytundeb hefyd, derbyniai ychydig geiniogau o freindal am bob llyfr a werthid ar ôl y pum mil cyntaf.

Ac felly y gwelwyd cyhoeddi *Caniadau'r Allt* ym mis Mawrth 1927. Gwerthwyd yr argraffiad cyntaf o 3,000 yn llwyr rhag blaen, a chyn diwedd y flwyddyn cyhoeddwyd ail argraffiad o 2,000. 'Roedd y rhain eto wedi eu gwerthu erbyn 1929 a thrydydd argraffiad, o 2,000 arall, wedi ymddangos. Fel y mae'n amlwg oddi wrth lythyr y cyhoeddwyr yr oedd y gwerthiant wrth fodd eu calon :

> The sale of "Caniadau'r Allt" has been phenomenal, and is the first book of poems that has ever reached a third edition.

Nid oedd hyn yn hollol gywir gan fod ei ail lyfr *Telynegion Maes a Môr* wedi curo'r ffigur yma o dipyn. Fel y gellid disgwyl, pur araf y bu'r galw am y trydydd argraffiad, ond erbyn 1947 'roedd y rhain hefyd wedi eu gwerthu, a'r cyhoeddwyr yn penderfynu cyhoeddi pedwerydd argraffiad o 1,000.

Bu adolygiadau ar y casgliad yn y rhan fwyaf o'r papurau Cymraeg, ac er bod rhai wedi eu siomi rywfaint ar y cynnwys, fe gafodd y gyfrol, ar y cyfan, dderbyniad da. Dyfynnaf beth o adolygiad Sarnicol :

> Wedi darllen y gyfrol unwaith drosodd, teimlais rhyw gymaint o siom ; yr oeddwn wedi disgwyl gwledd awenyddol o'r fath oreu ; yn lle hynny, pryd o fwyd gwledig, ar ford lân, blasus ddigon, ond nid yn hollol y peth ddisgwyliaswn. Yr ydym wedi blino ar "Ferch yr Hafod", "Mab y Mynydd", "Cân y Gŵr Llwm" ac yn y blaen ; yn wir, mae'r testunau hyn wedi eu canu arnynt drosodd a throsodd gan feirdd Cymru. Oni fedr beirdd ein gwlad dorri tipyn yn rhagor o dir newydd ? Oni ellir cymhwyso'r iaith at amgylchiadau'r glowr, a'r morwr, a'r peiriannydd, a'r siopwr ? Ai iaith bugeiliaid yn unig y rhaid iddi fod ? Mae Williams-Parry, Cynan, ac un neu ddau eraill wedi profi'n wahanol.
>
> Eto, a thynnu sylw at fater dibwys mewn ffordd, fe'm siomwyd gan ddarlun Eifion Wyn, y bardd bugeiliol, mewn "cap and gown" athrofaol ! Onid yw'r peth mewn anghydgord hollol â'r caniadau syml a gwledig ?
>
> Ond dyna ddigon o feirniadaeth anfodlon. Wedi darllen ac ail-ddarllen rhai o'r caneuon dechreuodd eu miwsig a'u ffresni ymddangos ; mae'r hen gyffyrddiad yn yr holl ddarnau ymron ; ac y mae llawer telyneg gystal a'r un a geir yn "Nhelynegion Maes a Môr". Test mawr bob barddoniaeth yw ei ddarllen drosodd a throsodd ; a chredaf y deil y caniadau hyn y prawf hwnnw. Mae'r iaith yn syml, a chlir, a melodaidd ; ar ryw olwg y maent yn amddifad o ddyfnder ; y mae dyfroedd clir yn ymddangos felly bob amser. Ond wrth sylwi, a gwrando'n

fanwl, mae'r miwsig yn newydd, ac y maent yn taro tannau dyfnion yn y galon. Nid oes dim yn fwy anodd nag ysgrifennu'n syml, ac eto'n newydd a ffres.

Ar ôl dyfynnu'r delyneg i Ŵyl Ifan mae'n cloi fel hyn :

Nid yw W. H. Davies wedi ysgrifennu dim gwell na hynyna; egyr y bardd ein synhwyrau i ogoniant Mehefin ; rhydd inni glustiau i glywed, a llygaid i weled—a dyna swyddogaeth gwir fardd, onide ? Mae'r testun mor hen, a'r gân mor newydd ; mor newydd a natur ei hun. Ac y mae fy siom wedi troi'n orfoledd.

A dyma'r nodiad a ymddangosodd yn y golofn "Llith Llên" yn *Y Tyst*, 17 Mawrth 1927 :

"Caniadau'r Allt" Eifion Wyn yw'r gyfrol y bu hir ymofyn am dani. Da yw meddwl mai'r bardd ei hun a gasglodd y gwaith at ei gilydd, ac felly y mae'n cynrychioli ei waith mwyaf aeddfed, a gellir cyfrif y gyfrol hon fel ei waddol i'w genedl. Gwyddid am aml un o'r caneuon o'r blaen. Nid yw'n anodd lleoli Eifion Wyn yn yr olyniaeth awenyddol yng Nghymru. Etifeddodd y peth goreu yn nhraddodiad Ceiriog, a daliodd ar y goleu a ddaeth i Gymru yn nyddiau canu cynnar Elfed. Cymerth yn helaeth o olud y diwylliant diweddar heb fab-wysiadu dim o'i goegni a'i rodres. Mynnodd ganu yn ei ffordd ei hun ; canodd felly yn ieuenctid y dydd, a chanodd yn yr un arddull, yn yr un awyrgylch, hyd y diwedd, ac ni theimlwn o gwbl iddo fethu wrth fod yn geidwadol yn yr ystyr yma.
Yr oedd yn fardd Cymreig bob cam o'r ffordd. Nid yw mudiad llenyddol yn enill dim, yng ngwir ystyr y peth, wrth fabwysiadu safonau dieithr. Gwasanaeth mawr awen Eifion Wyn i'w gyfnod, a hwnnw'n gyfnod trawsgyweirio yn hanes barddoniaeth Cymru, oedd canu'n gyson â theithi enaid ei genedl. Mentaliti Cymro ac nid estron sydd yn ei waith.
Hwyrach y carasai llawer iddo amrywio mwy ar ei arddull canu, y neilltuolrwydd cyferbyniol sydd mor nodweddiadol o'i gwpledi llinellau'n aml ; ond ei eiddo ef yn arbennig oedd y dull hwnnw, a bu yn ffyddlon iddo.
O myn neb wybod beth oedd tras Eifion Wyn, darllened ei gân "Cân y Gwr Llwm". Yr oedd o wehelyth y cedyrn yn ei waed a'i argyhoeddiadau. Carodd Natur yn fawr, carodd ddyn yn fwy. Ef o bawb yn ei oes a ddysgodd Gymru i hoffi barddoniaeth, a disgynned deuparth o'r un ysbryd ar y genedl wrth ddarllen "Caniadau'r Allt".
Cyhoeddir y gyfrol gan Foyle's Welsh Depôt . . . Nid oes gyfrol harddach ei diwyg yn y farchnad.

242

Bu un neu ddau o'r adolygwyr yn taflu gwawd ar y ffaith fod dwy linell Saesneg o waith Ella Wheeler Wilcox wedi eu dewis fel arwyddair i'r llyfr :

> Though the critics may bow to art, and I am its own true lover
> It is not art, but heart, which wins the wide world over.

nid yn gymaint am eu bod yn Saesneg, ond am eu bod yn waith un a ystyrid fel bardd eilradd yn yr iaith honno. Yn ei adolygiad yn *Y Llenor*, Haf 1927, dywed yr Athro W. J. Gruffydd :

> Nid ar Eifion yr wyf yn beio am roddi pennill o waith un sy'n destun chwerthin i chwaeth pawb sy'n darllen Saesneg ar ddechreu'r llyfr, ond ar y rhai fu yn ei olygu.

Achosodd hyn i'w hen gyfaill J. W. Jones o Ffestiniog ysgrifennu i'r Wasg i gywiro'r gosodiad fel hyn :

> Bydded hysbysol hyn i'r Proffeswr enwog mai Eifion Wyn ei hun ddewisodd y llinellau fel arwyddair i'w lyfr ac nid Mr. Harri Edwards, a gwyddai beth oedd yn neud. Gwnaeth Mr. Edwards wasanaeth mawr i Gymru drwy olygu y gyfrol. Efallai mai ychydig ŵyr ei fod yn un o'r awdurdodau uchaf ar y Gymraeg. Parcher ef am ei wasanaeth distaw.

A gwir oedd yr hyn a ddywedodd. Dewiswyd y cwpled nid am fod gan fy nhad feddwl uchel o Ella Wheeler Wilcox fel bardd—yn hytrach, y gwrthwyneb oedd y gwir,—ond am ei fod yn teimlo ei bod ar brydiau wedi llwyddo i ddweud rhai gwirioneddau o bwys ym mysg llawer o bethau gwael, a bod y ddwy linell yma yn mynegi ei gredo ef i'r dim, a hyn felly'n rheswm da dros eu dewis.

Cyn gynted ag yr oedd *Caniadau'r Allt* oddi ar ei ddwylo dechreuodd Harri Edwards ar y gwaith o gasglu ynghyd weithiau caeth fy nhad, a dethol ohonynt y cynhyrchion gorau ar gyfer cyfrol arall. Cyhoeddwyd y casgliad hwn yn Hydref 1929, eto wedi ei gyhoeddi gan Wasg Gymraeg Foyle yn argraffiad o 3,000 o gopïau.

Hwyrach y dylwn sôn yma fod fy nhad wedi ystyried amryw o deitlau wrth baratoi ei lyfr o delynegion ac wedi torri ei restr i lawr i ddau cyn dewis yr enw *Caniadau'r Allt*. 'Roedd y teitl oedd ar ôl felly yn barod at y casgliad o'i weithiau caeth,—

O Drum i Draeth—a'r gynghanedd yn y geiriau yn peri ei fod yn hynod o addas. Er i'r llyfr gael derbyniad da yn y wasg, nid oedd disgwyl y byddai cymaint o alw amdano ag am y gyfrol o delynegion, a digon araf fu ei werthiant, ond erbyn 1955 'roedd y ddau lyfr allan o brint, a chytunodd y cyhoeddwyr i ddychwelyd yr hawlfraint i mi.

Dyfynnaf gyfran o adolygiad yn *Y Brython*, 17 Hydref 1929, ar y gyfrol :

> Wedi mwynhau o'r wlad *Ganiadau'r Allt*—a'r sawr hyfryd eto yn ei ffroen—nid rhyfedd iddi ddyheu am gyflenwad newydd o'r un maes. Ac yn enwedig pan gofiai hi fod rhai o geinion prydferthaf y byd cynganeddol eisoes wedi eu clymu ynghyd gan yr un llaw gelfydd, ni bu ball ar ei gofyn am ychwaneg. Heddiw, wele'r tusw yn ei llaw, a hithau yn cyffwrdd blodeuyn ar ôl blodeuyn, deilen ar ôl deilen . . . Nid oes angen ond troi'r tudalennau megis ar ddamwain i daraw ar rai llinellau sydd yn befr i gyd . . . Cyferfydd y pethau tlysion â ni ar bob llaw . . .
>
> Gellir dywedyd am yr *Englynion Coffa* gyda'i gilydd na bu erioed ragorach casgliad ohonynt. A gellir dywedyd yr un peth am y Cyfarchiadau Nadolig. Nid yw'r Toddeidiau agos cystal, a rhyfeddwn nid ychydig bod cynganeddwr mor gryf ag Eifion Wyn ambell dro yn diweddu mor wan . . .
>
> Am y cywyddau a'r awdlau yn niwedd y llyfr gwell o lawer pe bai'r golygydd heb eu gosod i mewn o gwbl, oblegid, ag eithrio ambell fflach y sy mor nodweddiadol o Eifion Wyn, nid ydynt yn chwanegu un cufydd at daldra'r bardd . . .
>
> Mewn gair y mae dau Eifion Wyn yn y gyfrol hon, un yn brydydd anaeddfed yr egnïon cynnar, a'r llall yn bencampwr y trawiad byw. Fe anghofir y llinellau amrwd yn y man ond deil y lleill yn eu hanfarwoldeb yn rhan o'n hiaith a'n llên fyth.

Wrth symud ymlaen oddi wrth ei lyfrau a olygwyd gan Harri Edwards hwyrach na fyddai o'i le i gynnwys erthygl a ysgrifennwyd gan y cyfaill yma i'r *Geninen* ym mis Mawrth 1927 :

> Cyfarfum ag Eifion Wyn am y tro cyntaf erioed yng nghyntedd Capel y Tabernacl, Porthmadog, ym mis Hydref, 1921, ac o hynny hyd ei farw ym mis Hydref, 1926, cefais fwy o'i gwmni na neb arall ond ei deulu ei hun.
>
> Y noson y gwelais ef gyntaf, aethom ein dau am dro hyd yn Nhremadog, a phwnc yr ymddiddan oedd—beirniadaeth lenyddol yng Nghymru.

Credai'n gryf fod naill hanner y beirdd a ddewisir yn feirn-iaid barddoniaeth yn ein Heisteddfodau Cenedlaethol—er efallai'n feirdd medrus eu hunain, ac yn ysgolheigion da—eto'n hollol amddifad o'r synnwyr i adnabod gwir ragoriaeth yng ngwaith eraill, ac mewn anwybod yn mynych wobrwyo'r anhaeddiannol.

Un waith yr ymgeisiodd Eifion Wyn am gadair yr Eisteddfod Genedlaethol, a hynny yn Eisteddfod Lerpwl, 1900, ar awdl i'r "Bugail". Yr oedd Tafolog—un o'r beirniaid—dros gadeirio Eifion Wyn, ond barnodd y ddau feirniad arall yn wahanol. Gan y credai'r bardd, fel Tafolog, mai ei awdl ef oedd yr oreu, fe benderfynodd na byddai iddo byth mwyach gynnig am y gadair, ac ni wnaeth ychwaith.

Peth arall a barodd i'w ffydd mewn beirniadaeth siglo, oedd dyfarnu Telynegion o'i eiddo, oedd yn cynnwys "Hwiangerdd Sul y Blodau" ac "Ora Pro Nobis", yn ail oreu yn Eisteddfod Bangor yn 1902. Erbyn hyn, cyfrifir telynegion Eifion Wyn yn emau prydferthaf yr iaith Gymraeg, a chenir ac adroddir hwy beunydd trwy'r holl fyd Cymreig tra'r erys y telynegion gwobrwyedig yn gwbl anhysbys.

Bu amryw o feirniadaethau cyffelyb yn ystod gyrfa'r bardd, ac hyd yn oed yn y ddwy Eisteddfod ddiwethaf y bu'n cystadlu ynddynt, sef Pont y Pŵl 1924, ac Abertawe 1926. Yn y gyntaf ni chafodd ond hanner y wobr am ei delyneg "Cwm Pennant" —telyneg berffaith, chwedl golygydd y *Welsh Outlook*— telyneg sydd eisoes wedi ennill clust y genedl, ac yn gwbl wrth ei bodd. Yr oedd y ddwy linell olaf ohoni yn haeddu'r wobr i gyd, a llawer mwy.

> "Pam, Arglwydd, y gwnaethost Gwm Pennant mor dlws,
> A bywyd hen fugail mor fyr ?"

Telyneg gyffredin iawn, yn ol fy marn i, a barn llawer eraill hefyd, a ystyriwyd yn gyfartal â'r godidowgrwydd tan sylw. Er nad wyf yn cyfrif bod englyn Eifion Wyn i'r "Tŷ Tô Gwellt" ymhlith ei englynion goreu, ac ni chredai hynny ei hun, eto y mae gryn dipyn rhagorach na'r englyn sydd heb fod ar y testun a'i Gymraeg yn wallus, a ystyriwyd yn gyfartal ag ef yn Abertawe.

Gan fod Eifion Wyn wedi dioddef cymaint o brofiadau chwerw ynglŷn â chystadlu, pa fodd y cysonir â hynny, iddo yrru cymaint o'i gynyrchion ar hyd ei fywyd i gystadleuthau Eisteddfodol ? Dyna gwestiwn eneidegol, anodd ei ateb ; ond gallaf ddywedyd cymaint â hyn ar y mater, fod ynddo, er yn fachgen, hoffter mawr at bob math ar ymryson—pêl-droed, criced, rhedeg, nofio, neidio, dadlu, canu, adrodd, etc. Carai gymryd rhan yn yr ymrysonfeydd ei hunan, a charai i'r un

245

graddau feirniadu eraill wrth y gwaith. Ymgollai'n llwyr ymhob ymrysonfa, a hoffai bob amser i'r goreu ennill. Nid oedd dim rhagfarn o gwbl yn ei ddiddordeb yn y pethau hyn —chwiliai bob amser am y teilyngaf, a gresynai o ddifrif, onid hwnnw a orfyddai. Yr hoffter yma at ymryson, gan hynny, mi gredaf, oedd yn ei gymell i gystadlu cymaint.

Nid ymgeisio am enwogrwydd yr oedd wrth gystadlu, ni bu neb pellach o hynny, ond bodloni rhyw eisiau, anodd ei esbonio, oedd yn ei feddwl. Ymrysonai hyd yn oed ag ef ei hun—ceisiai dorri ei *records* ei hun. Os oedd wedi ennill dwy wobr yn yr Eisteddfod Genedlaethol y flwyddyn hon, ymdrechai gael tair y flwyddyn nesaf, ac os llwyddo, cael pedair y flwyddyn wedyn, ac felly ymlaen. Nid enillodd neb erioed yn agos gymaint o gyfrif o wobrwyon yn ein Heisteddfodau Cenedlaethol ag Eifion Wyn. Wedi ennill, nid oedd ynddo'r rhithyn lleiaf o na bost na brol ; ni chlywais mono unwaith yn ymffrostio yn ei waith, nac yn cyfrif ei wobrwyon. Ni wyddwn, hyd ar ol ei farw, pa nifer o gadeiriau oedd wedi eu hennill.

Gan fod rhai yn ei feio am gystadlu cymaint, priodol efallai yw dywedyd yn y cyswllt hwn, iddo ennill gwobrau droeon am gerddi a weodd dan ysbrydiaeth y testun. Nid at gystadleuaeth y cyfansoddai ei delynegion—nid felly y cawsom "Hwiangerdd Sul y Blodau" na "Chwm Pennant", er eu gyrru i'r Eisteddfodau i'w camfarnu.

Nid oedd Eifion Wyn yn ddyn y byd—*man of affairs* ; ni allai oddef i ddim fynd ar draws ei fyfyrdod, a'i ddull cyffredin o fyw. Clywais ef yn dywedyd fwy nag unwaith, y buasai'r syniad ei fod i gyfarfod mewn pwyllgor, dyweder am saith yn yr hwyr, yn ei flino trwy'r dydd, ac na chawsai ei feddwl, gan hynny, mo'r llonyddwch oedd yn rhaid iddo wrtho i fyfyrio a barddoni. Gan na allai aros i ddim ymyrraeth â'i ryddid, i wneuthur fel y mynnai'r pryd y mynnai, bywyd tawel ac enciliedig a fu iddo.

Yr oedd i'r bardd rym a dewrder moesol a gamgymerai rhai am fryntwch. Ni allai ddygymod ag unrhyw ffurf ar ragrith neu dwyll, ac ni phetrusai draethu ei feddwl i'r neb fai'n euog o hynny. Cashâi â chas cyfiawn bob ymhonni chwyddedig, a chai flas ar ddatguddio'r gwirionedd. Fe gyhoeddwyd yng Nghymru unwaith fod Eifion Wyn wedi cymryd y syniadau sydd yn "Ora Pro Nobis" o gân Ffrangeg, ond, heblaw na wyddai mo'r iaith, yr oedd hynny'n amhosibl iddo ef, oedd yn llwyr gashau pob anonestrwydd ym myd llên ac ymhob cylch arall hefyd.

Yr oedd chwaeth y bardd yn un hynod o bur ; ni chyfansoddodd y dim lleiaf o faswedd erioed. Y mae ei holl waith ynghylch y prydferth a'r da. Y mae'n wir fod yn y bardd ddigonedd o hiwmor iach, a chai lawer o fwyniant wrth adrodd straeon am drwstaneiddiwch ei gyfeillion a'i gydnabod, ac yng nghwmni cymeriadau gwreiddiol.   Y mae wedi cyfansoddi amryw gerddi yn y straen ddigrifol, a mawr hyderaf y cyhoeddir rhai ohonynt, o leiaf, cyn bo hir. Ni chlywais mohono o gwbl yn ymostwng i adrodd stori amhur, nac i drafod dim isel.

Condemniai yn angherddol roddi coron Eisteddfod Pont y Pŵl am bryddest mor ddichwaeth ar "Atgof". Mynnai fod y peth yn ffolineb echryslon, a'i fod yn dwyn gwaradwydd ar ein cenedl. Dywedodd un o'n beirdd wrthyf unwaith mai Eifion Wyn oedd y bardd glanaf ei waith a fu'n canu yn Gymraeg erioed, a hawdd iawn yw credu bod y sylw'n wir. Yr oedd yn lân ei iaith, a glân ei gelfyddyd, a phur iawn ei chwaeth. Yr oedd ynddo ddawn anghyffredin at drin geiriau ; meddai reddf i'w hadnabod a synnwyr i'w dewis at ei bwrpas. Mewn ymgom gyffredin ag ef, fe deimlid ei fod yn feistr trwyadl ar yr iaith Gymraeg, a'i fod bob amser yn arfer y geiriau cymhwysaf yn bosibl i gyfleu ei feddwl, a hynny'n rhwydd a llithrig, a heb ymddangos yn *pedantic*.

Cas bethau ganddo mewn barddoniaeth oedd geiriau llanw, ac ymadroddion dyrys a thywyll, ac ni cheir yn ei holl weithiau caeth na rhydd nemor ddim o'r diffygion hyn.

Yn wir, y mae canu'n ddyrys a thywyll wedi bod yn dra-ddodiad ymhlith beirdd ein cenedl, o amser Aneirin Fardd hyd at ein dyddiau ni, a bendith genedlaethol yw i Gymru gael bardd o'r radd flaenaf fel Eifion Wyn a'i holl ganiadau yn hawdd eu deall. Dyma englyn ar ol Hedd Wyn o waith un o'n prifeirdd heddyw, sydd yn pasio fel un clasurol, ac a genir ar hyd a lled y wlad gyda'r tannau—

> Trawsfynydd, tros ei feini—trafaeliaist
> Trwy foelydd Eryri ;
> Troedio wnest ei rhedyn hi,
> Hunaist ymhell ohoni.

Efallai mai arnaf fi mae'r bai, ond methaf yn lân â dirwyn dim synnwyr allan ohono. Ni chyfarfum ag anhawster cyffelyb drwy holl weithiau Eifion Wyn.

Cofiaf i mi yng ngwanwyn y flwyddyn 1925 ddangos dau englyn i'r bardd o waith Dafydd Ddu, a fawr ganmolid, ac yn enwedig "diweddglo campus yr ail englyn", gan un a ystyrrir yn un o brif feirniaid ein gwlad. Englynion beddargraff ydynt i fachgennyn naw oed a gollodd ei ffordd ac a fu farw ar un o fynyddoedd Eryri. Dyma'r englynion :

> Ar ben mynydd, dydd y daith,—o'i hoywder
> A ehedodd ymaith ;
> Gadewais (gwelais goeg waith)
> Drueni'r byd ar unwaith.

Oerfel fu uchel achos,—i angau
Llym ingol i 'mddangos ;
Mantell niwl mewn tywyll nos
A dychryniad dechreunos !

Methai Eifion Wyn yn lân â chredu bod un o'n "prif feirniaid" wedi gweled dim camp ar y fath dlodi moel, ond pan fu raid credu, ebe Eifion yn chwyrn : "Pa gymhwyster sydd ynddo mewn difrif i osod ei linyn ar lenyddiaeth y gorffennol, ac i dafoli beirdd y bedwaredd ganrif ar bymtheg ?"

Mewn paragraff amserol a chrafog dros ben, dywed y golygydd yn y *Welsh Outlook* am fis Tachwedd diwaethaf, "We cannot refrain from registering a protest against the habit, now indulged in by a small coterie of academic literary men in Wales, of making idols of one another (and thus incidentally making laughing stocks of themselves !) and calling upon the reading public to fall down and worship."

Y mae llawer wedi sylwi, ac yn eu mysg Eifion Wyn ei hun, nad yw'r *coterie* y cyfeirir ato uchod yn cydnabod awdur "Telynegion Maes a Môr" yn fardd o bwys yng nghynnydd a datblygiad barddoniaeth ddiweddar. Ni raid manwl chwilio am eglurhad ; y gwir plaen yw na rodded iddynt y gallu yr honnant ei feddu. Nid yr un peth yw bod yn ysgolhaig gweddol, ac yn fedrus ar ysgrifennu dychmygion disail wrth y llath, nid yr un peth yw hynny â bod yn berchen y farn aeddfed a all brisio gwerth cyfansoddiadau'n gymharol, a gosod beirdd a llenorion yn eu lle.

Fe ellid tybio oddiwrth bamffledyn o draethawd Saesneg ar lenyddiaeth ddiweddar Cymru a gyhoeddwyd ychydig fisoedd yn ol, mai'r stamp academig yw arwydd gwir fawredd mewn bardd. Wel, naw wfft i'r syniad crebachlyd ! Yn y traethawd ceisir enwi pawb o bwys, yn fardd ac yn llenor, yn ystod yr hanner can mlynedd diwaethaf, ond ni chrybwyllir am enw Eifion Wyn, ac yntau o lawer y mwyaf poblogaidd o feirdd ei gyfnod, ac wedi codi safon y delyneg Gymraeg mor uchel, ac wedi caboli'r englyn a'r toddaid yn emau disgleiriach na neb arall.

Pwy gyfansoddodd englynion cystal â rhain o waith y bardd ?

Blodau'r Grug

Tlws eu tw, liaws tawel—gemau teg
    Gwmwd haul ac awel,
Crog glychau'r creigle uchel,
Fflur y main, ffiolau'r mêl.

248

Gwrid

Goch y gwin, wyt degwch gwedd,—tonn y gwaed
Ystaen gwg a chamwedd,
Morwynol fflam rhianedd,
Swyn y byw—rhosyn y bedd.

Cofiaf i Eifion Wyn ddywedyd wrthyf mai o'i is-ymwybydd-iaeth y daeth englyn "Blodau'r Grug". Methai ganddo nyddu englyn, er ceisio lawer gwaith, yn ol y delfryd oedd yn ei feddwl, ond fore'r dydd olaf y gellid gyrru'r englynion i mewn at Eisteddfod Caernarfon, 1906, daeth yr englyn gwych uchod i'w feddwl pan oedd yn codi o'i wely, yn union fel petai'n atgofio englyn oedd wedi ei ddysgu cynt.

Yr oedd Eifion yn hoff iawn o eiriau unsillaf, a chlywais ef yn gofidio lawer gwaith fod cyn lleied ohonynt yn Gymraeg, wrth y nifer mawr sydd yn Saesneg, a dywedai y buasai'n well bardd o'r hanner petasai fwy ohonynt.

Cymraeg yr Ysgrythur oedd prif safon a phatrwm ei iaith, a gwyddai ei Feibl yn drwyadl. Cashâi lawer o eiriau oblegid eu sain ac eraill oherwydd eu ffurf mewn print. Hoffai i'w englynion nid yn unig fod yn bêr eu sain, ond hefyd yn hyfryd i'r golwg, mewn argraff ac ar gerrig beddau. Un o'r geiriau fyddai'n gas ganddo oedd "hygar".

Yn ystod ei wythnosau olaf, ac yntau'n bur wael, bu'n gohebu â Syr John Morris-Jones ynghylch y gair "ehed" oedd mewn emyn o'i eiddo sydd i fod yn "Llyfr Emynau" newydd y ddau Gyfundeb Methodistaidd. Mynnai Syr John ei newid yn "eheda" am mai dyna'r ffurf sydd i'r gair bob tro yn y Beibl, ac mewn hen lên, ac er mwyn cysondeb trwy'r llyfr. Ond ni fynnai Eifion Wyn mo'r ffurf ddiwygiedig ar y gair yn ei linell ef. Dyma linell Eifion Wyn :-

"Efengyl tangnefedd ehed dros y byd,"

a dyma ddiwygiad Syr John :-

"Efengyl tangnefedd eheda trwy'r byd,"

Methai Eifion Wyn â dygymod â'r "eheda trwy" am nad yw "trwy" yn air hapus yn y cysylltiad, ac am nad yw "eheda trwy" mor dlws eu sain ag "eheda dros", a gwrthododd y cywiriad, ond fe gytunwyd yn y diwedd ar y geiriau "O rhed dros y byd". Credai Eifion Wyn, er mai "false analogy" â'r gair "rhed" o "rhedeg", a roes fod i'r ffurf "ehed" o "ehedeg", y dylid bellach ystyried "ehed" ac "eheda" cyn gywired â'i gilydd gan fod "ehed" wedi ei ddefnyddio'n bur fynych yn

249

llên Cymru ers o gant i gant a hanner o flynyddoedd o leiaf.

Digon i'r ysgolhaig, yn ol ei dyb ef, yw gwybod hanes gair tlws fel "ehed", o bydd wedi hir drigo yn yr iaith, heb ei fwrw ymaith, ac efallai fod ei olygiad yn gywir, gan fod "false analogy" ar hyd yr oesoedd ymhob iaith fyw wedi bod yn elfen bwysig mewn newid seiniau a ffurfiau geiriau.

I mi yr ymddiriedwyd y gorchwyl o baratoi gwaith Eifion Wyn i'r wasg, ac ar ol bod trwy ei gasgliad newydd o delynegion yn lled ofalus, teimlaf yn bur sicr, nad ail i Geiriog fel telynegwr, er cystal hwnnw, yr ystyrrir Eifion Wyn yn y dyfodol, eithr prif delynegwr ein cenedl, hyd oni chyfyd ei well. Bydd ei delynegion a'i englynion fyw tra pery'r iaith, a bydd ei glod yn uchel pan fo'r beirniadaethau academig diweddar a'i hesgeulusodd wedi eu llwyr anghofio, a gogoniant tybiedig amryw feirdd" o bwys" wedi hen ddiflannu.

Mi derfynaf hyn o ysgrif, trwy ddyfynnu telyneg bach dlos, sydd yn *Caniadau'r Allt*—enw'r llyfr newydd o waith y bardd—a gyhoeddir yn gynnar yn y flwyddyn newydd. Telyneg yw i forwr ieuanc o Ffrainc, a fu farw ac a gladdwyd ym Mhorthmadog cyn y Rhyfel Mawr.

Yr Alltud

Mae beddrod bychan unig,
    Yn erw fud fy nhref ;
A llanc o Lydaw bell a gwsg
    O dan ei laswellt ef.

Wrth gofio'r llanc penfelyn
    Daw dŵr i'm llygaid i—
Wrth gofio'r llanc, a chofio'r llong
    Aeth hebddo dros y lli.

Ni thaenir blodau arno
    Ond gan y ddraenen wen ;
Ac ni bu mam na mun erioed
    Yn wylo uwch ei ben.

A yw ei gwsg mor felys
    A phe'n ei henfro'i hun ?
Ai ynte mud freuddwydio mae
    Am serch ei fam a'i fun ?

Un peth a wn, pe gwyddai
    Fod calon Ffrainc yn ddwy,
A bod y gelyn yn ei thir,
    Ni hunai ddim yn hwy.

27

Yn fuan ar ôl claddu fy nhad, bu amryw o'i edmygwyr yn trafod y syniad o godi maen coffa iddo. 'Roedd rhai ohonynt yn awyddus i'w leoli yn nhref Porthmadog lle y treuliasai ei oes, tra mynnai eraill y byddai'n fwy priodol ei osod ar ei fedd yn Chwilog. Ymddengys fod y mwyafrif o blaid yr ail syniad, ac ar ôl ymgynghori â mam cytunodd hi i beidio â gosod carreg ei hun ar y bedd ond yn hytrach roi cyfle i'r cyfeillion i agor cronfa gyhoeddus i hyrwyddo'u bwriad. Derbyniwyd rhai cyfraniadau ar unwaith a llawer o addewidion, ond wrth fod cronfeydd eraill ar droed ar y pryd barnwyd mai doeth fyddai gohirio'r apêl nes byddai'r rhain wedi eu cwblhau. O ganlyniad i'r oedi, aeth chwe blynedd heibio cyn i un neu ddau o gefnogwyr selog y bwriad lwyddo i roi sbardun yn y rhai a oedd yn gyfrifol dros alw cyfarfod i drefnu'r apêl. Nid wyf yn hollol sicr o hyn, ond y mae gennyf ryw syniad fod peth o'r procio wedi tarddu o ardal Ffestiniog. Achosodd yr oedi hir gryn ofid i fy mam, yn enwedig pan ddeallodd fod amryw wedi bod yn y fynwent, ac wedi methu cael hyd i'r bedd. Bu ar fin rhoi carreg ei hun arno fwy nag unwaith, ond llwyddwyd i'w pherswadio i beidio, gan ei sicrhau y byddai'r ymgyrch yn symud yn ei blaen yn fuan.

O'r diwedd galwyd cyfarfod a phenodwyd Mr. William Roberts, Tegfan, yn gadeirydd, gyda Mr. Bob Owen M.A., Croesor, a'r Parchedig E. Lewis Evans M.A., Blaenau Ffestiniog, yn is-gadeiryddion, Mr. J. W. Jones, Blaenau Ffestiniog, yn ysgrifennydd, a Mr. J. R. Owen, U.H., Porthmadog, yn drysorydd. Cyhoeddwyd yr apêl yn Hydref 1932, a bu'n agored am rai misoedd, pryd y daeth swm sylweddol i law. Yn y cyfamser 'roedd y Pwyllgor wedi penderfynu y byddai cyrchu carreg o Gwm Pennant at y gofeb yn syniad da. Y broblem nesaf oedd cytuno ar ffurf neu siâp y garreg. Pan ddaeth brawd fy mam, Mr. John Mark Jones, i fyny o'r De ar ei wyliau nid oedd y mater hwn wedi ei benderfynu, a chan y teimlai ef y byddai'r drafodaeth hon yn debyg o achosi mwy o oedi, aeth ati i lunio cynllun o gofeb a fyddai yn ei dyb ef yn debyg o fod yn gymeradwy. 'Roedd y pwyllgor yn barod iawn i dderbyn ei gynllun, a chafwyd caniatâd parod Mr. R. M. Greaves i saethu meini cymwys o'r graig ar ei dir yng Nghwm Pennant.

Ymddiriedwyd y gwaith i Mri. Richard Williams a'i Gwmni, Porthmadog, lle buasai fy nhad yn gyfrifydd am tua deng mlynedd ar hugain. Bu gan f'ewyrth ddiddordeb personol yn y gwaith o ddewis cerrig addas, ac aeth i Gwm Pennant ei hun fwy nag unwaith i weld sut yr oedd y gwaith yn dod yn ei flaen. Ar ôl peth trafferth llwyddwyd i sicrhau meini o'r iawn faint i ateb y pwrpas, a daethpwyd â hwy i lawr i'r Gwaith Llechi i'w naddu i siâp. Mae'r gofgolofn yn pwyso tua phum tunnell, ac yn cynnwys tri darn o wenithfaen lwyd, y ddau ddarn isaf wedi eu brasnaddu, a'r darn uchaf, dros bum troedfedd o uchder, yn meinhau'n raddol at ei frig a phedwar wyneb iddo. Mae ymylon pob ochr wedi eu naddu'n llyfn ynghyd â'i frig, tra mae'r gweddill o'r maen wedi ei frasnaddu ac eithrio bod tabled llyfn yn sefyll allan ar dair ochr iddo. Gwnaed y gwaith celfydd arni gan Mr. Thomas Owen Jones o Gricieth. Mae un tabled yn dwyn yr arysgrif mewn llythrennau plwm :

⁂

GORFFWYSFA DAWEL

EIFION WYN

1867—1926

ac ar tabled arall ddwy linell o'i waith—dwy linell o englyn a luniodd ar ôl ei hen gyfaill Tryfanwy :

DY GENEDL GAR DY GEINWAITH,
OES EI RIN FYDD OES YR IAITH

Gadawyd y dabled arall yn wag ar y pryd, ond erbyn heddiw mae hwnnw'n dwyn geiriau er cof am fy mam, a'i dilynodd yno yn 1950. Torrwyd hefyd ar y garreg sylfaen y geiriau hyn :

CODWYD Y MAEN HWN GAN EI EDMYGWYR,
O GRAIG CWM PENNANT

Wedi cwblhau'r gwaith trefnwyd i'r Gwir Anrhydeddus David Lloyd George, O.M., A.S., ddod i ddadorchuddio'r gofeb ar brynhawn Sadwrn, 19 Mai 1934. Oherwydd anwadalwch y tywydd bu raid cynnal y cyfarfod yng Nghapel yr Annibynwyr yn Chwilog, ac yr oedd y lle yn orlawn ymhell cyn amser dechrau. Cafodd Mr. Lloyd George dderbyniad gwresog iawn pan ddaeth i mewn—yr holl dorf yn codi ar eu traed i ddangos eu parch iddo. Gydag ef yr oedd Dame Margaret Lloyd George, Miss Megan Lloyd George, A.S., Syr Thomas a Lady Carey Evans, yr Henadur a Mrs. William George a'u mab Mr. W. R. P. George, a Mr. A. J. Sylvester. Ymysg teulu fy nhad yr oedd fy mam a minnau, Mr. a Mrs. J. Mark Jones o Gaerffili (brawd-yng-nghyfraith a chwaer-yng-nghyfraith), Miss Jane Jones (chwaer-yng-nghyfraith), Mrs. Ellen Williams, Capel Helyg (cyfnither), a'i mab Mr. Elizeus Williams a Mrs. Jane Lewis, Porthmadog (cyfnither).

Ar ôl canu emyn fy nhad, "Efengyl Tangnefedd", ac offrymu gweddi gan y Parch. Lewis Evans, Blaenau Ffestiniog, canwyd rhai o'i delynegion gyda'r tannau gan y Parchedig a Mrs. T. G. Ellis, ac yna rhoddwyd braslun o hanes yr apêl gan yr ysgrifennydd, Mr. J. W. Jones, Blaenau Ffestiniog. Cyflwynwyd Mr. Lloyd George gan Mr. J. R. Owen, U.H., llywydd y cyfarfod, a diolchodd iddo am ddod yno yng nghanol ei brysurdeb mawr i ddadorchuddio colofn i'w hen gyfaill.

Aeth Mr. Lloyd George i'r pulpud i draddodi ei anerchiad. Cofiaf yn dda y wefr yn ei lais arian, a swyngyfaredd ei araith a oedd yn llwyr ennill calon y gwrandawyr. Ni fedraf, wrth gwrs, gofio'i eiriau heddiw, ond yn ôl adroddiadau'r wasg, rhywbeth yn debyg i hyn oedd rhediad ei araith :

Ystyriaf hi'n fraint ac yn anrhydedd o'r mwyaf gael fy ngalw i ddadorchuddio cofeb Eifion Wyn, un o feirdd anwylaf Cymru, a chael cyfle i ddatgan y blas a gaf ar ei ganeuon. Carai Eifion Wyn Gymru'n angerddol ; a charai Cymru Eifion Wyn yr un mor angerddol. Y mae ei serch ato yn para ac yn dal i gynyddu. Mae'r Beibl yn son am ryw ddynion y bydd eu henwau yn perarogli hyd byth—mae Eifion Wyn yn un o'r dynion hynny. Porth cul iawn yw porth anfarwoldeb, ac ychydig iawn sy'n mynd trwyddo. Mae llawer yn ceisio ymwthio i mewn i deml anfarwoldeb, ond ni all neb ymwthio yno, rhaid iddynt ehedeg yno, ac y mae Eifion Wyn yn un o'r ychydig sydd wedi cyrraedd, a bydd ei enw yn annwyl i'r genedl tra bydd iaith mewn bod. Yn fy marn i, nid oes dim cyffelyb yn yr iaith i'w delyneg Cwm Pennant yn enwedig y pennill olaf :

> Mi garaf hen gwm fy maboed
>   Tra medraf fi garu dim ;
> Mae ef a'i lechweddi'n myned
>   O hyd yn fwy annwyl im' :
> A byddaf yn gofyn bob gwawrddydd,
>   A'm troed ar y talgrib lle tyr,
> Pam, Arglwydd, y gwnaethost Gwm Pennant mor dlws,
>   A bywyd hen fugail mor fyr ?

A dyna i chwi wedyn ei delyneg "Y Sipsiwn" :

> Ond heno pwy ŵyr ei hynt ?
>   Nid oes namyn deufaen du,
> A dyrnaid o laswawr lwch,
>   Ac arogl mwg lle bu :
> Nid oes ganddo ddewis fro,
>   A melys i hwn yw byw—
> Crwydro am oes lle y mynno ei hun,
>   A marw lle mynno Duw.

Bydd pethau fel hyn fyw byth.

Telynegwr oedd Eifion Wyn, ond nid peth hawdd yw deffinio telyneg. Pan ofynnwyd i'r Athro W. J. Gruffydd, ei ateb oedd "Y math o lenyddiaeth a genir gan delynegwyr" ; a phan ofynnwyd iddo ymhellach beth oedd telynegwr, atebodd mai beirdd fel Ceiriog, Williams-Parry ac Eifion Wyn.

Tydw i ddim yn feirniad—ddim yn gritig. Mae rhai pobl yn feirniaid ar bopeth—gallant feirniadu barddoniaeth, arluniaeth, pregethau ac areithiau ; maent yn barod i daro'u llinyn mesur ar unrhyw beth, a gallant ddweud ei fesur i'r fodfedd. Nid wyf fi'n honni bod yn feirniad—ond gallaf ddweud pa ddarlun fyddaf yn lecio ; pa dôn neu farddoniaeth fyddaf yn hoffi. Gwn beth yw hoffi ambell lyfr—llyfr y medraf ei ddarllen ddwywaith, neu, hyd yn oed, ddengwaith. Gwn hefyd beth yw darllen llyfr na fyddaf yn ei hoffi—llyfr sydd yn gofyn ymdrech mor galed i'w ddarllen nes byddaf yn gorfod tynnu fy hun gerfydd fy nghlustiau drwyddo. Nid felly gyda gwaith Eifion Wyn, canys wrth ei ddarllen yr ydych fel pe baech mewn cwch braf ar afon lefn mewn dyfroedd gloewon, ac yn ymlithro'n ddigon araf i fwynhau prydferthwch y glannau. Erbyn hyn mae Eifion Wyn yn rhan hanfodol o brydferthwch Cwm Pennant, a naturiol oedd cael maen oddiyno ar ei fedd. Canodd delynegion hyfryd i'r Ddwyfor ; Dwyfor yw fy afon i. Byddaf yn clywed ei swn yn y Senedd drwy ac uwchlaw pob swn arall—yn ei chlywed hefyd yng nghynadleddau'r Cyfandir ; a'r peth cyntaf a wnaf bob tro y deuaf i Gymru yw mynd at yr hen Ddwyfor—hen afon fy mebyd—am sgwrs. Mae'r pennill hwn fel pe bai wedi ei wneud yn arbennig i mi :

O ! tyred, fy Nwyfor
Ar redeg i'r oed,
Fel gynt yn ieuenctid
Ein serch dan y coed :
A'th si yn yr awel,
A'th liw fel y nef,
O, tyred o'th fynydd
Dof innau o'm tref.

Sut y dewisai destunau ei ganeuon ? Nid i "goncordance" yr ai ef am ei destun eithr i Feibl Natur. Crwydrai hyd lannau'r afonydd a'r llynnoedd, y nentydd a'r dyffrynnoedd, a dyna sut y byddai'n derbyn ei destunau o brydferthwch natur. Fyddai Eifion Wyn byth yn chwilio mewn llyfr am ei destunau ond yn crwydro yma a thraw i'r cwm yma, ac i lan yr afon acw, nes byddai i rywbeth swyno'i enaid. Nid wrth orchymyn na rhaglen y canai. O'r galon y ffrydiai ei feddyliau, a dyna paham mae ei farddoniaeth mor felus i'w ddarllen. Yr oedd gwaith Eifion Wyn yn syml a glân, ac yn ddealladwy i'r bobl. Bendithiwyd ef â'r ddawn o wybod yn union yr hyn a fynnai gyfleu, ac o'r herwydd 'roedd ei weithiau yn cael eu mwynhau gan bob dosbarth a gradd, am eu bod yn eglur a chlir, fel y gallai pawb ddeall pob brawddeg. Mae mawredd a symlrwydd yn cyd-fynd â'i gilydd bob amser. Os edrychwch ar y môr dwfn, tawel, gellwch weld llathenni i lawr iddo—ond am y llyn corddi, camp i chwi weld modfedd i lawr iddo, er nad yw'n llawn llathen o ddyfn !

Dyna pam mae pawb yn cael pleser ac ysbrydiaeth wrth ddarllen gweithiau Eifion Wyn. Cymerwch ei gân i "Fab y Mynydd" :

Myfi yw mab y mynydd,
A châr y lluwch a'r gwynt ;
Etifedd hen gynefin
Fy nhad a'm teidiau gynt :
Mae Mot fy nghi a minnau
Y Cymry goreu gaed ;
Ein dau o hen wehelyth
Ac arail yn ein gwaed.

Sawl bardd all ysgrifennu fel yna ?

Ganed Eifion Wyn ym mis Mai fel y sonia yn ei delyneg swynol :

Gwn ei ddyfod fis y mêl,
Gyda'i firi, gyda'i flodau,
Gyda dydd fy ngeni innau—
Gwyn fy myd bob tro y dêl.

Yr ydym ninnau heddiw wedi cynnull yma ym mis Mai i dalu ein teyrnged iddo :

Gwyn ei fyd yn y Gwynfyd.

Derbyniodd gymeradwyaeth gynnes ar ddiwedd ei araith ac i ddilyn daeth y Parchedig a Mrs. T. G. Ellis ymlaen unwaith eto i ganu gyda'r delyn, y tro hwn benillion o deyrnged i'm tad o waith Pedrog. Dyfynnaf ddau bennill :

Hen gorn olew gorau Anian
Dorrwyd ar dy ben ;
Cenaist tithau'i chalon allan
Mewn telyneg wen ;
Rhued môr a gwynt a tharan
Dros y beddrod syn,
Ond o fewn dy dawel drigfan,
Huna, Eifion Wyn.

Gwisgaist Awen â lledneisrwydd,
Cenaist ganiad glân ;
Ni chadd aflan law halogrwydd
Gyffwrdd â dy gân ;
Allan aeth dy gerdd a'th emyn
Dros bob cwm a bryn,
Ac mae iechyd yn eu canlyn,
Huna, Eifion Wyn.

Ar ôl i Mr. W. Roberts, Cadeirydd yr Apêl, a Mr. Bob Owen M.A., Croesor, dalu diolch, cerddodd y gynulleidfa'n drefnus o'r capel i'r fynwent i sefyll yn hanner cylch wrth y gofgolofn. Yna tynnodd Mr. Lloyd George y gorchudd gan gyhoeddi : ' 'Rwyf yn dadorchuddio y gofeb er cof am Eifion Wyn, un o ŵyr athrylithgar Cymru. ' Gosodwyd blodau lawer ar y bedd, yn eu mysg dorch ysblennydd ar lun telyn yn dwyn y geiriau ' Rhodd Cymry Llundain er cof annwyl am Eifion Wyn '.

Gyda'r garreg yn awr wedi ei gosod ar y bedd, chwalwyd y

Eifion Wyn (dde), yng nghwmni ei fab Peredur a'i wraig, a John Charles McLean a'i ferch Margaret, ar achlysur ei anrhydeddu â'r M.A., Gorffennaf 1919.

Cynhebrwng Eifion Wyn yn symud trwy Lanystumdwy, ddydd Llun, Hydref 18, 1926.

Y Gwir Anrhydeddus David Lloyd George, O.M., A.S., yn dadorchuddio
cofeb Eifion Wyn, brynhawn Sadwrn, Mai 19, 1934.

Yr awdur, Peredur Wyn Williams, yn dadorchuddio'r maen a osodwyd ym mur y tŷ, 10 Garth Terrace, Porthmadog, lle ganed ei dad, Eifion Wyn.

cwmwl a fuasai'n pwyso ar feddwl fy mam am agos i wyth mlynedd a theimlai hi gryn esmwythâd fod cofeb deilwng bellach wedi'i chodi i nodi ei orweddle.

Ni welais ac ni chlywais unrhyw feirniadaeth ar y gofeb, ond gwn fod f'ewyrth, a'i cynlluniodd, braidd yn siomedig. 'Roedd ef wedi bwriadu i'r tri thabled a luniwyd i dderbyn y beddargraffiadau gael eu caboli (*polished granite*) er mwyn bod yn fwy o gontrast i arwder y naddiad ar weddill y golofn. Yn anffodus, nid oedd yn bosibl caboli'r garreg, oblegid bod yn y wenithfaen ryw gymysgedd o farmor, ac o'r herwydd nad oedd modd cael sglein arni. 'Doedd dim i'w wneud felly ond cynio'r tabledi yn llyfn i gael yr wyneb a elwir yn *eggshell finish*. 'Roedd lliw y tabledi o'r herwydd bron yn wyn, a theimlai'r arbenigwyr nad doeth fyddai defnyddio llythrennau copr fel yr awgrymodd f'ewyrth, rhag ofn y byddai lliw gwyrdd (*verdigris*) yn diferu ohonynt a difwyno'r tabledi, ac yn sugno i mewn i'r garreg. Credent na fyddai llythrennau plwm ar y llaw arall, yn achosi'r un drafferth, a'i bod yn haws felly gadw'r tabledi'n lân.

Ac o sôn am f'ewyrth, hwyrach mai dyma'r cyfle i adrodd yr hyn sydd i'm tyb i yn hanesyn diddorol. 'Roedd o wedi dod at fy mam i dreulio rhan o'i wyliau haf, ac wrth fy mod innau ar fy ngwyliau yr un pryd, 'roeddem yn mynd i bysgota bob dydd i un o afonydd yr ardal. Aethom un diwrnod i Gwm Pennant, ac wrth gerdded gyda'n gilydd ar hyd y ffordd o'r naill ran o'r afon i'r llall, bu sgwrsio debyg i hyn cydrhyngom :

F'ewyrth :	Wyddost ti'r gân honno sgwennodd dy dad i'r Sipsiwn ?
Minnau :	Gwn.
F'ewyrth :	Fedri di adrodd y pennill cynta ?
Minnau :	Medra.

> Gwelais ei fen liw dydd
>   Ar y ffordd i'r ucheldir iach,
> Ei ferlod yn pori'r ffrith
>   Yng ngofal ei epil bach ;
> Ac yntau yn chwilio'r nant
>   Fel garan, o dro i dro,
> Gan annos ei filgi brych rhwng y brwyn,
>   A'i chwiban yn deffro'r fro.

F'ewyrth :	'Rŵan 'ta, yn y ddwy lein ddwaetha' 'na, pam 'rwyt ti'n meddwl 'roedd y sipsiwn yn "annos ei filgi brych rhwng y brwyn" ?
Minnau :	Wel, i dreio dal cwningen, mae'n debyg.
F'ewyrth :	Reit. Wel 'rŵan 'ta, pam 'rwyt ti'n meddwl fod dy dad yn deud yn y lein nesa' "a'i chwiban yn deffro'r fro"—ac yn dychryn pob cwningen o fewn clyw ?
Minnau :	Wn i ddim—'wnes i 'rioed feddwl am y peth, a deud y gwir ; mae o fel tasa fo'n croes-ddeud ei hun yn tydi ?
F'ewyrth :	Ydy—ond 'rydw i'n credu y medra' i esbonio'r peth i ti. 'Roedd dy dad a minnau wedi dod i Gwm Pennant i bysgota, ac yn cerdded ar hyd y ffordd fel 'rydan ni 'rŵan. 'Roeddan ni wedi pasio dwy garafán sipsiwn yn fuan ar ôl troi i'r Cwm, felly 'doedd o'n ddim syndod gweld Sipsiwn yn dwad i'n cyfarfod a milgi wrth ei sodlau. Pan ddaeth o ar ein cyfar dyma fo'n aros, ac yn gofyn yn Gymraeg a fedren ni ddeud wrtho faint oedd hi o'r gloch. Dyma dy dad yn tynnu ei watsh o'i boced wasgod ac yn deud wrtho. Wrth roi ei watsh yn ôl yn ei boced, dyma dy dad yn nodio'i ben at y milgi ac yn gofyn i'r sipsiwn "Ydi o'n un buan ?" Atebodd y sipsiwn, "Wel, nag ydi, 'tydi o ddim yn un buan iawn, ond mae o'n ddaliwr heb ei ail." 'Roedd hyn yn ddeud go ryfedd ym meddwl dy dad a dyma fo'n gofyn, "Oes dim posib i ni gael ei weld o'n gweithio ?" "Wel oes, am wn i," meddai'r sipsiwn, "os oes yna wningen yn y cae acw, a dim ffarmwr o gwmpas." Felly dyma ni'n tri yn symud at y clawdd a'r milgi ar ein holau, ac yn codi'n pennau'n ofalus i weld dros y clawdd. Wel, i ti, 'roedd yna dair neu bedair o wningod yng nghanol y cae, a dyma'r sipsiwn yn sibrwd rhywbeth yn ddistaw wrth y milgi, a dyma hwnnw'n sleifio gyda bôn y clawdd ac yn mynd o'n golwg. Toc dyma ni'n ei weld yn cyrraedd yr adwy rhwng cae y cwningod a'r cae nesa', ac yn swatio yno. Ar ôl gweld bod y milgi wedi cyrraedd ei le dyma'r sipsiwn yn rhoi dau fys yn ei geg ac yn chwibanu dros y lle. Dyma'r cwningod yn codi eu clustiau a'u cynffonnau, ac yn 'i gneud hi am eu daear yng nghlawdd pridd y cae heb fod ymhell o'r adwy. Ar yr un pryd dyma'r milgi yn

258

neidio ar ei draed ac yn dwad drwy'r adwy a chychwyn rhedeg ar lein yn torri ar draws lein y cwningod i'w daear. 'Wn i ddim a oedd y cwningod yn gweld y milgi ai peidio, ond 'roeddan nhw'n dal i 'nelu am eu lloches. Pan ddaru'r milgi gyfarfod yr wningen gynta' dyma fo'n gafael ynddi a rhoi ysgytiad iddi, a bron heb arafu ei gam yn dal ymlaen a gwneud yr un modd i'r ail ; ac yn ei flaen wedyn, ond erbyn hyn 'roedd y cwningod eraill wedi llwyddo i ddianc i'r clawdd. Arafodd y milgi a throi yn ei ôl gan godi'r ail wningen a'i chario yn ei geg at adwy'r cae, ac yna dwad yn ei ôl i nôl y llall. "Wnaiff o ddim dwad â nhw i mi nes bydda' i'n chwibianu arno," meddai'r sipsiwn, "rydw i wedi ei ddysgu i aros, rhag ofn fod y ffarmwr o gwmpas." Dyma fo wedyn yn rhoi chwibaniad isel, ac mewn dau funud dyma'r milgi'n dwad a gollwng gwningen wrth ei draed ac yn troi ar ei sawdl heb aros a mynd ar drot i geisio'r llall.

A dyna i ti, yn ôl fy meddwl i, be' oedd gan dy dad dan sylw wrth ddweud :

Gan annos ei filgi brych rhwng y brwyn
A'i chwiban yn deffro'r fro.

Ac i ddweud y gwir, ni fedraf i feddwl am unrhyw esboniad gwell.

'Roedd fy mam wedi bod mewn cryn benbleth beth i'w wneud ag urddwisg M.A. fy nhad, a oedd wedi ei chadw'n barchus yn ei bocs er pan ddaethai adref o Aberystwyth. Soniodd un diwrnod yn 1943 wrth Mr. Harri Edwards yn ei chylch, ac awgrymodd yntau ei chynnig i Amgueddfa Genedlaethol Cymru yng Nghaerdydd. Cydnabuwyd y rhodd yn ddiolchgar mewn llythyr ar 15 Hydref 1943, a chyn diwedd y flwyddyn, ar gais yr Amgueddfa, yr oedd llun o'm tad wedi ei anfon hefyd i'w osod yno ochr yn ochr â'r wisg.

'Roedd rhai o'i hen gyfeillion a'i edmygwyr ym Mhorthmadog yn parhau i deimlo peth anniddigrwydd nad oedd dim wedi ei godi i gofio amdano yn ei dref enedigol, ac er bod yn agos i ugain mlynedd wedi mynd heibio er ei farw, dechreuwyd symud ymlaen, trwy gyfrwng y Clwb Rotari, i alw cyfarfod yn cynrychioli'r eglwysi a mudiadau cyhoeddus eraill o'r ardal i ystyried y mater. Penderfyniad y cyfarfod hwnnw, gyda chaniatâd y perchennog, oedd gosod carreg las syml ym mur y tŷ lle ganed ef, sef 10, Garth Terrace. Ar ôl derbyn caniatâd y perchennog, fe roddwyd y cynllun ar waith. Mewn cyfarfod cyhoeddus ar 6 Mehefin 1956, cefais i'r fraint o ddadorchuddio'r garreg, sy'n cyhoeddi'n syml :

Yn y tŷ hwn y ganed

Eifion Wyn

1867—1926

Canwyd dwy o emynau fy nhad gan y cynulliad, ac un o'i delynegion gan barti o Ysgol Eifionydd, a thraddodwyd araith hefyd gan Mr. William Rowland, M.A., Cyn-Ysgolfeistr Ysgol Eifionydd. Yn rhaglen y cyfarfod gwneir y sylwadau a ganlyn :

> Codwyd y garreg drwy gymorth eglwysi a chymdeithasau y cylch. Diolchwn i Mr. Thomas Jones am ei hynawsedd a'i gydweithrediad ynglŷn â gosod y garreg ar fur ei gartref.
>
> Gobeithiwn y gwneir ychwaneg eto yn y dyfodol i gofio am Eifion Wyn.

Yn y flwyddyn 1967 trefnodd Mr. Meirion Parry, Ysgolfeistr Chwilog ar y pryd, gyfarfod i ddathlu canmlwyddiant geni fy nhad. Cymerwyd rhan gan y plant ynghyd â rhai gwahoddedigion mewn oed, yn adrodd a chanu rhai o'i weithiau. Yn y bore cyn y cyfarfod 'roedd y trigain plant yr Ysgol wedi derbyn anrheg o gopi bob un o'i gyfrol *Telynegion Maes a Môr*, wedi eu prynu o gronfa'r Ysgol. Oherwydd ansicrwydd y tywydd, fe gynhaliwyd y cyfarfod yng Nghapel Uchaf, Chwilog, a symudwyd oddi yno ar y diwedd i'r fynwent i ganu un o'i emynau yno o amgylch ei gofgolofn. Yr oeddwn i, fy ngwraig Doris, ynghyd â'n mab Penri, yn falch o'r gwahoddiad i fod yn bresennol yn y dathlu.

Bu amryw o ysgolion yn ardal Porthmadog hefyd yn coffáu'r amgylchiad. A'r Sul dilynol cynhaliwyd gwasanaeth coffa yng

Nghapel Salem, lle buasai'n aelod ar hyd ei oes, a lle dechreusai bregethu, ac 'roeddwn i'n barod iawn i dderbyn y gwahoddiad i'r gwasanaeth. Cydunodd aelodau o gapeli Coffadwriaethol, Porthmadog, Siloam, Morfa Bychan a Seion Penmorfa â'r gynulleidfa yn Salem. Canwyd ei emynau, ac adroddwyd a chanwyd rhai o'i delynegion gan bartïon o blant a chan unigolion hŷn, rai o'r unawdau i gyfeiliant y delyn.

Gwnaed rhaglen deledu gan H.T.V. Cymru (wedi ei chynhyrchu gan Mr. Geraint Rees) i ddathlu'r canmlwyddiant, a gofynnwyd i mi gymryd rhan fechan ynddi. Dangoswyd hon ar Ddydd Gŵyl Ddewi, ac wedyn yn ddiweddarach yn y flwyddyn. 'Roeddwn i wedi bod o flaen y camerâu unwaith cyn hyn, a hynny am sgwrs fer gyda Mr. John Roberts Williams ar Bont Rhydybenllig pan oedd B.B.C. Cymru yn llunio rhaglen am dref Porthmadog, ac yn awyddus i gynnwys darn byr am fy nhad. Bu gan H.T.V. Cymru, yn eu rhaglen "Cantamil", gyfres yn rhoi cyfle i blant o wahanol ysgolion yng Nghymru i holi gŵr gwadd o'u dewis. Un o'r ysgolion a gynrychiolwyd oedd Ysgol Gynradd Porthmadog a gofynnwyd i mi fynd i Gaerdydd yn 1972 i ateb cwestiynau'r plant ynghylch fy nhad. Cytunais i fynd ar yr amod fy mod yn cael rhyw amcan ymlaen llaw o'u cwestiynau, er mwyn bod yn sicr o'm ffeithiau. Hwn oedd y tro cyntaf i mi fod mewn stiwdio yn y gwres tanbaid a than y goleuadau llachar. Phrofiad echrydus oedd hwnnw i un anghynefin â'r gwaith, a heb fod yn un parod ei dafod. Cafodd y plant fynd drwy ryw fath o ragbrawf i sicrhau eu bod yn rhugl yn eu cwestiynau, ond ni fynnai neb glywed dim o'm hatebion i hyd nes byddai'r ffilmio'n dechrau. Teimlwn ar y pryd fod hyn yn gamgymeriad mawr, gan fod y plant yn llawer mwy hunanfeddiannol nag oeddwn i, ond deëllais mai'r rheswm am hyn oedd na fyddai'r plant yn talu'r un sylw i'm hatebion pe baent wedi eu clywed ymlaen llaw. Bu'r plant yn hynod o naturiol yn gofyn eu cwestiynau, ac yr oeddwn yn ddiolchgar fod fy atebion wedi mynd yn weddol rwydd, ac nad oedd angen ailffilmio unrhyw ran o'r rhaglen

Yn 1976 bûm yn cynnal sgwrs gyda'r Parchedig Harri Parri ar dâp ar gyfer cyfres "Gwin y Gorffennol" a ddarlledwyd ar

Radio 4 Cymru, ac ar 22 Chwefror 1977 dangosodd B.B.C. Cymru raglen ar fy nhad yn y gyfres "Ar Glawr". Bu Mr. Ifor Rees, y cynhyrchydd, a'i staff yn fy nghartref yn ffilmio'i sgwrs â mi, ac er bod yr ystafell wedi ei gorlenwi â goleuadau a chamerâu, a thechnegwyr yn cyrcydu uwch y rhaffau trydan a oedd yn nadreddu o gylch y llawr, fe'i cefais hi'n llawer haws gwneud fy rhan yng nghynefin fy aelwyd fy hun.

Bu rhai yn fy holi o dro i dro ynghylch tynged cadeiriau eisteddfodol fy nhad, a hwyrach na fyddai o'i le i mi groniclo peth o'u hanes. 'Roedd y rhan fwyaf o'r saith gadair a enillodd yn rhai mawr a thrwm yn ôl yr arfer cyn troad y ganrif, a chymerent gryn lawer o le mewn tŷ cyffredin. O'r herwydd, 'roedd ef wedi rhannu tair ohonynt ymhlith ei deulu cyn fy ngeni i, ac ni wn beth yw eu hanes hwy. 'Roedd y pedair arall yn 28 New Street, a chedwid y lleiaf ohonynt, sef y gadair gyntaf a enillodd yn Eisteddfod Ieuenctid Pwllheli, yn ei ystafell wely. 'Roedd y lleill yn llenwi tair congl o'r rŵm ffrynt, ac er y byddai gan fy mam glustog ar bob un, 'roedd y naill lawn mor anghyfforddus â'r llall i eistedd arni. Wedi marw fy nhad, rhoddodd fy mam ei gadair gyntaf i Glwb y Garreg Wen, Porthmadog, i gofio amdano, a chyflwynodd un o'i gadeiriau mawr—sef cadair Eisteddfod Llangollen—i gapel Salem. 'Roedd dwy felly ar ôl, ac wedi marw fy mam yn 1950, fe'u cedwais i hwy, ond yn 1976 pan agorwyd y Ganolfan ym Mhorthmadog cyflwynais i'r pwyllgor y gadair a enillodd yn Eisteddfod Llangefni—cadair solet o dderw golau a'r ddraig goch wedi ei cherfio ar ei chefn. Felly un yn unig sydd yn fy meddiant, bellach, sef Cadair Eisteddfod Croesoswallt.

Nid oes llawer i'w ddweud eto ond bod ei enw erbyn hyn wedi ei gyplysu ag Ysgol Gynradd Porthmadog. Arfaethwyd cael enw i'r ysgol yn ôl y ffasiwn sydd ohoni y dyddiau hyn, ac awgrymodd Mr. Meirion Parry, yr Ysgolfeistr, ei galw yn "Ysgol Eifion Wyn", er mwyn cadw mewn bri enw un o blant disgleiriaf y dre, ac enw a ddaeth yn adnabyddus trwy Gymru gyfan. Bu Pwyllgor Addysg Gwynedd yn barod iawn i dderbyn yr awgrym.

Fel hyn y terfynodd y llenor J. T. Jones, Porthmadog, ei ysgrif yn *Y Faner*, 13 Ebrill 1967 :

Tref ieuanc yw Porthmadog ; ond gall fforddio bod yn falch o'r fintai ddifyr o brydyddion a fu'n ceisio cyfoethogi ei bywyd diwylliannol hi ac eiddo Cymru yr un pryd : Gwilym Eryri, Ioan Madog, Elis Owen (Cefn y Meysydd) ac eraill. Yn eu plith y mae lle Eifion Wyn yn gwbl ddiogel, canys ef ond odid yw'r mwyaf ohonynt oll. Ac un o freintiau pobl y Port a'r cylch yn awr yw cael byw beunydd ynghanol y golygfeydd a garai ef.

Un o edmygwyr pennaf Eliseus Williams oedd y diweddar William Jones, Tremadog. Pan oedd yn fachgen deuddeg oed, yn Nhrefriw, gallai ef adrodd holl gynnwys *Telynegion Maes a Môr* oddi ar ei gof. A phrin fod eisiau imi ymddiheuro'n awr am orffen hyn o ysgrif trwy ddyfynnu un o'r cerddi olaf a ganodd William Jones :

> Dywedant ym Mhorthmadog
> Ffarwelio o Eifion Wyn
> Ers amser â'i magwyrydd,
> A chilio i lawr y Glyn.

> Ond cerddaf lawer diwrnod
> Trwy heol fawr y dre'
> Heb weld, o'r ' Queen's ' i'r Harbwr,
> 'Run wyneb ond efe.

Dyma finnau bellach wedi dod i derfyn hyn o hanes, gan obeithio fy mod wedi llwyddo i roi rhyw syniad i'r darllenydd o fywyd a chymeriad fy nhad. I gloi, nid wyf yn credu y medraf wneud dim rhagorach na dyfynnu ei eiriau ef ynghylch ei dad :

> Cu oeddit gennyf fi, fy nhad,
> Cu oeddwn innau gennyt ti.
> O ! boed fy moes fel moes fy nhad,
> A boed ei Dduw yn Dduw i mi.